Uni-Taschenbücher 383

W0068504

Eine Arbeitsgemeinschaft der Verlage

Wilhelm Fink Verlag München
A. Francke Verlag Tübingen und Basel
Paul Haupt Verlag Bern · Stuttgart · Wien
Hüthig Fachverlage Heidelberg
Verlag Leske + Budrich GmbH Opladen
Lucius & Lucius Verlagsgesellschaft Stuttgart
Mohr Siebeck Tübingen
Quelle & Meyer Verlag Wiesbaden
Ernst Reinhardt Verlag München und Basel
Schäffer-Poeschel Verlag Stuttgart
Ferdinand Schöningh Verlag Paderborn · München · Wien · Zürich
Eugen Ulmer Verlag Stuttgart
Vandenhoeck & Ruprecht in Göttingen und Zürich

Manfred Görlach

Einführung in die englische Sprachgeschichte

4. Auflage

Quelle & Meyer Verlag Wiesbaden

Prof. Dr. Manfred Görlach
Englisches Seminar
der Universität Köln

Die Deutsche Bibliothek - CIP-Einheitsaufnahme

Görlach, Manfred:
Einführung in die englische Sprachgeschichte / Manfred Görlach. -
4. Aufl. / Wiesbaden : Quelle und Meyer, 1999
  (UTB für Wissenschaft : Uni-Taschenbücher ; 383)
  ISBN 3-8252-0383-2 (UTB)
  ISBN 3-494-02208-9 (Quelle und Meyer)
NE: UTB für Wissenschaft / Uni-Taschenbücher

4. Auflage 1999, unveränderter Nachdruck der 3., durchgesehenen Auflage

© 1980, 1999 by Quelle & Meyer Verlag GmbH & Co., Wiesbaden
ISBN 3-494-02208-9

Einbandgestaltung: Alfred Krugmann, Stuttgart
Druck und Verarbeitung: Zechnersche Buchdruckerei, Speyer
Gedruckt auf chlorfrei gebleichtem Papier
Printed in Germany/Imprimé en Allemagne

ISBN 3-8252-0383-2 (UTB-Bestellnummer)

Inhaltsverzeichnis

1 Vorwort

Die Forschung der neueren Zeit hat den Problemen des Sprachwandels wieder verstärkte Aufmerksamkeit gewidmet; mit dem Interesse an den Varietäten einer Sprache rücken auch die Fragen nach ihrer Entstehung und historischen Bedingtheit wieder ins Blickfeld.

Daß die englische Sprache sich gewandelt hat, wird schon dem Schüler der Oberstufe bei der Shakespearelektüre bewußt, wenn Unterschiede zum heutigen Englisch, besonders im Wortschatz und in der Bedeutung, auffallen und erklärt werden müssen. Bleiben Shakespeare und die *Authorized Version* der Bibel (mit vorhersagbaren Mißverständnissen) vom heutigen Englisch her verstehbar, so endet der unmittelbare Zugang bei Texten des 14.–15. Jahrhunderts. Doch auch frühere Texte sollten im Laufe eines Studiums einmal analysiert werden, damit der Strukturwandel des Englischen im Laufe seiner Geschichte und damit auch viele Unterschiede zum Deutschen bewußt werden. Da die Schwierigkeiten, einen historischen Text zu analysieren, mit dem zeitlichen Abstand und dem literarischen Anspruch steigen, bieten parallele Übersetzungen den besten Einstieg für Studierende, die vielleicht zum ersten Mal einem Text aus früheren Epochen gegenüberstehen. Unter den verfügbaren Texten bieten Bibelpassagen die besten Untersuchungsmöglichkeiten: Die Bibel ist für jede Zeit neu übersetzt worden, und da die ausgewählten erzählenden Passagen den Übersetzern keine größeren Schwierigkeiten bereiteten und die Bibel als Wort Gottes sie zu größter Texttreue verpflichtete, sind die Übersetzungen in fast idealer Weise miteinander vergleichbar (1.3).

Die Einseitigkeit der Textauswahl muß für den angestrebten Zweck in Kauf genommen werden. Daß die Texte als Folge von Traditionen und einem für die Bibel als angemessen empfundenen archaischen Stil vom 16. Jahrhundert an nicht immer die Sprache ihrer Zeit spiegeln, muß bedacht werden, kann aber in die Überlegungen sinnvoll einbezogen werden (9.5.5).

Das Buch ist als Arbeitsbuch für Proseminare gedacht, in denen auch den Studierenden, die keine 'klassischen' Einführungen in das Alt- und Mittelenglische besuchen, die historische Dimension des Englischen vermittelt werden soll. Daneben kann es sicher auch denen, die über Kenntnisse in Alt- und Mittelenglisch verfügen, den Blick für Probleme und Methoden diachronischer Sprachbeschreibung schärfen und als Arbeitsbuch zur Wiederholung bis hin zum Staats- oder Magisterexamen dienen.

Dem Charakter einer Einführung entspricht der Verzicht auf

- Vollständigkeit der behandelten Themen. Die Leser sollten also nur eine exemplarische Behandlung von ausgewählten Problemen erwarten;
- die Diskussion oder auch nur die Erwähnung unterschiedlicher Lehrmeinungen. Ich habe mich bemüht, Auffassungen zu referieren, die sowohl allgemein akzeptiert sind als auch im Einklang mit meinem Ansatz stehen.
- eine lückenlose Bibliographie zu den behandelten Problemen. Die Literatur bis 1993 ist zwar möglichst vollständig gesichtet, aber in einer Auswahl angeführt, die pädagogische Gesichtspunkte mindestens ebenso stark berücksichtigt wie wissenschaftliche.
- die Problematisierung der Kategorien und Methoden, und damit auch der grundsätzlicheren Fragen der Theorie des Sprachwandels. So bedingt z.B. die Aufnahme der Kategorie *Wort* die herkömmliche Unterscheidung von Morphologie und Syntax, die Beschränkung auf strukturelle Ansätze die Nichtbehandlung der Transformationsgrammatik, usw.
- volle und wörtliche Zitate sowie auf Fußnoten. Die meisten der hier aufgenommenen Inhalte sowie Belege und Beispielsätze (soweit nicht aus dem Korpus entnommen) sind Allgemeingut der Fachliteratur. Die Literaturhinweise, die den Überschriften folgen, geben jedoch die Quelle der Zusammenfassung als auch eine Anregung für weiterführende, vertiefende Lektüre.

Meinen Heidelberger Kollegen, besonders Herrn Professor H. Käsmann und Herrn Dr. K. Weimann, danke ich für zahlreiche Hinweise zur ersten Auflage; Herr Professor K. Heger hat freundlicherweise eine frühe Fassung besonders von Kapitel 10 kommentiert.

Die Verlage der Bibelübersetzungen gaben bereitwillig ihre Genehmigung zum Abdruck der ausgewählten Passagen. Zu danken ist auch dem Bibliothekar, Dr. R. I. Page, und *Master and Fellows of Corpus Christi College*, Cambridge, für die Erlaubnis, f. 46ʳ der Hs.140, den *Trustees of the British Library*, London, f. 309ʳ der Hs. Royal 1 C.viii abzudrucken.

Die dritte Auflage des Buches enthält eine Reihe von kleineren Korrekturen und Verbesserungen (und natürlich Ergänzungen neuerer Literatur), ist aber im wesentlichen unverändert. Für das Lernziel, die Studierenden die großen Wandlungen der Sprachstruktur im Laufe der englischen Sprachgeschichte erkennen und an Texten erarbeiten zu lassen, sehe ich das 1974 ausgewählte Material und die zugrundegelegte Methode auch heute noch als sehr geeignet an. Natürlich läßt sich der hier gewählte Ansatz sinnvoll ergänzen durch eine stärkere Einbeziehung der geschichtlichen Bedingungen (Sprachgeschichte im Wechselverhältnis mit Kultur-, Wirtschafts-, Sozialgeschichte, vgl. Baugh & Cable [4]1993), durch eine Erweiterung der Textbasis (vgl. Rigg 1968) oder durch eine Vertiefung der Theorie- und Methodendiskussion (vgl. die Literatur, die zu Thema 1, S. 217 genannt ist). Außerdem ist eine eingehendere Beschäftigung mit einer Sprachepoche eine wichtige Ergänzung der hier erarbeiteten Kenntnisse: für das in der Lehre bisher stark vernachlässigte Frühneuenglisch habe ich eine solche Einführung vorgelegt (Görlach 1978, [2]1994), was auch einige Änderungen in den Umschriften fne. Texte S. 147–59 zur Folge gehabt hat – und eine *Einführung ins Altenglische*, die sich eng an den Aufbau dieses Buches anschließt, ist 1982 erschienen (Weimann 1982, [2]1990).

Abkürzungen

>	wird zu		engl.	englisch
<	entstanden aus		F	Frage, Aufgabe
*	rekonstruierte Form		fne.	frühneuenglisch
**	ungrammatisch		germ.	germanisch
≠	Opposition		got.	gotisch
~	komplementäre Distribution; Paraphrase		gr.	griechisch
			GVS	Great Vowel Shift
≅	freie Varianten		Hs.	Handschrift
≈	genetisch verwandt mit		HS	Hauptsatz
→	Ableitungsbeziehung; Entlehnung		idg.	indogermanisch
			Jh.	Jahrhundert, Johannes
Ø	Null; Wortschwund		K	Konsonant, K̄ Lang-K.
×	kontaminiert mit		lat.	latein(isch)
‖	wird ersetzt durch		Lk	Lukas
–	etymol. Länge (ae.)		me.	mittelenglisch
' +	Morph(em)grenze		MED	Middle English Dictionary
#	Wortgrenze		merc.	mercisch
K-	Wortanfang		Midl.	Mittelland
-K-	Wortmitte		Mk	Markus
-K	Wortende		Mt	Matthäus
⟨ ⟩	Schriftzeichen		ne.	neuenglisch
[ ]	phonet. Umschrift		nhb.	nordhumbrisch
/ /	Phonem		NP	Nominalphrase
{ }	Morphem; alternative Elemente		NS	Nebensatz
			ODCC	Oxford Dictionary of the Christian Church
' '	Bedeutung			
( )	fakultative Elemente		ODEE	Oxford Dictionary of English Etymology
			OED	Oxford English Dictionary
			PP	Präpositionalphrase
ae.	altenglisch		S	Satz; Subjektskasus; Süd
afrz.	altfranzösisch		skand.	skandinavisch
agn.	anglonormannisch		st(V)	stark(es Verb)
ahd.	althochdeutsch		sw(V)	schwach(es Verb)
AmE	Amerikan. Englisch		V	Vokal
an.	altnordisch		vlat.	vulgärlatein(isch)
angl.	anglisch		VP	Verbalphrase
BrE	Brit. Englisch		wg.	westgermanisch
dt.	deutsch		ws.	westsächsisch
EETS	Early English Text Society		zfrz.	zentralfranzösisch

Daneben werden innerhalb von Einzelkapiteln gesondert eingeführte Abkürzungen verwendet. In der Bibliographie verwendete Abkürzungen, einschließlich von Wörterbüchern, werden S. 211 aufgelöst.

1 Zu den Texten

1.1 Texte und Quellen

Die Auswahl ist ausschließlich nach sprachlichen, nicht nach literarischen Gesichtspunkten erfolgt. Ich habe deshalb auch darauf verzichtet, einen Textteil voll abzudrucken, wenn er Wiederholungen oder sprachhistorisch unergiebige Passagen enthielt. Die Texte sind aus den genannten Ausgaben übernommen; auf Abdruck der kritischen Apparate und auf Kennzeichnung der Emendationen ist verzichtet. Geringfügige Korrekturen waren bei Längebezeichnungen der *WS*-Texte nötig; in den *WS*-Texten sind außerdem die Morphemgrenzen gekennzeichnet. In *LV* erscheint regelmäßig *th* für þ der Hs.

Die Umschrift der Texte *A–C* ist grob phonetisch *(broad transcription)*; die Problematik eines solchen Versuchs liegt in den grundsätzlichen Grenzen einer Rekonstruktion (5.1) und vor allem darin, daß bei diachronisch/diatopisch unterschiedenen Systemen einer Periode ein Ausgleich gefunden werden muß.

Zur Ergänzung der abgedruckten Texte können sinnvoll die 13 Passagen aus verschiedenen engl. Bibelübersetzungen (mit Analyse von Text *H*) in Rigg 1968 und die dt. Übersetzungen in Tschirch ²1969 herangezogen werden.

Die Passagen *A–J* werden mit Angabe des Verses und evtl. der Version zitiert: *F 17 WS* ist also aufzulösen als Mk 1.17 in der *WS*-Version. Bei den ae. Belegwörtern ist die etymologische Länge gekennzeichnet, außer wo sie spätae. Änderungen der Quantität illustrieren sollen (5.4). In wenigen Fällen ist eine normalisierte durchsichtige Wortform angegeben anstelle der in *WS* erscheinenden spätws. Form.

1.1.1 Übersicht über die abgedruckten Texte:

Passagen	VU	WS	LV	TY	AV	HA	RSV	NEB	(Tschirch)
A Mt 2.1–16	x	U	U	U				x	
B Mt 8.20–6	x	U	U	U				x	
C Mt 9.20–6	x	U	U	U				x	
D Mt 13.3–8	x	x	x	+				x	
13.31–3,									
13.44–50	x	x	x	x			x	x	x
E Mt 14.13–21	x	x	x	+	x		x	x	
F Mk 1.1–45	x	x	x		x		x	x	
G Mk 2.1–17	x	x	x		x		x	x	
H Lk 2.1–20	x	x	x	x	x	x	x	x	x
J Lk 15.11–32	x	x	+	+	x	x	x	x	x

U = mit Umschrift, + = mit weiteren Texten derselben Epoche

1.1.2 Quellen

WS   *The Gospels in West Saxon*, ed. J. W. Bright (Boston, 1905–10).

EV   *Early Version* der Wyclifbibel von ca. 1382, aus: J. Forshall and F. Madden, eds., *The Holy Bible, containing the Old and New Testaments with the Apocryphal Books, in the earliest versions made from the Latin Vulgate by John Wycliffe and his followers,* 4 vols. (Oxford, 1850) und (daraus abgedruckt) W. W. Skeat, ed., *The New Testament in English according to the version by John Wycliffe about A. D. 1380 and revised by John Purvey about A. D. 1388* . . . (Oxford, 1879).

LV   *Late Version* der Wyclifbibel aus: Forshall-Madden.

Nisbet   *The New Testament in Scots, being Purvey's revision of Wycliffe's version turned into Scots by Murdoch Nisbet, c. 1520,* ed. T. G. Law, Scottish Text Society, 3 vols. (1901–05).

Hexapla   *The English Hexapla exhibiting the Six Important English Translations of the New Testament* . . . (London, [1841?]). Enthält: *LV, TY* (1534), Great Bible (1539), Geneva Testament (1557), *RH, AV.*

TY   *The New Testament Translated by William Tyndale 1534* . . ., ed. N. H. Wallis (Cambridge, 1909).

Cheke   *The Gospel according to Saint Matthew* . . . *by Sir John Cheke* [ca. 1550], ed. J. Goodwin (London, 1843, auch zitiert nach Baugh & Cable [4]1993: 415–6).

RH   The Rheims Testament, aus: *Hexapla.*

AV   *Authorized Version of the English Bible 1611,* ed. W. A. Wright (Cambridge, 1909).

HA   E. Harwood, *A Liberal Translation of the New Testament* . . . (London, 1768).

Scots   *The New Testament in Braid Scots,* rendered by W. W. Smith (Paisley, 1901).

RSV   *The Revised Standard Version* (New York, 1946–52, [2]1959).

NEB   *The New English Bible,* NT (Oxford, 1961, [2]1970), Oxford & Cambridge University Presses.

VU   *Biblia Sacra iuxta vulgatam versionem,* rec. R. Weber OSB (Stuttgart, 1969).

1.2 Übersetzung

1.2.1 Abriß der Geschichte der englischen Bibelübersetzung

(ODCC, Robinson 1940, Bruce 1961, Hargreaves 1965, 1969)

Die westsächsische Version *WS,* entstanden um das Jahr 1000, war wohl die erste vollständige Übersetzung des Evangeliums ins Ae. –

trotz der erzieherischen Bemühungen von Aldhelm, Beda und Alfred. Grünbergs Hypothese (1967: 366–71), daß eine anglische Glosse, vielleicht auch eine verlorene Übersetzung Bedas und eine vermittelnde Version aus dem Kreis Alfreds als Grundlage der WS-Übersetzung gedient haben, ist nicht beweisbar. Dagegen waren in ae. Zeit Bibelparaphrasen in Form von Bibelepen und Interlinearversionen als Lesehilfen weit verbreitet. Obwohl WS bis in das 13. Jh. abgeschrieben und modernisiert wurde, scheint die Tradition um 1300 abgerissen zu sein. Jedenfalls zeigt die frühe Wycliffitische Version EV von ca. 1382 keine Anklänge an WS.

EV ist ein Extremfall der Bewahrung der lat. Struktur. Im Wortschatz, besonders aber in der Syntax ist sie sklavisch von der lat. Vorlage abhängig – ein Mangel, der die Revision von ca. 1390 offenbar herausforderte. Diese LV korrigiert die allzu wörtlichen Übersetzungen und stellt deshalb einen weit besseren Zeugen für das Me. des ausgehenden 14. Jh. dar. Purveys (?) auch in seinem Preface formuliertes Ziel ist, daß sein Text auch ohne das lat. Original verständlich sein muß, d. h. er muß aus idiomatischem Englisch bestehen, wenn auch das Wort Gottes eine möglichst wörtliche Übersetzung verlangt.

Die Nachwirkung der LV ist eingeschränkt durch die Konstitutionen von Oxford (1408), die das Übersetzen und Lesen der Bibel ohne bischöfliche Erlaubnis verboten. Trotzdem muß LV weit verbreitet gewesen sein, wie die mehr als 240 erhaltenen Handschriften beweisen. Auch Nisbets Umsetzung in den schottischen Standard (ca. 1520) basiert auf einem LV-Text. Es ist deshalb durchaus möglich (und durch viele wörtliche Anklänge auch wahrscheinlich zu machen), daß Tyndale LV kannte, als er seine Neuübersetzung unternahm.

In der Nachfolge Tyndales wird die Situation sehr komplex. Zwar bestanden zwei große Traditionen, die 'protestantische' und die 'katholische', doch gibt es vielfältige Querverbindungen. Neben den drei Sprachen der Quellen (lat., gr., hebr.) werden auch Übersetzungen in andere Sprachen verglichen (dt. Luther, Zwingli; frz.) und vor allem vorausgehende engl. herangezogen. Tyndales Übersetzung bleibt in Ausdruck, Wortschatz und Rhythmus, ja sogar in Morphologie und Syntax bestimmend für die Nachfolger. Obwohl sein Einfluß teilweise indirekt vermittelt ist, läßt sich für alle Übersetzungen des 16.–17. Jh. sagen: 'Nine-tenth of the Authorized New Testament is still Tyndale, and the best is still his' (Robinson 1940).

Schematisch läßt sich die Tradition wie folgt darstellen:

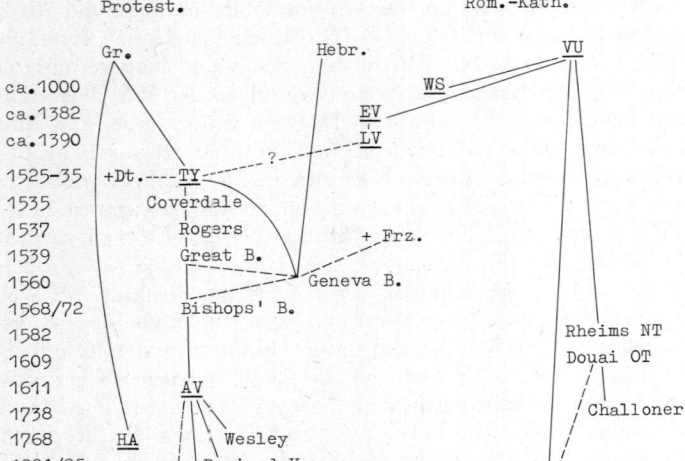

```
              Protest.                              Röm.-Kath.

              Gr.              Hebr.                    VU
ca.1000                                        WS
ca.1382                                  EV
ca.1390                                  LV
1525-35   +Dt.----TY--      ?
1535          Coverdale
1537          Rogers               + Frz.
1539          Great B.
1560                        Geneva B.
1568/72       Bishops' B.
1582                                            Rheims NT
1609                                            Douai OT
1611          AV
1738                                              Challoner
1768      HA      Wesley
1881/85          Revised V.
1945/49                                        Knox
1946/52       RSV
1961/70   NEB ◄──Gr.Hebr.
```

1.2.2 Typen der Übersetzung

(Störig [2]1969, Amos 1920: 49–78)

Übersetzungen lassen sich nach dem Grad ihrer Abhängigkeit von der Quelle ordnen, von Interlinearversionen bis zur voll idiomatischen Wiedergabe in der Zielsprache. Entscheidend ist, auf welchem Rang (Wort, Syntagma, Satz etc.) der syntaktischen Struktur der Übersetzer seine Äquivalente gesucht hat.

Interlinearversionen sind zwischen die Zeilen geschriebene Übersetzungshilfen, die ohne Rücksicht auf die Syntax (und oft auf die Semantik) der Zielsprache Wort für Wort rohe Übersetzungsäquivalente bieten. Die isolierten Wörter ergeben also fortlaufend gelesen keinen Text der Zielsprache (Beispiel: *Lindisfarne Gospels* mit Glosse des 10. Jh.). Am anderen Ende der Skala steht die idiomatische Übersetzung, die auch über den Satzrang hinaus eine Wiedergabe nach den Strukturen der Zielsprache erstrebt *(NEB)*.

Jenseits der Übersetzung steht die *Paraphrase*, die die Vorlage nach bestimmten formalen oder inhaltlichen Vorstellungen umgestaltet. So sind die in Predigten eingestreuten Bibelpassagen oft nur bedingt mit den eigentlichen Übersetzungen zu vergleichen und die den ae. und me. Übersetzungen zeitlich vorausgehenden Bibelepen gar nicht. Paraphrase blieb möglich auch nach der Synode von Oxford (1408), um biblische Inhalte in freierer Form zu verbreiten: So fügt Caxton Bibelparaphrasen in seine *Golden Legend* (1483) ein, doch der Druck der ersten engl. Bibel folgte erst 1525. Nicht um eine Übersetzung im engeren Sinn ging es auch Harwood, wie sein Vorwort und seine Bibeltexte zeigen.

Hieronymus, die im Mittelalter meistzitierte und meistbefolgte Autorität in Fragen der Übersetzung, hatte bei aller Freiheit des Übersetzers die besondere Stellung der Bibel betont, in deren Wortstellung selbst ein göttliches Mysterium verborgen sein kann. Es bleibt deshalb schwierig zu entscheiden, ob bei einer überaus engen Übersetzung wie *EV* Absicht oder Inkompetenz vorliegt. Der Autor der revidierten Fassung *LV* spricht dagegen explizit aus, welche Prinzipien ihn bei der Umarbeitung geleitet haben, insbesondere welche Abweichungen von der lat. Satzstruktur dem Übersetzer gestattet sein müssen.

Die größere Gewandtheit der Übersetzer der Renaissance ließ Purveys Probleme nicht aufkommen. Konflikte entstanden jetzt besonders wegen vier Fragen (vgl. die Görlach 1978: 227–35 abgedruckten Texte):

1 Die Quelle: soll aus dem Lat. oder aus dem Gr./Hebr. übersetzt werden?

2 Sollen feste Übersetzungsäquivalente gebraucht werden, oder ist ein Schwanken zwischen mehreren, nach Kontext unterschiedenen Wiedergaben erlaubt *(penitentia = penance, penitance, amendment)*?

3 Welche Berechtigung haben Fremdwörter? Soll die Wiedergabe durch heimische und eingebürgerte Wörter angestrebt werden (Cheke)?

4 Wie volkstümlich soll und darf die Sprache sein? Der Anschluß an frühere Übersetzungen verstärkt im 16. Jh. das Empfinden, daß die Bibelsprache konservativ, wenn nicht gar archaisch ist.

1.2.3 Abschriften, Revisionen und Neuübersetzungen

Bis zur Erfindung des Buchdrucks ist jedes Buch ein 'Original': keinem noch so aufmerksamen Schreiber gelingt es, seine Vorlage buchstabengetreu zu kopieren – und die meisten mittelalterlichen Schreiber versuchen dies nicht einmal. Es galt als selbstverständlich, daß in einer Zeit ohne schriftsprachliche Norm ein Abschreiber die Vorlage an seinen Dialekt und seine Schreibkonventionen anpaßte.

Oft mußte der abzuschreibende Text grundlegend verändert werden, weil er in einen anderen (zeitgenössischen) Dialekt oder in eine andere Zeitstufe übersetzt werden mußte. Als Nisbet ca. 1520 den südlichen *LV*-Text für die schottischen Protestanten adaptierte, mußte er den Dialektunterschied und die Zeitdifferenz überwinden. Seine Revision war sehr gemäßigt: er übersetzte nicht den *LV*-Text in ein idiomatisches Schottisch seiner Zeit, sondern begnügte sich mit einer partiellen phonologischen und lexikalischen Angleichung. Offenbar ließ er alle Wörter stehen, die für einen Schotten verständlich waren, auch wenn sie möglicherweise 'fremd' klangen.

1.3 Vergleichbarkeit der übersetzten Texte

Die unmittelbare Vergleichbarkeit von Paralleltexten wird eingeschränkt,

1 wo die Übersetzer verschiedene Vorlagen benutzten,
2 wo ältere Übersetzungen zum Vergleich herangezogen wurden,
3 wo die Vorlage falsch verstanden oder unterschiedlich interpretiert wurde,
4 wo Begriffe und Kontexte in der eigenen Sprache oder Kultur nicht vorhanden waren.

1. bildet eine nur geringe Gefahr bei mittelalterlichen Bibelübersetzungen, die sämtlich auf die Vulgata zurückgehen. Nur selten bedingen unterschiedliche Lesarten der Vorlage verschiedene Wiedergaben im engl. Text:

G 8 spiritu suo = WS on his gäste, TY etc. in his sprete, aber: spiritu s'o (= sancto) = EV/LV bi the Hooli Goost.

Weit schwerer wiegen die Unterschiede, die seit der Renaissance durch die Benutzung der gr. (hebr.) Quelle neben der lat. entstehen. In den ausgewählten Passagen sind jedoch die Folgen gering:

J 15 gr. eis tous agrous = TY, AV, ... RSV: to his felde, aber: lat. in villam suam = WS, EV, LV to his tūne; RH, NEB to his farme.

2. Die Benutzung älterer Übersetzungen kann dazu führen, daß archaische (weil traditionelle, oft sprichwörtliche) Wendungen inmitten moderner Sprache stehenbleiben, d. h. daß der Stil der Übersetzung aus diachronisch verschiedenen Schichten gemischt ist.

3. Bei den ausgewählten narrativen Passagen sind Verständnisschwierigkeiten selten: Beispiele für Mißverständnisse oder Fehler ließen sich eher aus philosophischen Passagen oder aus Übersetzungen anderer Werke, wie der *Consolatio Philosophiae* des Boëthius belegen (vgl. Rigg 1968: 114–35).

4. Fremde Vorstellungen führen zur angenäherten Wiedergabe durch heimische Zeichen oder zur Beibehaltung des fremden Wortes der Vorlage, d. h. zur Aufnahme eines Lehnwortes. Im ersteren Fall lassen sich die gesuchten Äquivalente nicht direkt miteinander vergleichen:

H 2 praeses = dēma, iustice, leftenaunt, gouernor, præfect.

Die Bibeltexte illustrieren, wieviel philologische Arbeit erforderlich ist, um verläßliche Daten zu gewinnen, die Sprache und ihren Wandel in der Zeit beschreiben lassen (vgl. 2.1.2).

2 Sprache und Sprachwandel

2.1 Synchronie und Diachronie

2.1.1 Um eine Sprache als System untersuchen zu können, muß man davon ausgehen, daß die Sprachgemeinschaft weitgehend homogen und das System zu einer bestimmten Zeit stabil ist; beide Annahmen sind notwendige Idealisierungen (für gewichtige Einwände vgl. Weinreich 1968). Diese Beschreibung kann man für jede Sprache für einen beliebigen Zeitraum vornehmen, sofern genügend Untersuchungsmaterial vorhanden ist: Synchronie ist also nicht auf die Gegenwartssprache beschränkt.

Einen Vergleich zweier sprachlicher Systeme (verschiedener Einzelsprachen oder Dialekte derselben Sprache) nennt man *kontrastiv*, den Vergleich zweier aufeinander folgender Systeme dann *diachronisch*, wenn sich das spätere aus dem früheren entwickelt hat (ae.-me.-ne.). Diachronische Sprachbeschreibung setzt also (ebenso wie kontrastive) die synchronische Beschreibung von mindestens zwei Sprachsystemen voraus.

Eine diachronische Beschreibung wird erschwert, wenn, wie im Engl., verschiedene Subsysteme (regionale Standards) sich als Schriftsprache abgelöst haben. So ist das Ws. nicht Vorfahr der Sprache des Mittellandes, also können Formen aus *WS* nicht immer direkt mit *LV* verglichen werden. Ebenso setzen *TY* (Tyndale stammte aus Gloucester, aber schrieb Londoner Standard) und *AV* weder die Sprache von *WS* noch die von *LV* fort:

ae: me:	Ws. SW	Lon- don	merc./angl. WMidl EMidl		nhb N Scot		synchronisch, diatopisch ——→
700–900	(S)	(S)					
900–1100	S T						diachronisch
1100–1300							
1300–1500		S		T			
1500–1700		S T				(S) T	↓
1700–1970		S T				T	

S = Standard, T = abgedruckter Bibeltext.

In den *WS*-Texten finden sich u. a. folgende Formen, die nicht die Grundlage der entsprechenden ne. Wörter bilden:

J12	syle	angl.	sele	ne.	sell (='give')
J16	sealde		salde		sold (='gave')
J25	yldra		eldra		elder
J27	celf		calf		calf
E13	hȳrde		hērde		heard
E14	(ge)seh		sæh		saw

Die Frage 'Wie wird ws. *sealde* zu ne. *sold*?' ist also falsch gestellt; sie darf nur lauten: 'Wann wird die aus *sealde* entwickelte Form durch die auf angl. *salde* zurückgehende abgelöst?'

Die synchronische Beschreibung wird erschwert, wenn der beschriebene Zeitraum so weit gefaßt ist, daß größere Entwicklungen des Systems mitbeschrieben werden müssen (z. B. in einer Grammatik *des* Ws. oder *des* Ae.). Doch auch bei einem kürzeren Ausschnitt bestehen diachronisch bedingte Subsysteme (generationsbedingt) nebeneinander oder lassen sich als *Register* unterscheiden: so gehört die Sprache der Bibel *(AV)* zum System der engl. Gegenwartssprache, stellt aber in der Morphologie, im Wortschatz etc. den Stand des 16./17. Jh. dar.

2.1.2 *Diachronie und Sprachgeschichte*
(vgl. Polenz [9]1978: 5–7, Dieckmann 1973)

Diachronie bedeutet den Wandel der Sprache in der Zeit; diachronische Linguistik vergleicht die Strukturen zweier Sprachstufen und versucht, aus den Unterschieden der Systeme auf Gesetzmäßigkeiten des Wandels zu schließen. Da die Entwicklung einer Sprache entscheidend von ihrem Gebrauch abhängt – wie viele Sprecher gebrauchen die Sprache in welcher Form, bei welchen Gelegenheiten und neben welchen anderen Sprachen? – ist der Vergleich der Sprachsysteme zu erweitern durch Einbeziehung außersprachlicher historischer Fakten. Diachronische Linguistik ist so eingebettet in die Sprachgeschichte, die auch Fragen der politischen Geschichte, der Wirtschafts- und Kulturgeschichte einschließt und nach den außersprachlichen Bedingungen und Gründen von Sprachwandel fragen kann.

Sprachgeschichte ist Hilfswissenschaft für die Archäologie, die Dialektologie, die Paläographie und besonders für die *Philologie,* die als Textwissenschaft Sprachgebrauch in konkreten kulturellen Kontexten untersucht. Andererseits schafft die Philologie als Quellenkunde und -kritik durch die Aufbereitung des Materials erst die Voraussetzungen für diachronische Linguistik und Sprachgeschichte: ein sprachlicher Vergleich aufeinander folgender Bibelübersetzungen muß ohne vorhergehende philologische Forschung (Textedition, Quellenfragen, Traditionen) zu falschen Ergebnissen kommen (1.3).

2.2 Grammatikmodell

(Bynon 1981)

Zur Beschreibung von Sprachsystemen stehen verschiedene Modelle zur Verfügung; von der Entscheidung für ein Modell wird die Auswahl der Daten mitbestimmt, besonders aber ihre Erklärung entscheidend beeinflußt.

Die folgende Darstellung ist allgemein an den Prinzipien und Methoden des Strukturalismus ausgerichtet. Im Unterschied zum strengen *Distributionalismus* (Wells, Harris) wird jedoch im Sinne europäischer strukturalistischer Schulen die *Funktion* der Elemente im System besonders betont. Äußerungen einer fremden Sprache in signifikante Elemente zu zerlegen, Struktureinheiten als Teile des Systems zu betrachten und Sprachwandel als Systemwandel zu erkennen und zu beschreiben, ist mit den Methoden des Strukturalismus wie mit keinem anderen Instrumentarium möglich; auch die Übertragung auf die Diachronie bereitet keine grundsätzlichen Schwierigkeiten.

Aus gewichtigen Gründen ist die Transformationsgrammatik hier nicht berücksichtigt. (Bynon 1981: 102–62 gibt eine abgewogene Würdigung der bisherigen Leistungen der Transformationsgrammatik für die Erklärung sprachlichen Wandels). Besonders das zentrale Problem der Kompetenz ist für frühere Sprachstufen ungelöst. Obwohl in gewissen Grenzen auch nicht belegte Sätze ableitbar sind, kann z. B. über die Akzeptabilität dieser Sätze keine Aussage gemacht werden. Ehlich (1981) beschreibt eindringlich das Dilemma des Philologen, der keinen kompetenten Sprecher heranziehen kann – und ihn nur unvollkommen ersetzt. Ferner kann der Homogenitätsanspruch der meisten transformationellen Modelle im Sinne einer präskriptiven Grammatik (miß-)verstanden werden. Schließlich sind mit der Transformationsgrammatik bisher nur Einzelprobleme der historischen Sprachwissenschaft beschrieben; eine Gesamtbeschreibung des sprachlichen Regelwerks in historischer Entwicklung steht noch aus.

Es bleibt für dieses Buch also bei dem Modell des Strukturalismus, wobei ein gewisses Maß von Eklektizismus nicht gescheut zu werden braucht.

2.3 Grundbegriffe des Strukturalismus

(*FK Sprache* 1973; vgl. Saussure [2]1967, Martinet [5]1971, Heeschen 1972: 20–98)

Unter Sprache versteht man die *Realisierung (parole)* oder das dieser Realisierung zugrunde liegende *System (langue)*. Sprache = *langue* kann aufgefaßt werden als eine Menge von Einheiten, zwischen denen

Beziehungen bestehen. Die Menge der Einheiten nennt man das System, die Menge der Beziehungen seine *Struktur.* Das System, das als *kollektiver Kode* die Grundlage und Voraussetzung der Kommunikation bildet, ist nur über seine Realisierungen zugänglich. Die Beschreibung eines Sprachzustandes als eines funktionierenden Systems ist eine synchronische Beschreibung.

Sprache ist ein System von *Zeichen,* d. h. von Einheiten, in denen einem lautlichen (sekundär: geschriebenen) *Ausdruck* ein *Inhalt* zugeordnet ist. Diese Beziehung ist *konventionell* (durch Konvention unter den Benutzern einer Sprache festliegend) und *arbiträr:* von einem bestimmten Ausdruck kann außerhalb der Konvention nicht auf einen bestimmten Inhalt geschlossen werden und umgekehrt. Die Arbitrarität läßt sich verdeutlichen an den unterschiedlichen Ausdrücken der Einzelsprachen für identische Inhalte *(Baum, tree, arbre).* Sie ist ferner die Voraussetzung dafür, daß Lautwandel (bei gleichbleibendem Inhalt) und Bedeutungswandel (bei gleichbleibendem Ausdruck) möglich sind. Arbitrarität gilt nur eingeschränkt in onomatopoetischen Wörtern und zusammengesetzten Zeichen, die *relativ motiviert* sind.

Parole ist ein *Kontinuum*; um Einheiten der verschiedenen Ebenen (z. B. der Phonologie, Morphologie, Syntax) zu isolieren, braucht man *Auffindungsprozeduren.* Einheiten stehen in zweierlei Beziehung zueinander: das Miteinander-Vorkommen (oder virtuell: die Kombinierbarkeit) bezeichnet man als ihre *syntagmatischen* Beziehungen. Andererseits lassen sich in jeder Äußerung Einheiten gegen andere austauschen *(Kommutation)*; die Beziehungen zwischen gegeneinander austauschbaren Einheiten sind *paradigmatische.*

Durch Bildung von *Minimalpaaren,* d. h. durch das Auffinden von minimalen *Oppositionen,* der verschiedenen Ebenen kommt man zur *Segmentierung: house* [haus] ≠ *mouse* [maus]: phonologische und graphematische Opposition erlaubt die Isolierung der Segmente ⟨h⟩ ≠ ⟨m⟩, [h ≠ m]; /big/ ≠ /bigə/ ≠ /bigəst/: morphologische Opposition, Segmente: /(∅) ≠ ə ≠ əst/. Die Zusammenfassung der untereinander austauschbaren, d. h. in paradigmatischer Beziehung stehenden Einheiten zu Klassen heißt *Klassifizierung.*

Die Summe der möglichen Umgebungen eines Elements ist seine *Distribution.* Decken sich die Distributionen von zwei Elementen vollständig, so spricht man von *Äquivalenz,* bei nur teilweiser Deckung von *überlappender* Distribution. Können zwei Elemente nicht in denselben Umgebungen erscheinen, so sind sie *komplementär* verteilt.

Klassen von komplementär verteilten Einheiten werden zu einer Klasse zusammengefaßt, so die *Allophone* des Engl. [l] und [ɫ] zu einem *Phonem* /l/. Einheiten, die in unregelmäßiger Verteilung ohne systemhafte Funktion miteinander wechseln können, heißen *freie Varianten*. Sie treten häufig auf bei Mischung von Subsystemen (z. B. Dialekten) in einem übergeordneten Sprachsystem (*do not* ≌ *don't*; [wəːk ≌ wəɹk]; ⟨t ≌ ϟ⟩).

Die Teilsysteme und ihre historische Entwicklung werden in einzelnen Kapiteln (4.–10.) behandelt; die durch die Analyse ermittelten Einheiten der Teilsysteme heißen wie folgt:

Einheit der parole	komplementäre Variante	Einheit der langue	Teilsystem (Ebene)	
Graph (Bst.*)	Allograph	Graphem	Graphematik	distinktive Einheiten
Phon	Allophon	Phonem	Phonologie	
Morph	Allomorph	Morphem	⎤ Morphologie	signifikative Einheiten (Zeichen)
Wort*	Wortform	Vokabel	⎦ Wortbildungsl.	
		Syntagma	⎱ Lexikologie	
Äußerung		Satz*	⎰ Syntax	

*<u>Buchstabe</u>, <u>Wort</u> und <u>Satz</u> in nicht terminologischer oder freierer Verwendung auch für alle drei Klassen.

Auf eine Definition der Ränge zwischen Wort und Satz (die sich je nach gewähltem Syntaxmodell unterschiede) wird hier verzichtet. Die verwendeten Termini Syntagma, Fügung, NS wären in einer erweiterten Darstellung der Struktur von Satztypen (8.1) zu beschreiben.

2.4 Sprachsystem und Subsysteme

2.4.1 Varietäten einer Sprache

(Halliday 1964: 75–110, O'Donnell/Todd 1980, Quirk et al. 1972)

Bei allen für bestimmte Fragestellungen notwendigen Idealisierungen (2.1.1) darf nicht vergessen werden, daß die Sprache vielfältig gegliedert und geschichtet ist. Mit Halliday können als Gliederungstypen *Dialekt/Soziolekt* (Einteilung nach Sprechergruppen) und *Register* (Gliederung nach Rolle, Thema, Medium und Stil) unterschieden werden. Das Verhältnis dieser Komponenten und ihre Bewertung ist geschichtlich ständigem Wechsel unterworfen; die Ausbildung und das Schwinden von Varietäten ist für Sprachwandel und seine Begründung von besonderer Wichtigkeit.

2.4.2 Medium

(Vachek 1973, Stubbs 1980)

Die gesprochene und geschriebene Sprache sind in einigen Kommunikationsgemeinschaften streng geschieden. Bei den verwendeten Systemen kann es sich handeln um Dialekt: zugehörige Schriftsprache (*Diglossie* in der Schweiz, Griechenland), um Dialekt: genetisch verwandte Sprache (skandinavische Siedler im England des 10./11. Jh., deren Schriftsprache das Ws. war) oder um zwei nicht direkt verwandte Sprachen (Mittellat.: germ. Volkssprachen; Engl. in Indien).

Üblich ist in den europ. Sprachen mit alphabetischen Schriftsystemen dagegen ein enger Bezug und eine ständige Wechselwirkung zwischen den beiden Subsystemen, die dadurch hergestellt werden, daß die Benutzer laufend zwischen beiden Medien wechseln, daß die schriftsprachliche Norm als vorbildlich auch für die gesprochene Sprache angesehen wird und daß die Subsysteme im Bewußtsein der Benutzer 'dieselbe' Sprache sind.

Ein Vergleich beider Subsysteme zeigt, daß auf keiner Ebene der Betrachtung (Graphematik/Phonologie, Syntax, Wortschatz) völlige Deckung vorhanden oder auch nur erreichbar ist. Geschriebene Sprache muß expliziter sein, da keine Interpretationshilfe durch den situativen Kontext besteht und die üblichen Schreibsysteme Unterschiede der Lautstärke, Tonhöhe, Intonation und des Tempos nicht wiedergeben. Andererseits kann ein geschriebener Text beliebig oft gelesen werden; er braucht weniger Redundanz und erlaubt größere Komplexität.

Die Unterschiede zwischen den beiden Subsystemen sind besonders im Auge zu behalten, wo nur Material in einem Medium zur Verfügung steht, wie bei der Rekonstruktion vergangener Sprachstufen (3.1).

2.4.3 Standard

(Fischer 1977, Gneuss 1972, Görlach 1990b, Jacobsson 1962, Samuels 1963)

Geschichtliche Gründe führen zur Bevorzugung oder Durchsetzung einer Varietät als überregionalem Kommunikationsmittel, das – oft gestützt durch eine schriftsprachliche Norm und Verwendung als Sprache der Schule, des Buchdrucks, der Verwaltung und des Hofes und durch das Nationalbewußtsein der Sprecher – sich zur Standardsprache verfestigt und schärfer von Dialekten/Soziolekten abgrenzt.

Die engl. Sprachgeschichte bietet vielfältige Illustration zum Problem des Standards. Für die ae. Zeit muß mit einem Nebeneinander von regionalen Formen gerechnet werden, bis mit der kulturellen und politischen Führung der Westsachsen von Alfred an (nach 880) sich das Ws. als Verwaltungs- und Literatursprache über ganz England verbreitet. Die Gründe für die Ausbreitung sind also rein außersprachlich: nicht ein zentraler Dialekt, der die größtmögliche Verständlichkeit gewährleistet hätte, wird zur Norm, sondern der Randdialekt der führenden Macht.

Die Geschichte des ae. Standards endet mit der ws. Schriftsprache allmählich nach der normannischen Eroberung. Im 12.–14. Jh. gelten regionale Formen des Me. ohne geregelte Orthographie; erst im 14. Jh. bildet sich die Sprache Londons, der Residenz und des Wirtschaftszentrums sowie der größten Stadt Englands, zum neuen Standard heraus. Die vielfältigen Dialekte, in denen die Literatur der Chaucerzeit geschrieben ist, zeigen aber deutlich, daß der beginnende Londoner Standard noch nicht mit *der* engl. Literatursprache gleichgesetzt werden darf. Chaucer setzt als erster einen (vom implizierten Standard abweichenden) Dialekt als Mittel der Personencharakterisierung ein (*Reeve's Tale*).

Daß der neue Standard stark mittelländisch geprägt ist, erklärt sich aus der starken Zuwanderung im späten 14. Jh. – und nicht nur, wie Trevisas Äußerung von ca. 1400 impliziert, weil die Sprache des Mittellandes am leichtesten von allen Sprechern verstanden wurde (Zitat bei Weinstock 1968: 194 f.). Der Londoner Standard setzt sich bis 1500 in ganz England durch, gilt aber vorerst nur für die geschriebene Sprache. Die Vereinheitlichung der Orthographie und die Verbreitung des gesprochenen Standards ist eine Entwicklung des 16. und 17. Jh.

Ansätze zu einer zweiten Standardsprache finden sich in der Hof- und Literatursprache Edinburghs des 15./16. Jh. Wieder entscheiden außersprachliche Gründe über den 'Mißerfolg', besonders das Fehlen einer schottischen Bibelübersetzung (Nisbets Version blieb bis 1901 ungedruckt) und die Personalunion nach 1603.

2.5 Sprachwandel und 'Sprachverfall'

2.5.1 Sprachwandel

> Ye knowe ek that in forme of speche is chaunge
> Withinne a thousand yeer, and wordes tho
> That hadden pris, now wonder nyce and straunge
> Us thinketh hem, and yet thei spake hem so
> Chaucer, *Troilus*, II, 22–5

Jede lebende Sprache ist ständigen Veränderungen unterworfen; eine Sprache, die sich nicht mehr ändert, ist eine *tote Sprache*. Der Wandel ist auf manchen Ebenen langsam und dem Sprecher meist nicht bewußt, außer wo er als Fehler und Verstoß gegen die Norm empfunden wird; nur im Wortschatz wird der Wandel weiten Kreisen deutlich.

Daß überhaupt Wandel eintritt, scheint der Funktion von Sprache zu widersprechen: das Gelingen von Kommunikation setzt einen stabilen Kode voraus, Änderungen des Kode oder Abweichungen können zu Mißverständnissen führen. Da aber trotz der offensichtlichen Vorteile eines völlig stabilen Kode Sprachwandel universell ist, müssen sich Gründe für sein Eintreten finden lassen.

Als Ursachen und Bedingungen werden – neben der Konventionalität/Arbitrarität des sprachlichen Zeichens – angegeben (vgl. Coseriu 1974: 94–119):

1 *Spracherwerb*. Das Kind, das eine Sprache erlernt, wird sie a) unvollkommen imitieren und b) Systeme verschiedener Bezugspersonen mischen.

2 *Bilingualismus*. Das Nebeneinander zweier Sprachen (oder auch Varietäten einer Sprache) bei einem Sprecher führt zu *Interferenzen*, d. h. zu Einflüssen des einen Systems auf das andere (11.1). Das Ergebnis der Mischung ist eine Ausgleichsform, ein neues System.

3 *Redundanz*. Jede sprachliche Äußerung enthält mehr Informationen, als zur Übermittlung der Nachricht nötig sind. So können unvollkommene oder unvollständige Nachrichten, die durch ungenaue Artikulation, abweichenden Syntaxgebrauch oder unpräzise Wortverwendung sowie durch Störungen des Kanals entstehen, vom Hörer richtig ergänzt werden. Die Realisierung von Sprache kann also innerhalb einer gewissen Variationsbreite schwanken, und kleinere, zuerst okkasionelle Änderungen können in das System eingehen.

4 *Kreativität*. Der Benutzer einer Sprache kann innerhalb des gegebenen Systems Neuerungen einführen (und damit ggf. gegen eine Norm verstoßen).

5 *Bedingungen in der Sprachstruktur*. Unregelmäßigkeiten und Lükken des Systems können im Streben nach Symmetrie beseitigt und ungenutzte Oppositionen ausgebaut werden. Elemente mit hoher funktioneller Belastung werden seltener aufgegeben als solche mit geringer Distinktivität.

6 *Außersprachlicher Wandel*. Die Sprache als Verständigungsmittel muß gewandelte Umwelt und soziale Beziehungen ausdrücken können. Wandel der sozialen Struktur hat Verschiebungen der Norm und Mischung von Subsystemen zur Folge (Prestige, Mode).

Grundsätzlich wäre zu unterscheiden zwischen den Ursachen, die Neuerungen auslösen, und geschichtlichen Bedingungen, die ihre Ausbreitung unter den Sprechern und die Übernahme in das System ermöglichen. Da das Untersuchungsmaterial für frühere Sprach-/Kulturstufen begrenzt ist, wird gefordert, die Theorie des Sprachwandels an dem Wandel zu entwickeln, der sich in der Gegenwart vollzieht (Labov 1973).

2.5.2 Reaktion der Benutzer: 'Sprachverfall'

(Jones 1953: 264 ff., Baugh & Cable [4]1993: 256–8, Aitchison [2]1991)

Eine neutrale Feststellung des Sprachwandels ist selten; so äußert sich Caxton 1490 in seinem Vorwort zu *Eneydos*:

> And certaynly our langage now vsed varyeth ferre from that whiche was vsed and spoken whan I was borne. For we englysshe men ben borne vnder the domynacyon of the mone, whiche is neuer stedfaste but euer wauerynge wexynge one season and waneth & dyscreaseth another season (Crotch 1928: 108).

Das Bewußtsein des Wandels einer lebenden Sprache führt zu der Folgerung, daß es wenig sinnvoll sei, der Nachwelt engl. Werke zu hinterlassen. So wandte sich Nicholas Sanders (Antwerpen, 1566) gegen die Übersetzung der Bibel ins Engl., Francis Bacon schrieb 1623 an Sir Toby Matthew:

> It is true, my labours are now most set to have those works, which I had formerly published, ... well *translated into Latin* ... For these modern languages will, at one time or other, play the bankrupts with books.

und Edmund Waller etwas später:

> Poets that Lasting Marble seek,
> Must carve in Latin or in Greek;
> We write in Sand ...

Vor allem einer Zeit, die an universell geltende, ewige Regeln der Grammatik glaubte, mußte der Gedanke, man könne die Sprache fixieren, einleuchtend erscheinen. Heute klingt verwunderlich, daß die Grammatiker nicht sahen, daß sich die Ursachen des Sprachwandels nicht beseitigen lassen (und daß man von der irrigen Ansicht ausging, die klassischen Sprachen hätten sich nicht verändert – solange es lebende Sprachen waren). Erst Dr. Johnson war sich – resignierend – der Unabänderlichkeit des Wandels bewußt.

F 1   Inwiefern illustrieren die oben zitierten Texte von Chaucer und Caxton den Sachverhalt, den sie beschreiben? Stellen Sie die Wandlungen der Orthographie, der Flexion, der Syntax und der Bedeutung zusammen, die sich seither vollzogen haben.

F 2   Worauf beziehen sich Popes Zeilen (*Essay on Criticism*, 482 f.):
Our sons their fathers' failing language see
And such as Chaucer is, shall Dryden be
War sein und Wallers Pessimismus gerechtfertigt?

2.6 Geschwindigkeit des Sprachwandels

(Fodor 1965)

Wenn sich Sprachwandel nach bestimmten Gesetzen vollzieht, dann wäre es interessant zu wissen, ob sich der Wandel messen läßt. Versuche, lexikalischen Wandel mit Hilfe eines Grundwortschatzes und festen 'Halbwertszeiten' des Ersatzes zu messen (*Glottochronologie*), haben sich jedoch als fruchtlos erwiesen, weil sie methodisch völlig unzureichend waren:

Der Wortschatz ist nur ein Teilsystem der Sprache; andere Ebenen (z. B. Phonologie, Morphologie) zeigen unterschiedlich schnellen Wandel. Was als Grundwortschatz anzusehen ist, und wie man in der Frage von Synonymen und bei mangelnder Deckung von sprachlichen Inhalten verfahren soll, ist objektiv nicht entscheidbar.

Die Annahme, daß Wandel sich in allen Einzelsprachen und in allen Perioden gleich schnell vollzieht, ist a priori wenig plausibel. Die Vielfalt der Ursachen des Wandels (2.5.1) läßt sich mathematisch nicht befriedigend erfassen.

Es bleibt die mathematisch nicht beweisbare Annahme, daß Sprachwandel sich unregelmäßig schnell vollzieht, und zwar schneller in zweisprachigen Kommunikationsgemeinschaften (N- und O-England in spätae. und frühme. Zeit), in Handelszentren mit vielfältigem sprachlichen Austausch (London), in Gemeinschaften ohne schriftsprachliche Tradition oder hochsprachliche Norm (frühme.), in Zeiten größerer politisch-sozialer Änderungen und Bevölkerungsbewegungen (London 14./15. Jh.). Der Wandel vollzieht sich dagegen offenbar weit langsamer in stabileren Gesellschaften mit stark normativem Einfluß der Schriftsprache (Engl. des 18. Jh.).

Die deutlichsten Zeugnisse für das Bewußtwerden des Sprachwandels bieten Äußerungen, daß Texte in älteren Sprachstufen nicht mehr verstanden werden. Besonders auffällig ist dies u. a. bei der Homilienhs. CUL Ii. 1.33, die, Ende des 12. Jh. abgeschrieben, schon Mitte des 13. Jh. mit dem Kommentar versehen wurde 'non apreciatum propter ydioma incognita' (Ker 1957: xlix).

Charakteristische Änderungen des Systems wiederholen sich unabhängig voneinander in nicht verwandten Sprachen oder – möglicherweise als Spätfolge des gemeinsamen Erbes – in Sprachen, die sich aus einer gemeinsamen Muttersprache entwickelt haben (2.8). Man hat diese Tendenzen als 'drift' (Sapir) bezeichnet. Sprachwandel läßt sich (bisher) aus Universalien nicht voll erklären; Prognosen über zukünftigen Wandel sind deshalb zumindest spekulativ.

F 3 Gimson sagt 1970: 'The next fifty years should show how effective are the inhibiting influences of literacy, the existence of a broadcast auditory norm, and the self-perpetuating nature of the system itself.' Erklären Sie die drei Faktoren. Wirken sie in derselben Richtung? Vergleichen Sie Gimsons Stellungnahme mit der Quirks (1972: 68–76 'English in Twenty Years').

2.7 Periodisierung (vgl. Görlach 1978: 22-4)

Da Sprache sich kontinuierlich wandelt, muß jede Einteilung in Perioden fragwürdig sein. Wenn sie versucht wird, sollte sie von innersprachlichen Kriterien ausgehen; oft ist jedoch ein Zusammentreffen oder Zusammenhang mit außersprachlichen Erscheinungen zu erwarten, besonders mit politischen und kulturgeschichtlichen Entwicklungen. Trotzdem bleibt jede Periodisierung mehr oder weniger subjektiv: jede Periode wird an ihrem Anfang und Ende in Übergangszeiten auslaufen.

Herkömmlich wird die engl. Sprachgeschichte in vier Perioden unterteilt, die jede durch eine synchronische Grammatik beschrieben werden: Ae. 450 (700)–1100; Me. 1100–1500; Fne. 1500–1700; Ne. ab 1700. Die Schnitte lassen sich wie folgt begründen (die hier gegebenen Stichwörter werden in den folgenden Kapiteln definiert und ausführlich belegt):

2.7.1 Beginn des Ae.

(vgl. DeCamp 1958, Hogg 1992)

A 1 Die frühesten ae. Texte zeigen deutliche Unterschiede zu den nächst verwandten Sprachen. Da aber die Überlieferung des Ae. erst mehr als 200 Jahre nach der Eroberung einsetzt, sind die Fragen nach dem Beginn *der* ae. Sprache, ihrer Einheitlichkeit oder Dialektgliederung nicht zu beantworten.

A 2 Zeugnisse für das Bewußtsein der Sprecher, 'Englisch' zu sprechen, setzen erst spät ein.

2.7.2 Beginn des Me.

(vgl. Mossé 1973: 20, Clark ²1970)

B 1 Monophthongierung der ae. Diphthonge und nach Vokalisierung von [j, γ w] in sth. Nachbarschaft Entstehung neuer Diphthonge; Schwund von [h] am Wortanfang vor Konsonant; Phonemisierung von [v, z].

B 2 Zusammenfall der unbetonten Flexionsvokale; Verlust des grammatischen Geschlechts; Aufgabe der starken Adjektivflexion und Vereinfachung der schwachen; Herausbildung des Einheitsartikels; Aufgabe des Duals und der Dativ:Akk.-Opposition der Personalpronomina; Numerus- vor Kasusopposition (und allmählicher Ersatz der Kasusfunktionen durch feste Wortstellung und Präpositionen).

B 3 Früheste Schicht des frz. Lehnguts; verstärktes Auftreten von an. Lehnwörtern.

B 4 Allmähliches Erlöschen der ae. Schriftsprache und Einschränkung der me. Dialekte auf bestimmte literarische Formen (Predigt, Chronik etc.); verstärkte Verwendung des Lat. und Agn. Ablösung der ae. Buchstabenformen und der ae. Orthographie.

2.7.3 Beginn des Fne.

C 1 Abschluß der ersten Stufe des *Great Vowel Shift;* Verstummen der unbetonten Flexionsvokale und Einschränkung der Kasus- und Personalendungen auf /-s, -st, -þ/.

C 2 Ausbreitung der Londoner Standardsprache über ganz England; Beginn des Buchdrucks (Caxton 1476).

C 2 Starke Zunahme des Gesamtwortschatzes (durch Entlehnungen und verstärkte Ausnutzung der Möglichkeiten der Wortbildung).

C 4 Einflüsse der Renaissance; Reformation; Entdeckung Amerikas.

2.7.4 Beginn des Ne.

D 1 Phonemzusammenfall von me. /aː, ai; ɔː, ɔu; ɛː, eː/ und die Spaltung des /u, a/ *(put : but; cat : what)* sind abgeschlossen. Zusammenfall von /kn-, gn-, n-; wr-, r-/ am Wortanfang.

D 2 Entwicklung bei den Pronomina ist abgeschlossen: *its* (für *his*), Aufgabe von *thou, thee, thy; ye.*

D 3 Die heutige Verteilung von *do,* besonders die obligatorische Verwendung in bestimmten Fragen und verneinten Sätzen, ist um 1700 erreicht; der Gebrauch von Perfekt und EF wird im 18. Jh. regularisiert.

D 4 Festlegung der Orthographie und Zeichensetzung.

D 5 Verstärkte Bemühungen um Sprachakademie, Fixierung der Sprache und präskriptive Grammatik.

D 6 Die Ausgliederung des AmE beginnt.

2.7.5 Die Zahl der Einzelpunkte darf nicht darüber hinwegtäuschen, daß der Einschnitt zwischen Fne. und Ne. weniger markant ist als der zwischen den anderen Sprachstufen: über die Teilung überhaupt und über die zeitliche Ansetzung bestehen deshalb weitgehend 'Meinungsverschiedenheiten (1650, 1725).

Natürlich läßt sich jede Periode weiter in sinnvolle kleinere Epochen unterteilen. So kann man unterscheiden Urae. (–700), Altws. (–900: Tod Alfreds) und Spätws. (900–1100); Frühme. (–1300, oder 1307: Tod Edwards I), die Blütezeit des Me. (–1400: Tod Chaucers, oder –1422: Tod Henrys V) und das Spätme. (–1500, oder –1485: Krönung Henrys VII und Beginn der Tudordynastie); elisabethanisches Englisch (–1603), das Engl. des 17., 18., 19. Jh. Eine feinere Einteilung hebt jedoch die Probleme einer Periodisierung nicht auf, sondern macht sie möglicherweise noch deutlicher.

F 4   Ordnen Sie A 1–D 6 nach außer- und innersprachlichen Kriterien. An welchen Punkten läßt sich das Ineinandergreifen der zwei Kategorien zeigen?

F 5 Diskutieren Sie abweichende Grenzen (1066, 1150, 1400, 1650) und die Dreiteilung des Ne. in Fne. ('Early ModE' –1650), 'Authoritarian Engl.' (–1800) und ModE. (Baugh & Cable [4]1993, Peters 1965a, Clark [2]1970).

2.8 Divergenz und Sprachverwandtschaft

2.8.1 Divergenz und Konvergenz

Ist Kommunikation zwischen Sprechergruppen zeitweilig oder ständig unterbrochen oder auch nur erschwert, so entwickeln sich Subsysteme auseinander *(Divergenz)*. Diese Tatsache läßt sich deutlich an der Sonderentwicklung von Auswanderersprachen ablesen, die oft konservativer, aber nicht ohne eigene Neuerungen sind. Schon physikalische Barrieren, die die Kommunikation behindern, haben dieselbe Wirkung (Gebirge, Waldgebiete, Wüsten, breite Ströme). Wo Dialekt- oder Sprachgrenzen sich nicht auf geographische Gegebenheiten zurückführen lassen, haben oft politische, wirtschaftliche oder kirchliche Grenzen die Divergenz verursacht – so ist die Dialektgrenze zwischen dem Nhb. und dem Schottischen eine Folge der politischen Trennung nach dem 14. Jh.; die Eifeldialekte spiegeln die politisch-religiöse Orientierung nach Köln oder Trier (Lehmann [3]1992: 126–7).

Umgekehrt tritt *Konvergenz* zwischen Subsystemen oder Einzelsprachen ein, wenn eine Kommunikationsgemeinschaft (durch Bevölkerungsbewegungen, neue Grenzziehung) neu entsteht. Die Sprecher des Ae. und der skand. Sprachen des *Danelaw* waren im 10./11. Jh. zu einem sprachlichen Austausch gezwungen, der die Annäherung *beider* Sprachen aneinander zur Folge hatte. Die Dialekte der engl. Auswanderer konvergierten in den USA in einem neuen Standard; Konvergenz in großem Maße vollzieht sich schließlich im 20. Jh. durch den Einfluß der modernen Massenkommunikationsmittel.

F 6 Auf welchen Faktor für die Entstehung einer ae. Dialektgrenze weist die Bezeichnung *nordhumbrisch* hin?

2.8.2 Sprachverwandtschaft

(Lehmann [3]1992: 119–22)

Zwei Sprachen sind direkt miteinander verwandt, wenn sie durch Divergenz aus einer gemeinsamen Muttersprache entstanden sind. Diese *genetische* Verwandtschaft wird oft in Form eines Stammbaums dargestellt: der jeweils obere Knoten bezeichnet die Muttersprache, die Kanten den Sprachwandel in der Zeit, die Verzweigung die Divergenz und die unteren Knoten die Tochtersprachen (vgl. 3.2):

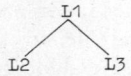

Der Stammbaum ist das klassische Modell der historischen Sprachwissenschaft des 19. Jh.; komplexen Entwicklungen und Berührungen von . Sprachen (d. h. ihrer Sprecher) wird er zwar nicht gerecht, aber er hat den Vorteil der Anschaulichkeit. Genetische Sprachverwandtschaft ist zu unterscheiden von typologischer (6.2).

F 7 Formulieren Sie Einwände gegen das Stammbaummodell anhand von De Camps Theorie der Entstehung der ae. Dialekte (1958).

3 Rekonstruktion

3.1 Möglichkeiten und Grenzen der Rekonstruktion

Das Material zur Beschreibung vergangener Sprachstufen ist begrenzt. Während für die Sprachen der Gegenwart fast unbegrenzt Texte und gesprochenes Untersuchungsmaterial zur Verfügung stehen und Sprecher der Sprache über die Akzeptabilität von Äußerungen befragt werden können, ist das Korpus der Sprachstufen vor 1900 auf das mehr oder weniger zufällig Aufgeschriebene und Erhaltene beschränkt. Die Rekonstruktion früherer Sprachstufen kann also vorerst nur ein Subsystem, das der geschriebenen Sprache (2.4.2) erfassen; Unzulänglichkeiten der Orthographie (Zeichenmangel, Widersprüche, der konservative Charakter der Schrift, 5.1) stehen außerdem der Beschreibung des Sprachsystems entgegen. Vor allem aber sind die Textzeugnisse unvollständig:

1 Überlieferung setzt Schrift voraus: für die frühe ae. Zeit vor ca. 700 fehlen sprachliche Zeugnisse fast vollkommen. Von der Sprache der Dänen und Norweger in England ist aus schriftlichen Quellen fast nichts bekannt, da sich auch Sprecher der skand. Sprachen der ae. (ws.) Schriftsprache bedienten. Ebenso dürftig ist die Kenntnis vieler ae. Dialekte, da späte Urkunden allgemein in der ws. Kanzleisprache abgefaßt sind.

2 Pergament war kostbar, und es bestanden genaue Vorstellungen darüber, was aufschreibenswert war. Daß in Rom Texte der lat. Klassiker abgeschabt und dann mit Werken der Kirchenväter neu beschrieben wurden *(Palimpseste)*, erläutert aufs beste, warum der Umfang gerade auch der volkssprachlichen Texte beschränkt und die thematische Auswahl einseitig ist. So sind nur vier größere Hss. mit ae. Gedichten erhalten, aber über 100 *eines* me. religiösen Werkes *(Pricke of Conscience)* und ca. 240 Hss. der Wyclifbibel.

3 Die erhaltenen Texte sind nicht nur ein unvollkommenes Abbild des Wortschatzes vergangener Sprachstufen, sondern das starke Übergewicht der Übersetzungsliteratur kann auch eine falsche Vorstellung von der Syntax der Sprache und den Bedeutungen der Wörter vermitteln.

4 Originaltexte (Autographen), womöglich datierbar oder lokalisierbar, wie die Fortsetzungen der *Peterborough Chronicle (PC)* von ca. 1155, Orms Evangelienparaphrase (? Stamford, ca. 1200) und Michael of Northgates *Aʒenbite of Inwit* (Canterbury, ca. 1340) sind sehr selten. In den meisten Texten liegt eine Mischung aus der verlorenen Vorlage des Schreibers und seinem eigenen Dialekt vor; das Verhältnis der Komponenten ist nicht immer klar auszumachen. Trotz dieser Einschränkungen darf man sagen, daß die Entwicklung der engl. Sprache (wenn auch nicht all ihrer Varietäten) vom 7. bis 20. Jh. ausreichend belegt ist, um Beschreibungen (Grammatiken) der einzelnen Stufen herzustellen und die strukturellen Entwicklungen aus dem Vergleich der erschlossenen Systeme zu gewinnen.

3.2 Ziele und Methoden der Rekonstruktion

(Bloomfield 1933: 297–320; Lehmann ³1992: 141–74; Langacker 1971: 204–15; Bynon 1981: 40–70; Bammesberger 1992)

3.2.1 Rekonstruktion versucht

1 durch Mangel an Belegen verursachte Lücken in Beschreibungen überlieferter Sprachstufen zu schließen und *historischen* Sprachwandel zu beschreiben oder
2 die Vorgeschichte von Sprachen vor Einsetzen der schriftlichen Überlieferung zu erhellen.

Historischer Wandel (1) ist hauptsächlich zu erschließen durch *innere Rekonstruktion,* d. h. aus den Daten und Strukturen der Einzelsprache (mit Einschluß der Subsysteme), für das Engl.: 700–1974.

Prähistorischer Wandel (2) ist vor allem beschreibbar mit Hilfe der *vergleichenden (komparativen)* Rekonstruktion, d. h. aus dem Vergleich der Daten und Strukturen von Tochtersprachen (so für das Urae. durch den Vergleich mit anderen germ. Sprachen). Die Daten sind zu ergänzen durch *umgekehrte* Rekonstruktion, d. h. durch die Daten, die sich aus der rekonstruierten Muttersprache (oder der Mutter der Mutter, hier: Idg.) ergeben.

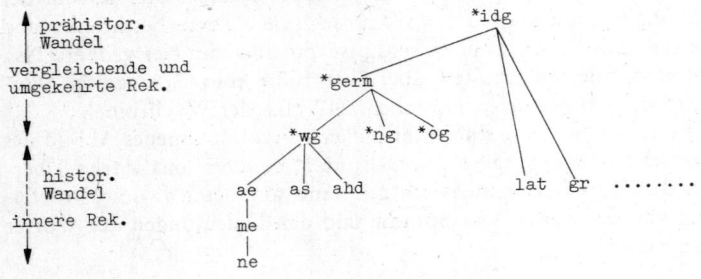

Jede Rekonstruktion erreicht idealerweise vier Ziele:

1 Nachweis der genetischen Sprachverwandtschaft der untersuchten Sprachen;
2 Rekonstruktion der gemeinsamen Muttersprache (L 1) für $\geq$ 2 Einzelsprachen, die überliefert oder selbst erschlossen sind (L 2, L 3);
3 Beschreibung des Sprachwandels, der auf dem Wege von L 1 zu L 2, L 3 eingetreten ist und der zu der Ausgliederung der Einzelsprache geführt hat, und Daten für die relative Chronologie (3.2.2);
4 Ergänzung der Daten von L 2 durch *L 1 (d. h. der aus L 3, L 4 gewonnenen Daten: umgekehrte Rekonstruktion).

3.2.2 Absolute und relative Chronologie

Nur in seltenen Fällen ist es möglich, für erschlossene Sprachstufen oder prähistorischen Lautwandel genaue Daten und Verbreitungsgebiete anzugeben (*absolute Chronologie*). Selbst in historischer Zeit ist es wegen des konservativen Charakters der Schrift, die Lautwandel oft erst Jahrhunderte nach seinem Auftreten berücksichtigt, in vielen Fällen ausgeschlossen, Lautwandel genau zu datieren.

Hilfen für die absolute Chronologie sind

1 Entlehnungen aus oder in genauer bekannte Sprachen; Namen in lat., gr. Texten (vgl. die Rückschlüsse, die die Lautform des Lehnwortes *Kaiser* für das Lat. erlaubt).
2 Kulturgeschichtliche/archäologische Kriterien besonders bei Fragen des Wortschatzes; Bevölkerungsbewegungen etc.

Sicherer nachzuweisen ist bei Lautwandel die *relative Chronologie*. So wird die Entwicklung von wg. *gasti 'Gast' über die nicht belegten Zwischenstufen zu *giest* durch Parallelen in der Entwicklung anderer ae. Wörter bewiesen; außerdem muß die Ableitung ökonomisch und mit den anderen angenommenen Lautwandlungen vereinbar sein:

```
wg.   *gasti
urae. *gæsti   [a > æ]    ae. mæst ≈ Mast
      *geasti  [æ > ea]       geat ≈ Gasse
ae.   giest    [ea>ie]        ieldra ≈ älter
```

3.3 Vergleichende Rekonstruktion: die Vorgeschichte des Ae.

3.3.1 Ausgangspunkt für die Rekonstruktion ist die Beobachtung, daß Einzelsprachen auf vielen Ebenen, besonders aber im Wortschatz, auffällige Übereinstimmungen zeigen.

Diese Ähnlichkeiten können beruhen auf

1 genetischer Verwandtschaft
2 Lehnbeziehungen untereinander oder zu einer dritten Sprache

3 zufälligen Übereinstimmungen (oder universalen Tendenzen der Sprachentwicklung: 'drift').

Während für die gesamte Sprachgeschichte 2) ebenso bedeutsam sein kann wie 1), muß bei Rekonstruktion sorgsam darauf geachtet werden, daß alle Übereinstimmungen nach 2–3) ausgesondert werden (3.3.2). Da die Vorgeschichte der Sprachen und ihrer Sprecher meist unzureichend bekannt ist, macht die Beschränkung auf 1) oft große Schwierigkeiten – so z. B. infolge wechselnder Divergenzen und Konvergenzen zwischen den sich herausbildenden germ. Sprachen, oder bei einer Sprache wie dem Albanischen, dessen Wortschatz zum größten Teil aus den Nachbarsprachen entlehnt ist.

Vorgehen: Wortpaare gleicher Bedeutung werden zusammengestellt und Übereinstimmungen und Unterschiede der Segmente in Listen zusammengefaßt (die Paare müssen in ihrer phonologischen Form verglichen werden; da die Erschließung des Lautsystems erst 5.1 behandelt wird, ist hier die geschriebene Form verwendet). Für eine besonders klare Anwendung der Methode anhand von erfundenen Beispielen s. Langacker 1971.

```
Beispiel:

ae.     ne.      ahd.     dt.      Entsprechungen ae.: ahd.

stān    stone    stein    Stein
hām     home     heim     Heim     ā ≠ ei
gāst    ghost    geist    Geist
sāl     (sole)   seil     Seil     g,h,l,m,n,st,s = g,h,...
```

Wenn ā ≠ ei als regelmäßig erkannt ist, fällt es auch nicht schwer, die Verwandtschaft der folgenden Wortpaare zu erkennen:

```
dāg     dough    teic     Teig     ā ≠ ei
tācen   token    zeihhan  Zeichen  d ≠ t; t ≠ z-,-ȝ; þ ≠ d
clāþ    cloth    *kleid   Kleid    g ≠ c; c = k-, ≠ -hh-
hlāf    loaf     hleib    Laib     f ≠ b
hāt     hot      heiȝ     heiß
```

Aus den letzten Paaren geht hervor, daß Entsprechungen nicht eindeutig sein müssen, sondern daß die Entsprechung von (ae.) t, k im Ahd. offensichtlich auch von der Position des Segments abhängt. Dieselbe Erfahrung macht man auch, wenn man andere Äquivalente des ae. ā sucht:

```
māra    more     mēro     mehr     ā ≠ ē (vor r,h,w)
tā(he)  toe      *zēhe    Zehe
sāwol   soul     sēula    Seele
```

Diese Sammlung von Entsprechungen ae. : ahd. ließe sich beliebig erweitern. Von einer bestimmten Menge von Korrespondenzen an kann die Verwandtschaft der zwei Sprachen als gesichert gelten.

Es ist besonders zu betonen, daß identische Segmente (l, m, n, ...) wichtig sind; beweiskräftiger sind jedoch regelmäßige Unterschiede, die auf Lautwandel in mindestens einer Sprache schließen lassen.

Für das zweite Ziel, die Rekonstruktion der gemeinsamen Muttersprache (hier: *wg), können nun mit einiger Wahrscheinlichkeit alle Übereinstimmungen der Tochtersprachen angenommen werden:

```
Etymon              *helm-
                                               h,e,l,m = h,e,l,m
Reflex       ae.helm      ahd.helm
```

Regelmäßige Unterschiede können durch Lautwandel in einer oder in beiden Tochtersprachen verursacht sein. Bei ā ≠ ei macht das Zeugnis der anderen germ. Sprachen (an. *steinn*, got. *stains*) *ai wahrscheinlich.

Diese Entscheidung kann ferner als gesichert gelten, weil bei einer Rekonstruktion über das Germ. hinaus sich die Entsprechungen germ. *ai ≠ (lat.), gr., ... *oi ergeben und a ≠ o sich auch anderswo belegen läßt:

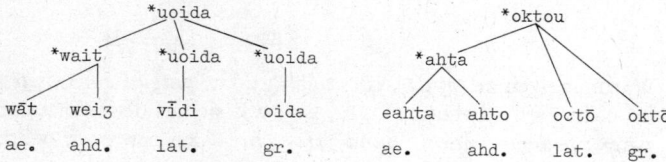

```
        *uoida                              *oktou
   *wait   *uoida  *uoida      *ahta
wāt  weiʒ  vīdi   oida     eahta  ahto   octō  oktō
ae.  ahd.  lat.   gr.      ae.    ahd.   lat.  gr.
```

Schlüsse: Die Rekonstruktion lautlicher Entwicklungen geht von der Ausdrucksseite der sprachlichen Zeichen aus. Die Voraussetzung, daß es sich um *dasselbe* Zeichen handelt, gilt als erfüllt, wenn Ausdruck und Inhalt entweder gleich geblieben sind oder sich nach bestimmten (zu formulierenden) Regeln gewandelt haben.

Die Rekonstruktion geht ferner von der Regelmäßigkeit des Lautwandels aus (vgl. 5.3); Abweichungen von der Regel werden zusammengefaßt und in Unterregeln formuliert. Die Rekonstruktion sollte sich aus rein sprachlichem Material ergeben, ihre Plausibilität wird aber durch außersprachliche Daten gestützt (Siedlungsbewegungen, Geographie, Archäologie).

3.3.2 Lehnwörter

Die ne. Wörter *guest, garden* (und nordengl. *garth*) sind offensichtlich mit dt. *Gast, Garten* verwandt. Eine Rekonstruktion, die von diesen Entsprechungen ausginge, führte jedoch in die Irre: Die regelmäßigen Lautwandlungen vom Wg. zum Ae. lassen (3.2.2) die ae. Formen *giest* und *geard* [jiəst, jæərd] erwarten – und dies sind auch die über-

35

lieferten Formen. *Geard* hat sich lautgesetzlich zu ne. *yard* entwikkelt; *giest* hätte ne. **jist/jest* ergeben müssen. Gelegentlich lassen sich 'Unregelmäßigkeiten' dieser Art als innersprachliche Entlehnungen aus Dialekten beschreiben: so ae. *fæt* D 48, aber ne. *vat* 'Bierfaß' aus einem südlichen; ae. *mangere* D 45, ne. *monger* aus einem westlichen; ae. *yfel* D 49, ne. *evil* aus einem südöstlichen Dialekt.

Die mangelnde Entsprechung in *guest* und *garden* läßt sich aber auch durch Dialekteinfluß nicht erklären, sondern ist in der Entlehnung der Wörter aus dem An. bzw. dem Nordfrz. begründet:

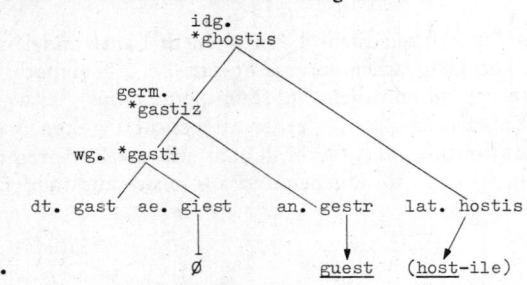

F 8 Warum zeigen ae. *pyt(t), cōc, tigel* (zu lat. *puteus, coquus, tēgula*) nicht die Reibelaute [f-, h-, þ-], wie sie aus den Wortpaaren *pater : fæder, centum : hund, trēs : þrēo* zu erwarten wären? (Holthausen ²1963)

F 9 Die lautliche Entwicklung von ae. *ege, engel, æg, wāc* (vgl. *H 9*) hätte zu ne. /ei, eŋgəl, ei-iː, wəuk/ führen müssen. Wie sind die ne. Wörter *awe, angel, egg, weak* zu erklären? (ODEE)

4 Schriftsysteme

4.1 Grundsätzliches

Schrift kann entweder den Inhalt sprachlicher Zeichen wiedergeben
oder ihren Ausdruck. Die Anfänge der Schrift scheinen überall am
Inhalt orientiert zu sein (Bilderschrift); im weiteren Sinn werden diese
Schriften als *ideographisch* bezeichnet. Der offensichtliche Vorteil dieser Schriften besteht darin, daß sie überdialektal und sogar übereinzel-
sprachlich verwendbar (wie im Chinesischen) und quasi zeitlos sind, da
sie, unbeeinflußt von Lautwandel, es erlauben, Texte aus verschiedenen Epochen zu verstehen.

Die europ. Sprachen verwenden *alphabetische* Schriften, die sich am
Ausdruck der Zeichen orientieren (indem sie eine feste Beziehung zwischen den Phonemen der Sprache und den Schriftzeichen herzustellen
versuchen). Da dieser Zuordnung keine wissenschaftliche Analyse vor-
ausging, ist nicht zu erwarten, daß das jeweilige Schriftsystem das
Lautsystem der Sprache genau widerspiegelt. Jedoch zeigen Anpassun-
gen und Weiterentwicklungen der Schriftsysteme, daß neue Zeichen
meist genau dann gesucht wurden, wenn phonologische Oppositionen
(5.1) ungenügend gekennzeichnet waren, während allophonische
Varianten oft nicht in der Schrift differenziert wurden.

Übergangsstufen und Mischungen beider Prinzipien sind häufig. So
enthalten auch Texte der europ. Sprachen *Ideogramme* (&, §, 1, 2, . . .,
vgl. die verschiedenen Ausdrücke in den Einzelsprachen), und die
ideographischen Systeme machen reichen Gebrauch von der rebusarti-
gen Übertragung von Zeichen auf Homophone – wie wenn ein engl.
Satz geschrieben würde als

10der Alice in 1derl& h8ed 2 4nic8

Außerdem bilden sich in alphabetischen Systemen auch *morphogra-*
phische Schreibweisen heraus: so besteht im Engl. die Tendenz, alle
drei Allomorphe /d, t, id/ des Präteritums schwacher Verben mit ⟨ed⟩
zu schreiben. Vgl. auch die phonologisch nicht gerechtfertigten Schreibungen dt. ⟨Hand – Hände⟩, die die Identität der Allomorphe von
{HAND} kennzeichnen sollen.

Einheiten des Schreibsystems lassen sich durch Bildung von graphematischen Minimalpaaren ermitteln: dt. *Weise* ≠ *Weiße (s, ß)*, *Vater* ≠ *Väter (a, ä)*; engl. *quit* ≠ *suit (q, s)*. Eine Analyse der Distribution ergibt, daß die Vorkommen den minimal distinktiven Einheiten des Schriftsystems *(Graphemen)* dt. ⟨s, ß, a, ä⟩, engl. ⟨q, s⟩ zuzuordnen sind. Von diesen haben zwei eingeschränkte Distribution: dt., engl. ⟨q⟩ nur vor ⟨u⟩, dt. ⟨ß⟩ nicht am Wortanfang. Sind Typen von Graphen komplementär verteilt und nach Regeln vorhersagbar (wie ſ : ʃ in den *HA*-Texten), so werden sie als *Allographen* einem Graphem zugeordnet. Außer dem *Bestand* an Graphemen gehört auch ihre Distribution, besonders in festen Graphemverbindungen, zum Schriftsystem einer Sprache (engl. *th, sh, wh, . . .*).

4.2 Transliteration

Jeder geschriebene Text ist die mehr oder weniger vollkommene Aktualisierung eines Schreibsystems. Aus den Formen und individuellen Eigenheiten der Buchstaben lassen sich oft Rückschlüsse auf die Herkunft (Datierung und Lokalisierung) des Textes ziehen. Für die sprachwissenschaftliche Erforschung des Textes oder für eine Edition werden handschriftliche Texte *transkribiert (transliteriert)*: es wird von den insignifikanten Unterschieden der Einzelbuchstaben abgesehen und der Text in einheitlichen Typen wiedergegeben. In der Ausgabe des *WS*-Textes (S. 172) werden alle ae. Buchstaben in lat. Druckschrift wiedergegeben, Wortabstände vereinheitlicht, Kürzel aufgelöst und moderne Zeichensetzung eingeführt.

Auch bei Texten muß also konsequent zwischen dem System geschriebener Segmente *(Graphemen)* und ihren Realisierungen *(Graphen)* unterschieden werden (umgangssprachlich keine Unterscheidung in *Buchstabe*).

Von Transliteration spricht man auch, wo Texte nach festen Konventionen aus einem Schreibsystem in ein anderes überführt werden (vgl. die Wiedergabe russ. Namen in westeurop. Sprachen oder hebr. Namen in gr., lat., engl. Bibeltexten).

4.3 Zur Geschichte der Alphabete

(Diringer [3]1968, Lehmann [3]1992: 49–57)

Das Alphabet, d. h. der Versuch, Schrift auf dem Phonemsystem einer Sprache aufzubauen, geht auf eine nordwestsemitische Sprache (ca. 1500–1700 v. Chr.) zurück. Von ihr übernahmen das Prinzip die Griechen und von dort ausstrahlend und unabhängig voneinander die Etrusker (von ihnen die Römer, Germanen [Runen]), die Goten und die Slaven. Bei den Übernahmen wurden oft starke Veränderungen vorgenommen.

Die wegweisende Neuerung der Griechen war die Einführung von Vokalgraphemen, für die nicht gebrauchte semit. Konsonantenzeichen benutzt wurden. Neu erfunden wurden die Zeichen ⟨φ ψ χ ξ⟩ (nb. die Namen *phi, psi, chi, ksi*!) und die spätere Trennung der Zeichen für die zwei *e/o*-Phoneme: ⟨ω⟩*o-mega*; ⟨H⟩ *eta* (nach Verstummen des /h/ neu verwendet).

Über die Etrusker entlehnten die Römer 21 Grapheme; später gaben sie das nicht benötigte ⟨z⟩ auf und setzten das durch Abwandlung des ⟨C⟩ geschaffene ⟨G⟩ an seine Stelle hinter das F. Erst im 1. Jh. v. Chr. wurden zur Wiedergabe gr. Lehnwörter ⟨x, y, z⟩ eingeführt und an das Ende des Alphabets gesetzt. Verschiedene Versuche, die phonemische Vokalquantität zu kennzeichnen, blieben ohne Erfolg (Homographen *malum, venit*).

Aus einem nordetr. Alphabet wurde auch die *Runenschrift* von den Germanen entlehnt.

Da keine zwei Sprachen identischen Phonembestand haben, ergeben sich bei jeder Übertragung eines Alphabets auf eine andere Sprache grundsätzliche Schwierigkeiten. Die folgenden Lösungen, besonders bei der Bezeichnung der 'neuen' Phoneme, scheinen die üblichen zu sein:

1 Neuer Gebrauch vorhandener Zeichen, für die kein Bedarf besteht (gr. Vokale)
2 Graphemverbindungen (gr. *ei, ou*; engl., dt. *ch, sh, th* . . .) und Verschmelzungen (gr. ω, ae. *æ*, frz. *œ*, dt. *ß*)
3 Mischung mehrerer Alphabete (got.; ae. *þ*; me. *ȝ/g*)
4 Freie Erfindung von neuen Zeichen (gr. φ ψ χ ξ)
5 Abwandlung vorhandener Zeichen (lat. *G*, ae. (ir.) *ð*, poln. *ł*)
6 Gebrauch diakritischer Zeichen (Trema: *Bär, Noël*; Tilde: *Coruña*; Akzente (frz., slav.); u. a.: *Besançon, Dvořák*, . . .)

4.4 Englische Schriftsysteme (Scragg 1974)

4.4.1 Die ae. Zeit

(Campbell 1959: 12–29, Weimann ²1990: 58–60)

Die germ. Eroberer brachten das Runenalphabet mit 24 Zeichen mit, das noch in England durch Zeichen für neue Phoneme ergänzt wurde. Der Gebrauch der Runen scheint nicht weit verbreitet gewesen zu sein; sie wurden bald durch das lat. Alphabet ersetzt, dessen Lücken sie mit Graphemen für /w, θ/ füllen halfen (ƿ, þ).

Die lat. Schrift lernten die Angelsachsen von irischen Missionaren kennen: das ist noch deutlich an den Buchstabenformen der *Insulare* (S. 170) und an der Kennzeichnung der Palatalkonsonanten durch ⟨e⟩: *H9 sceān* /ʃaɪn/ 'shone'.

Die ae. Schrift unterschied gewöhnlich nicht zwischen Kurz- und Langvokal (= lat.). Nach anfänglichem Experimentieren (⟨th⟩ = [θ], ⟨d⟩ = [ð], ⟨b⟩ = [ƀ], ⟨uu⟩ = [w]) bei Lauten, für die im lat. Alphabet kein Zeichen zur Verfügung stand, wurde eine im wesentlichen phonemische Orthographie durchgeführt, d. h. die Allophone von /θ, f, s/ [θ, ð; f, v; s, z] wurden unterschiedslos ⟨þ ≅ ð, f, s⟩ geschrieben.

Unzureichend gekennzeichnet blieben die Vokalquantitäten: ⟨witan⟩ = [witan ≠ wiːtan] 'wissen' ≠ 'gehen', und die aus der Phonemspaltung entstandenen /g ≠ ġ/, /k ≠ c/. Besonders ⟨c, g, cg, h, sc⟩ waren mehrdeutig.

Späte Hss. zeigen *umgekehrte Schreibungen,* die uns Rückschlüsse auf eingetretenen Lautwandel erlauben (*feccan* für *fetian, hig* für *hi*), und allophonisches [v] wird oft durch ⟨u⟩ wiedergegeben (*F6 oluendes* = me.)

4.4.2 Die me. Zeit

(Mossé 1973: 28–32)

Im 12. Jh. kam die typische ae. Schrift, die Insulare, außer Gebrauch; weiterbenutzt wurden aus ihr nur die Zeichen, für die es im lat.-frz. System keine Entsprechung gab. Die nicht benötigten Zeichen ⟨æ⟩ (‖⟨a, e⟩), ⟨ð⟩ (= ⟨þ⟩) und Ƿ (‖⟨w, u⟩) wurden im 13. Jh. aufgegeben, aber ⟨þ⟩ erst im 15. Jh. endgültig durch ⟨th⟩ verdrängt. ⟨g, ʒ⟩, im Ae. Allographen aus verschiedenen Alphabeten, werden me. Grapheme, bleiben aber trotzdem mehrdeutig, bis ⟨ʒ⟩ im 14./15. Jh. durch ⟨y, gh⟩ für /j, x/ ersetzt wird.

Die Verwendung der Grapheme zeigt deutlich die Mischung der heimischen und agn. Schreibsysteme. Grundsätzliche Lösungen wurden versucht für die Schreibung der Gaumenlaute (wo sich im Me. die ne. Verteilung herausbildet) und für die Kennzeichnung der Langvokale. Allerdings fehlt die Doppelschreibung, wo die Länge durch den Silbentyp (offene Silbe, dehnende Gruppe 5.4.1) angezeigt ist, wie in Beispielen aus Text *A*: *eest, wijs, loo, thou, duyk,* aber: *herynge, child.*

Agn./frz. Traditionen entstammen die Verwendung von ⟨ou⟩ = /uː/, ⟨ie⟩ = /eː/, ⟨u⟩ = /y/, ⟨o⟩ = /u/, ⟨ch⟩ = /tʃ/, ⟨ss⟩ = /ʃ/, ⟨c⟩ = /s/, ⟨v⟩ = /v/, ⟨qu⟩ = /kw/: *hous, field, busy, son, child, ssip, service, queen.* Bei der Verwendung von ⟨y ≅ i⟩, ⟨o ≅ u⟩ besonders vor und nach ⟨n, m, u, v, w⟩ hat sicher oft die leichtere Lesbarkeit den Ausschlag gegeben (vgl. *bigynnyng,* Z. 1 der Hs. *LV*, S. 171).

Die me. Orthographie, besonders die der frühen Zeit, ist oft chaotisch und erlaubt ohne Rückgriff auf die Etymologie wenig Rückschlüsse auf die Aussprache des Einzelwortes. Eine einigermaßen konsequente Orthographie hat sich erst wieder im späten 14. Jh. herausgebildet.

4.4.3 Die fne. Zeit

(Görlach 1978: 48–63)

In der in London konzentrierten Buchproduktion hatten sich ab 1400 feste Traditionen herausgebildet, auf die der frühe Buchdruck (Caxton ab 1476) zurückgreifen konnte. Mit der Ausbreitung der Londoner Standardsprache vollzog sich auch die Verbreitung der Londoner Orthographie (und letztlich der südengl. Aussprache).

Neuerungen des 15. Jh.: Scheidung der Phoneme me. /eː ≠ ɛː/ als ⟨ee, ie⟩ ≠ ⟨ea, eKe⟩; nach dem Verstummen des [-ə] freie Verwendung des ⟨-e⟩ als Dehnungszeichen für vorausgehenden Vokal: lijf ∥ life. Ersatz von ⟨ȝ, þ⟩ durch ⟨y, gh; th⟩.

Neuerungen des 16. Jh.: ⟨oa⟩ (Neuschöpfung nach ⟨ea⟩) für me. /ɔː/. Ausweitung der ⟨-e⟩-Schreibungen (zur Kennzeichnung des Vokals der vorausgehenden Silbe, des unmittelbar vorhergehenden Konsonanten oder zur Vermeidung bestimmter Buchstaben am Wortende): wife, fierce, love, house. Allmähliche Entwicklung der heutigen Verteilung von ⟨i ≠ j ≠ y ≠ g⟩ und von ⟨u ≠ v ≠ w⟩. Latinisierte Schreibungen (debt, vgl. Buchmann 1940: 173–96) und die 'Zeilenfüller' des frühen Buchdrucks.

Entwicklungen des 17. Jh.: Mit geringen Ausnahmen Abschluß der Standardisierung durch Festlegung einer Orthographie für jedes Wort; Satzzeichen; Einführung des ⟨'s⟩.

4.4.4 Die ne. Zeit

(Venezky 1970, Scherer & Wollmann ³1986: 61–83)

In den letzten 300 Jahren gab es keine größeren Änderungen; selbst Websters Reformvorschläge für das AmE (1789) blieben weitgehend erfolglos. Da die Festlegung der Phonem-Graphem-Korrespondenzen nach dem Lautstand von ca. 1400 erfolgte (und schon damals nicht systematisch), klaffen Aussprache und Schreibung immer weiter auseinander. Die oft verwirrenden Überschneidungen von Schreibung und Lautung sind also nur historisch zu erklären – als Ergebnis eingetretenen Lautwandels, etymologischer Prinzipien, von Konventionen des frühen Buchdrucks und Teilerfolgen der Reformer.

F 10 Klassifizieren Sie die Texte BC anhand der vorhandenen Grapheme und ihrer spezifischen Verwendung als ae., me., fne. und ne.

F 11 Welche Grapheme dienen zur Wiedergabe von /k, g, tʃ, j, x/ in den vier Zeitstufen? Beschreiben Sie eingetretene Neuerungen und bleibende Mehrdeutigkeiten.

F 12 Beschreiben Sie die Unterschiede in der Orthographie (nicht der Phonologie oder Morphologie) zwischen *AV* und dem Ne.

F 13 Erläutern Sie die Gründe für die ne. Homographie in *bow, live, record, tear, house* (Venezky 1970).

F 14 Wie erklärt sich die heutige Schreibung von *mouse, mice, above, field*?

F 15 Wann sind die Schreibungen *marchaunt D 45, vytayllis E 15, baptyme F 4 (TY), receit G 14, linage H 4* und *sowdiers H 13* verändert worden und nach welchem Vorbild? (OED)

4.5 Orthographiereform

(Dobson [2]1968: 38–198; Haas 1969)

Das Prinzip des Alphabets baut auf einer eindeutigen Entsprechung zwischen Phonem und Graphem auf. Ob die strikte Einhaltung dieser Forderung wünschenswert ist und ob die Schreibung nicht auch andere Strukturen (morphologische, lexikalische) widerspiegeln sollte, wird für die verschiedenen Einzelsprachen unterschiedlich beantwortet.

Selbst wo das Schriftsystem einer Sprache bei seiner Festlegung in fast idealer Weise das Phonemsystem wiedergibt (wie z. B. im Finnischen), kommt es durch Lautwandel zu einem allmählichen Auseinanderklaffen. Handelte es sich dabei immer nur um eine Phonemverschiebung (5.3.5), so wären die Folgen für das Verhältnis nicht schwerwiegend: es käme einem ⟨oo⟩, entworfen für me. /oɪ/ ne. immer der Lautwert /uɪ/ zu. Sonderentwicklungen (wie der kombinatorische Lautwandel 5.3.1) bringen jedoch Widersprüche in das System: ne. *mood*, aber: *flood, good.*

Wie angemessen eine Orthographie für ein bestimmtes Lautsystem ist, läßt sich an der Zahl der Mehrdeutigkeiten ablesen. Das Engl. zeigt besonders undurchsichtige Verhältnisse bei den Vokalen, z. B. bei ⟨ou⟩ oder bei /ʌ/:

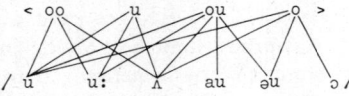

Die mangelhaften Entsprechungen zwischen dem engl. Schrift- und Lautsystem haben immer wieder zu Versuchen geführt, die Orthographie zu reformieren. Diese Versuche sind für die Sprachgeschichte besonders interessant, weil sie über die Mängel der Orthographie, das Lautsystem des Reformers und über seine Auffassung von Sprache Aufschluß geben. Der Augustiner Orm (um 1200) war ein vereinzelter Vorläufer; besonders häufig wurden die Reformversuche im 16. Jh.,

als nach dem GVS die Widersprüche zwischen Schreibung und Aussprache besonders deutlich wurden. Ein inkonsequent reformiertes System liegt auch der Teilübersetzung der Evangelien durch Cheke zugrunde *(D 3–8)*.

4.6 Spelling Pronunciation

Mit der weiteren Verbreitung des Lesens und der Ansicht, daß die geschriebene Sprache die korrektere Form ist, findet sich zunehmend (besonders bei selten gehörten Wörtern) Aussprache nach dem Schriftbild,
so auch bei (Orts-)Namen mit historischer Schreibung: *Southwell*
[sʌðl], zunehmend [sauθwəl], *Cirencester* [sisitə], heute nur noch
[saiərənsestə]; *Southwark* [sʌðək, sauθwək]

F 16 Was sagt Jones [14]1977 über die Aussprache von *forehead, waist-
coat, cupboard, boatswain* und *gooseberry*? Gibt es Unterschiede zwischen dem BrE und dem AmE?

F 17 Seit wann gilt die heutige Aussprache von *author* [θ], *throne*
[θ] und *perfect*? In welchen Wörtern von Frage 15 hat sich die
Aussprache an die geänderte Schreibung angeglichen?

5 Phonologie

5.1 Die Erschließung des Lautsystems

(Penzl 1971: 19–21, Lehmann ³1992: 58–62)

Wieweit läßt sich das phonologische System oder die phonetische Realität früherer Sprachstufen erschließen und welche Hilfsmittel stehen dafür zur Verfügung?

1 Das *Schriftsystem* (4.1) erlaubt in den meisten Fällen, das *Phoneminventar* einer Sprache aufzustellen; seltener werden auch *Allophone* in der Schrift gekennzeichnet. Auszugehen ist von den (selbst erschlossenen) Lautwerten der Sprache, aus der die Schrift übernommen wurde: also für das Ae. vom Vlat. (evtl. von irischen Traditionen), für das Me. von den ae. und agn. Traditionen. Weiterentwicklungen des ererbten Systems (Abänderungen, diakritische Zeichen, Graphemkombinationen) erlauben Schlüsse auf Lücken im Schriftsystem.

2 *Umgekehrte* und *naive* Schreibungen *(phonetic spelling)* verraten Klaffen zwischen Schrift- und Lautsystem; andererseits können konsequent eingehaltene graphematische Oppositionen Hinweise auf existente phonologische Oppositionen liefern.

3 *Reime* können die Identität von Phonemen in Reimwörtern erweisen. Der Nachweis setzt jedoch die Kenntnis der Reimtreue des Dichters voraus, die wiederum nur aus den Reimen gewonnen werden kann *(petitio principii).*

4 *Metrik:* Die Kenntnis des (quantitierenden) metrischen Systems eines Gedichtes erlaubt – wenn der Dichter sich daran gehalten hat – häufig die Unterscheidung von Quantitäten.

5 *Schreibreformer* (4.5): Lautwandel führt zu Unzulänglichkeiten der Orthographie; die dadurch herausgeforderten Besserungsversuche erlauben oft wichtige Rückschlüsse auf das Lautsystem des Reformers und seiner Zeit.

6 *Direkte Äußerungen* von Grammatikern und Phonetikern *(orthoëpisches Material),* die für das Engl. vom 16. Jh. an vorliegen. Der Wert der Aussagen wird jedoch häufig eingeschränkt durch

a nicht vorurteilsfreie Beschreibung, besonders durch Ansichten über sprachliche Korrektheit;

b unzureichende Kennzeichnung des beschriebenen Korpus/Systems;

c unscharfe oder widersprüchliche Terminologie;

d mangelhafte Unterscheidung von Aussprache und Schreibung (angebliche Ausspracheunterschiede bei Homophonen mit verschiedener Schreibung).

7 *Entlehnungen aus* anderen Sprachen und *in* andere Sprachen. Der Wert dieses Kriteriums bleibt fragwürdig dort, wo nicht bewiesen werden kann, wie genau die aufnehmende Sprache das Wort nachbildet (Lautsubstitution).

8 *Diachronische* Beweise, die sich aus der inneren Rekonstruktion oder aus dem Vergleich mit verwandten Sprachen (komparative Rekonstruktion) ergeben.

Grundsätzlich ist daran zu erinnern, daß es sich bei der geschriebenen und der gesprochenen Sprache um zwei verschiedene Subsysteme handelt (2.4.2). Besonders anschaulich werden die Grenzen der Rekonstruktion auch durch den Vergleich von Umschriften desselben Textes durch verschiedene Gelehrte.

F 18 Vergleichen Sie verschiedene Umschriften der Zeilen 1–20 von Chaucers *General Prologue* (z. B. Berndt 1960: 235 und Weinstock 1968: 191). Liegt den Umschriften dasselbe phonologische System (Inventar, Distribution) zugrunde?

5.2 Englische Lautsysteme

Das Nebeneinander von diastratisch und diatopisch unterschiedlichen Subsystemen und der Sprachwandel innerhalb der beschriebenen Epoche machen die Beschreibung einer Sprache oder Sprachstufe nur als ein System von Systemen (d. h. in Form eines *Diasystems*) möglich. Ist die ws. Schriftsprache noch ein verhältnismäßig einheitlicher Zeuge und kann sie wegen ihrer kulturgeschichtlichen Bedeutung als Repräsentant *des* Ae. beschrieben werden, so sind die regionalen Unterschiede im Me. so stark, daß eine Grammatik *des* Me. vereinfachen muß. Auch das Fne. zeigt, besonders in seinen diastratischen Unterschieden, Subsysteme, die in manchen Erscheinungen ein zeitliches Nebeneinander zeigen, das innerhalb der Standardsprache als Nacheinander zu beschreiben ist (z. B. die Verteilung von [ai, æi, aɪ, æɪ, ɛɪ, eɪ] und die Oppositionen unter ihnen). Die folgende Darstellung (trotz einiger notwendiger Korrekturen wesentlich nach Gimson [4]1989) muß deshalb stark vereinfachen, damit einige Grundzüge der Entwicklung hervortreten können.

5.2.1 Das ae. Phonemsystem

(Weimann ²1990, Hogg 1992)

Das klassische ae. System bestand aus den folgenden Vokalen:

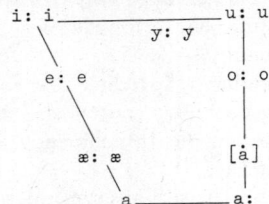

Dazu die Diphthonge /æːə, æə, eːə, eə, iːə, iə/.

Bei /y(ː)/ war spätws., wie auch umgekehrte Schreibungen in WS zeigen, in manchen Umgebungen Zusammenfall mit /i(ː)/ und generell mit /i(ː)e/ eingetreten. Daß /y(ː)/ zumindest in einigen Umgebungen erhalten blieb, läßt sich an den westl. me. Reflexen ablesen.

Die Kurzdiphthonge sind eine typische Erscheinung des ae. Systems. Obwohl sie häufig als Allophone von /æ, e, ɪ/ beschrieben werden, kann an ihrem Phonemcharakter nicht gezweifelt werden (Pilch 1970: 64–5). Konsonanten: /p, b, t, d, k, g [g ~ γ]; tʃ, dʒ, m, n [n ~ ŋ]; l, r; f, θ, s [f ~ v, θ ~ ð, s ~ z]; ʃ, h [h ~ ç ~ x]; j, w/.

Vokal- *und* Konsonantenquantität sind distinktiv; ihr Vorkommen ist ursprünglich unabhängig voneinander, doch tritt im Laufe des 10.–15. Jh. eine Vereinfachung der Silbentypen ein (vgl. 5.4.1):

'I meet' *mēte* = meːtə (vgl. *A 8/A 11*)

'I met' *mētte* > mettə (Kürzung vor Doppel-(Lang-)K im 9./10. Jh.)

'meat' *mete* > meːtə (Dehnung in offener Tonsilbe im 13. Jh: *E 15*)

'I set' *sette* setə (Vereinfachung des K̄ > K im 13.–15. Jh.)

Vereinzelte umgekehrte Schreibungen (*summe* D 4) deuten an, daß auch der letzte Wandel im System des Abschreibers von *LV* eingetreten war.

5.2.2 Das me. Phonemsystem

(Lass 1992)

Vokale:

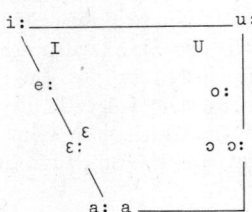

dazu in W Dialekten und (peripher) in frz. Lehnwörtern /yː, y, œː, œ/ (im Standard entrundet zu [iː, i, eː, e], bzw. Lautersatz durch [iu, u]).
Diphthonge: /ai, (ei), oi, ui, iu, ɛu, ou, au/.
Konsonanten: /p, b, t, d, k, g; tʃ, dʒ; m, n [n ~ ŋ]; l, r; f, v, θ, ð, x [ç ~ x], s, z; ʃ, h, j, w (ʍ)/.

5.2.3 Das fne. Phonemsystem

(Görlach 1978: 67–75)

Vokale:

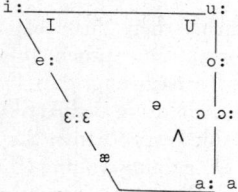

Dazu [æː ≅ ɛː, yː ≅ iu] als Varianten konservativer Sprecher.
Diphthonge: /əi, ʌu, iu, eu, ou, oi, ui, æi, au/.
Konsonanten: /p, b, t, d, k, g; tʃ, dʒ; m, n, ŋ; l, r; f, v, θ, ð; s, z, ʃ, ʒ; h, j, w (ʍ)/.

Das ne. System (Gimson [4]1989: 81–2) wird als bekannt vorausgesetzt; mit Gimson wird [ij] als /iː/ beschrieben.

5.2.4 Vergleich

Bei einem Vergleich der vier Inventare drängt sich der Eindruck auf, daß sich das engl. Phonemsystem nur unwesentlich geändert hat: die vordere Kante ist mit drei oder vier qualitativen Oppositionen besetzt, Langvokale haben ein kurzes Äquivalent oder nicht, etc. Sobald man sich jedoch Einzelwörter in den verschiedenen Perioden ansieht, stellt man fest, daß die Verteilung der Phoneme sich erheblich gewandelt hat (hier: Langvokale, vgl. Gimson [4]1989: 82).

	ae.	me.	fne.	ne.
iː	tima	time	sweet	sweet
eː	swet	swet	clean	–
ɛː	(clæne)	clene	name	(care)
aː	ham	name	–	glass
ɔː	–	home	(saw)	saw
oː	mona	moon	home	–
uː	hus	hous	moon	moon

Mit anderen Worten: während sich alle Langvokale gewandelt haben, sind doch mit der Ausnahme von *sweet : clean* die Unterschiede zwischen ihnen erhalten geblieben. Offenbar liegt eine allgemeine *Pho-*

nemverschiebung – und nur in ae. /æː ≠ eː/ > ne. /iː/ ein *Phonemzusammenfall* – vor. Demgegenüber hat sich die Zahl der konsonantischen Phoneme im Laufe der engl. Sprachgeschichte zwar erhöht, doch ist in allen aufgeführten Beispielswörtern die Verteilung gleich geblieben.

5.3 Typen des Phonemwandels
(Penzl 1971: 23–5, Görlach 1978: 67–70)

5.3.1 Die aus dem diachronischen Vergleich ablesbaren Wandlungen des Systems bleiben näher zu untersuchen.

Ausgangspunkt ist die Beobachtung, daß 1) jeder Einzellaut individuell mit einem gewissen Spielraum der Artikulation realisiert werden kann und 2) daß sich in der gesprochenen Sprache kein Laut physikalisch sauber von seiner Umgebung trennen läßt: im Kontinuum der *parole* ist jeder Laut durch den Charakter seiner lautlichen Umgebung mitbestimmt.

1) bildet die Voraussetzung für *spontanen Lautwandel (unconditioned change)*, d. h. die Verschiebung des gesamten Phonembereichs und damit aller seiner Realisierungen;

2) für den *kombinatorischen Lautwandel (conditioned change)*, d. h. den Wandel in ganz bestimmten lautlichen Umgebungen (Artikulationsstelle der Nachbarlaute, Akzent und Intonation, Wortgrenze etc.). Beide Wandlungen lassen sich nicht immer voneinander abgrenzen.

Aus der Tatsache, daß Neuerungen sich allmählich über Sprachgemeinschaften ausbreiten und die Durchsetzung von vielfältigen außer- und innersprachlichen Faktoren abhängt, ergeben sich außerdem Lautwandlungen, die an bestimmte Zeichen gebunden sind. Dieses nicht regelmäßig vorhersagbare Auftreten wird *sporadischer Lautwandel* genannt (häufige Beispiele bei Metathese, wie ae. *græs* > *gærs* E 19 'grass', Assimilationen etc.).

F 19 Wieso muß man bei ae. *sprecan* > *specan* (ne. *speak*, vgl. *spycþ* G 7, *spræc* D 3) und bei me. *thritti*, ne. *thirty* D 8 von sporadischem Lautwandel sprechen?

Vier Typen des Phonemwandels lassen sich unterscheiden:

5.3.2 *Phonemspaltung*

Zwei Allophone erscheinen in komplementärer Verteilung wie urae. [uː ~ yː] in Sg. *[muːs]*, Pl. *[myːsi]* 'Maus, Mäuse', d. h. vor [i, j] der Folgesilbe erscheint das Allophon [yː], in allen anderen Umgebungen das Allophon [uː]. Beide sind also einem Phonem /uː/ zuzuordnen. Nach dem Verstummen des /-i/ in urae. Zeit ist das Auftreten des [yː] nicht mehr abhängig von oder vorhersagbar nach dem folgenden /-i/. /muːs ≠ myːs/ bilden nun ein Minimalpaar, in dem die Opposition Sg ≠ Pl von /uː ≠ yː/ getragen wird. Mit dem Verstummen des /-i/ ist das Phonem /uː/ also in die zwei Phoneme /uː, yː/ gespalten.

Ähnlich (vgl. Penzl 1947) verhält es sich mit der Spaltung der /g, k/-Phoneme des Ae. Während aber das palatale Allophon des /g/ mit dem alten Phonem /j/ zusammenfällt (Spaltung mit Verschmelzung), entsteht aus der Spaltung des /k/ eine zusätzliche Opposition: Die vor-ae. Allophone des /k/ (vgl. ne. *keen* : *cone*; dt. *Kien* : *Kahn*) werden in dem Minimalpaar [ċeːnə ≠ keːnə] 'dem Kien' ≠ 'kühn' als Phoneme des Ae. nachgewiesen. Mit der Phonemisierung hängt möglicherweise die weitere phonetische Differenzierung [ċ > tʃ] zusammen.

Im Ae. sind die sth. und stl. Frikative [f ~ v, θ ~ ð, s ~ z] komplementär verteilt, und zwar sth. nur als kurze Konsonanten zwischen sth. Lauten, sonst stl. Intervokalisch steht also [z] in *wīse*, [ss] in *wisse*, [ð] in *sīþan*, [θθ] in *siþþan*. Die Opposition sth. ≠ stl. entsteht erst im Me.

a) durch die Aufnahme von frz. Lehnwörtern *(vain, vein ≠ fain)* und durch die Mischung von engl. Subsystemen, d. h. Entlehnung von Wörtern aus S/SW Dialekten in die Londoner Sprache: *vane, vat.*

b) durch die Kürzung der langen intervokalischen Konsonanten im 13.–15. Jh. (vgl. Kurath 1956).

Neue Phoneme entstehen ferner im 16. Jh. durch die Spaltung des /n/: die Allophone [n ~ ŋ] werden phonemisch mit dem Verstummen des auslautenden /-g/ in *sin ≠ sing* /sin ≠ siŋ/, und durch die Entwicklung des /ʒ/ durch Verschmelzung aus [zj] in ne. *leisure* : *lesser* etc.

5.3.3 Phonemzusammenfall

Zwei (benachbarte) Phoneme fallen unter dem einen (oder einer gemeinsamen neuen Einheit) zusammen. Falls durch diesen Wandel sprachliche Zeichen mit ursprünglich unterschiedlicher Ausdrucksseite gleichlautend werden, spricht man von *Homophonie.*

Besonders im Vokalsystem sind in der engl. Sprachgeschichte zahlreiche Phoneme oder Phonemverbindungen zusammengefallen (Beispiele 5.5). Zusammenfall muß nicht zur Reduktion der Zahl der Phoneme führen, wenn die Allophone verschiedener Phoneme nur neu verteilt werden.

5.3.4 Phonemschwund

Schon seit dem Spätae. wird die Distribution des /x/ eingeschränkt durch Schwund im Wortanlaut vor K /xn-, xl-, xr-, xw-/. Im 14.–17. Jh. schwindet /x/ in allen anderen Umgebungen oder fällt mit /f/ zusammen: *light, bough, rough*; heute ist /x/ nur im Schottischen als [x] erhalten. Wegen des teilweisen Zusammenfalls mit /f/ im engl. Standard kann nur von partiellem Schwund des /x/ gesprochen werden; der Bestand an engl. Phonemen aber hat sich um eine Einheit verringert.

5.3.5 Phonemverschiebung

Zwei Phoneme ändern ihren Bereich, bewahren aber ihre Distanz und fallen demnach in keinem ihrer Vorkommen zusammen. In dieser Absolutheit kommt PV nicht vor; als Lehrbuchbeispiel für PV läßt sich der GVS des 15. Jh. betrachten (5.4.4).

F 20 Beschreiben Sie die Distribution der Segmente [θ, ð; f, v] im *WS*- und *LV*-Text. Lassen sich Beweise dafür angeben, daß die Segmente zu Recht im Ae. als Allophone, im Me. als Phoneme klassifiziert werden?

F 21 Lassen sich die Texte *BC* nach der Distribution der Phoneme als ae., me., fne., ne. klassifizieren? Welche Kombinationen im Anlaut eines Wortes sind nur im ae. System möglich?

5.4 Quantitative und qualitative Änderungen der Vokale

In der Tabelle 5.4.5 sind die wichtigsten Änderungen der Haupttonvokale im Laufe der engl. Sprachgeschichte schematisch dargestellt, und zwar spontaner wie kombinatorischer Lautwandel, Änderungen der Quantität und der Qualität. Sie sollen im folgenden (auszugsweise) systematisch dargestellt werden. Für einen kurzen lesbaren Überblick s. Koziol 1967: 107–37.

5.4.1 Quantitative Änderungen (kombinatorisch)

Im Fne. und Ne. ist die Oppositon Länge : Kürze im Vokalsystem umstritten: s. die Diskussion in Gimson [4]1989: 90–5, dem ich mich in der Beibehaltung der Umschreibung von /iː/ ≠ I/ etc. anschließe. Beachte jedoch, daß die *physikalische* Länge eines Vokals im Engl. wesentlich von der Qualität des folgenden Lautes abhängt *(beat : bead : bit : bid)*, ja daß /I/ in *bid* meßbar länger gesprochen wird als /iː/ in *beat* (Gimson). Wenigstens teilweise ist die Opposition schon seit me. Zeit *qualitativ*.

Zeit	Regel	Beispiele
7.-9.Jh.	Ersatzdehnung (h > ∅)	*sehan > sēon 'see' mearh, Gen. mēares 'mare'
9.-10.Jh.	Dehnung vor dehnenden Gruppen	fēld, gōld, wāmb, fīnd, aber: A̲4̲ ealdrum.
9.-10.Jh.	Kürzung vor Doppel- (Lang-) Konsonant	wĭsdom, F̲4̲0̲ clæ̆nsian, F̲2̲5̲ cĭdde, H16 mĕtton.
9.-10.Jh.	Kürzung in drittletzter Silbe	hăligdæg, hĕringas, A̲1̲ wĭtega.
ae.-ne.	Kürzung im Nebenton	wisdŏm, stigrăp
13.Jh.	Dehnung in offener Tonsilbe zweisilbiger Wörter (i,u nur N,O im 14.Jh.)	nāme, nōse, mēte (weːk, door)
bes.15.- 16.Jh.	Kürzung in einsilbigen Wörtern	dead, death, deaf, hot, cloth, flood, good.
18.Jh.	Dehnung vor stl. Spiranten Dehnung vor r	glass, bath, car, servant, before

Die ae.-fne. Wandlungen lassen sich zum großen Teil auf eine Vereinfachung der Silbentypen zurückführen (vgl. 5.2.1). Als nach Verstummen des [-ə] im 15. Jh. die komplementäre Verteilung von Länge
und Kürze des Stammvokals in vielen Paradigmen undurchsichtig
wurde (blak, Pl. blaːkə > blak, blaːk), traten Ausgleichsformen ein.
Bei gewissen Vokalen [eː, ɛː, oː, ɔː] vor bestimmten Konsonanten wird
Kürze bevorzugt, sonst bleibt Länge erhalten.

F 22 Welche quantitativen Änderungen sind bei den folgenden ne.
Wörtern im Lauf der Sprachgeschichte eingetreten (ODEE,
OED): *fed, bread, blind, southern, make, staff, woman, hus-
band, corn.*

F 23 Ordnen Sie die Quantitätsunterschiede zwischen Wörtern des
gedruckten *WS*-Textes und ihrer phonetischen Umschrift *(A–C)*
nach der Art der im Laufe des Ae. eingetretenen Änderungen.

5.4.2 Qualitative Änderungen: spontan (Auswahl)

Zeit	Regel	Beispiele
wg.-ae.	ai > ā , au > ēa, ā > æ, ē, a > æ	stān, ēage, dǣd, dæg ≈ dt. Stein, Auge, Tat, Tag
ae.-me.	Monophthongierungen aller ae. Diphthonge	ae. dēad, heard, frēond, heorte, giefan > me. dɛːd, hard, fræːnd, hœrte, jiven
12.-14.Jh.	Entrundung von œ(ː),y(ː), von O nach W fortschreitend	me. freːnd, herte; miːs, fillen.
12.Jh.	[ɣ > w] und Vokalisierung von [w] und [j]: Entstehung neuer Diphthonge	ae. dagas, boga, dæg, weg > me. daues, boue, dai, wei
12.Jh.	Südliche Verdumpfung	ae. hāliġ) > me. hool(y) [ɔː]
15.Jh.	G̲r̲e̲a̲t̲ V̲o̲w̲e̲l̲ S̲h̲i̲f̲t̲ (5.4.4) und Folgeerscheinungen des 16./17.Jh.	

5.4.3 Qualitative Änderungen: kombinatorisch

Das Engl. zeichnet sich in seiner ganzen Geschichte durch besonders vielfältige Auswirkungen des kombinatorischen Lautwandels aus. Im Urae. können nicht nur vorausgehender oder folgender Konsonant /w-, c-, j-; -x, -l, -r/ die Qualität eines Vokals beeinflussen, sondern auch der Vokal der Folgesilbe (i-Umlaut, Velarumlaut). Auch in der späteren Zeit haben die Einwirkungen der umgebenden Konsonanten Vokale oft vollständig von der spontanen Entwicklung entfernt. Die Änderungen, die hier nicht in Kürze dargestellt werden können, lassen sich für das Ae. durch einen Vergleich mit verwandten dt. Beispielswörtern verdeutlichen und sich für das Ne. synchronisch aus den Widersprüchen in der Orthographie ablesen: So entspricht wg. /a/ in dt. *Tag(e)*, *gab*, *Mann*, *Männer*, *Gast* ae. *dæg*, *dagas*, *geaf*, *mon*, *men*, *giest*, oder me. /a/ ne. *cat*, *ball*, *what*, *glass*, *hard*.

5.4.4 Die spätme. Vokalverschiebung (Great Vowel Shift)

(Brunner ²1960: 296 ff., Dobson ²1968, Görlach 1978: 68 f., Lass 1995)

Im 15. Jh. änderten alle Langvokale des Me. ihren Bereich; die erste Stufe dieses Wandels war vor 1500 abgeschlossen. Die Bedeutung des GVS liegt in der Gesetzmäßigkeit, mit der alle Langvokale verschoben wurden. Außer den retardierten Entwicklungen in bestimmten lautlichen Umgebungen und sehr seltenen doppelten Verschiebungen [freɪr > friɪr > frəiər], ne. *friar*, traten alle Vorkommen eines Phonems jeweils in die Position des benachbarten ein. Ob dieser Vorgang als Sog (Eintreten in die leergewordene Position: *drag chain*) oder als Schub (Ausweichen: *push chain*) erklärt werden sollte und bei welchem Phonem die Bewegung einsetzte, ist unsicher.

Infolge einer Phasenverschiebung in verschiedenen sozialen und regionalen Sprachformen ergaben sich im 16. Jh. bei vielen Sprechern zahlreiche Überschneidungen und partielle Phonemzusammenfälle, aber im Standard scheinen bis ins frühe 17. Jh. alle me. Oppositionen der Langvokale /Diphthonge gewahrt. Vereinfacht läßt sich der GVS im Diagramm darstellen:

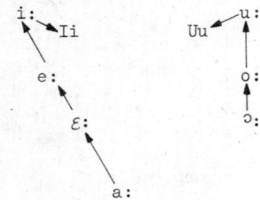

Die Kurzvokale wurden vom GVS nicht betroffen; um 1600 traten jedoch folgende Änderungen ein: [a] > [æ] in den meisten Positionen: *cat, wag,* aber: *what;* [ʋ] > [ɣ] > [ʌ] (17. Jh.): *cut, but,* aber: *bush;* [ɔ] > [ɒ]: *common* (vgl. AmE).

F 24 Macht sich der GVS in der Orthographie der Übersetzungen des 16./17. Jh. bemerkbar (Text *J*)?

5.4.5 Die Entwicklung der Langvokale: Übersicht

In der folgenden Übersicht sind die wichtigen spontanen Wandlungen der Langvokale und einiger Diphthonge unter Einschluß der me. Dehnungen zusammengefaßt; andere kombinatorische Veränderungen sind nicht aufgenommen. Wichtige Phonemzusammenfälle sind durch Ziffern bezeichnet; Belegwörter dazu finden sich in 5.5.

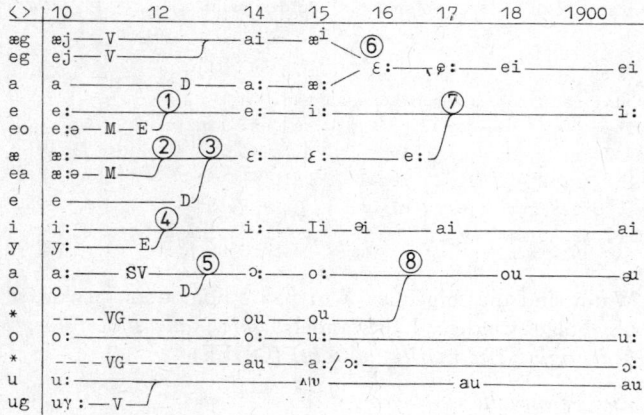

D = Dehnung in offener Tonsilbe, E = Entrundung von [y(ː), œ(ː)], M = Monophthongierung der ae. Diphthonge, SV = Südliche Verdumpfung, V = Vokalisierung von [j, w], G = Gleitlaut vor /x/.

F 25 Suchen Sie Beispiele aus den Texten *(ABC),* die die Wandlungen der Übersicht belegen.

5.5 Homophonie

5.5.1 Beispiele

Phonemzusammenfall macht diejenigen Minimalpaare zu Homophonen, in denen die frühere Phonemopposition distinktiv war. So fallen nach /iː/ ≠ /eː/ > /iː/ im 17. Jh. die Zeichen /siː/ 'sehen' und /seː/

'See' unter /siː/ zusammen. Ähnliche Beispiele lassen sich für jeden der Knoten in 5.4.5 finden; da Lautwandel in Einzelsprachen unterschiedlich verläuft, kann oft ein Vergleich mit den verwandten Reflexen in anderen Sprachen einen Hinweis geben, daß wirklich Homophonie vorliegt (ne. *ear* ≈ dt. *Ohr, Ähre*; lat. *auris, acus*):

		ne. Reflexe	dt. Reflexe	Zeit der H.
1	wēpan: wēopon	weep: wept		12.-14.Jh.
2	dēad: dǣd (ws.)	dead: deed	tot: Tat	12. Jh.
3	helan:hǣlan	(cover): heal	hehlen: heilen	13. Jh.
	melu: mǣl	meal: meal	Mehl: Mahl	
4	fȳlan: fīl	(de)file:file	(faulen):feile(n)	12.-14.Jh.
5	hol(u): hāl	hole: whole	(hohl): heil	13.Jh.
6	tægel: talu	tail: tale	(Zagel): Zahl	17.Jh.
7	flēon: flēa(h)	flee: flea	fliehen: Floh	17.Jh.
8	sole: sāwol	sole: soul	Sohle: Seele	17.Jh.

außerdem nach Schwund von Konsonanten:

līþan	(go):(soften)	leiden: lind(ern)	vorae.
ēar/ēare	ear: ear	Ähre: Ohr	urae.
hlāf/lāf E19f.	loaf:(remains)	Laib	11.-13. Jh.
me. mite/miȝte	mite: might	: Macht	15.-16. Jh.
fne. wring/ring	wringen:ringen		17. Jh.
knight/night	Knecht: Nacht		

F 26 Wann sind die folgenden Wortpaare homophon geworden und als Folge welchen Lautwandels: *sale* : *sail, slow* : *sloe, beet* : *beat, right* : *rite* : *write* : *wright*? (ODEE)

5.5.2 Zur Terminologie

Unter *Homonymie* soll hier nur der Zusammenfall der Ausdrucksseiten zweier sprachlicher Zeichen verstanden sein (im Gegensatz zur Bedeutungsauffächerung, Polysemie 10.1.4): ne. *ear, last* < ae. ēar, ēare; *latost, lǣst, hlǣst* ≈ dt. *Ähre, Ohr; letzt, Leiste(n), Last*. Als Sonderfall gilt, wenn eines der Zeichen oder mehrere aus fremden Systemen entlehnt sind (ne. *bank* < an. **banki*; it. *banca*).

Homophonie liegt vor, wenn nur die Lautung *(meet* : *meat)*, *Homographie*, wenn nur die Schreibung zusammenfällt *(bow* = /bau ≠ bəu/): (Abb. siehe Seite 55)

Unterschiedliche Lautungen (bei gleicher Bedeutung und Schreibung) oder Schreibungen (bei gleicher Bedeutung und Lautung) sind als *freie Varianten* zu bezeichnen: [iːk- ≙ ekənɔmik]; ⟨show ≙ shew⟩.

Lautung und Schreibung sind selbstverständlich nicht von gleichem

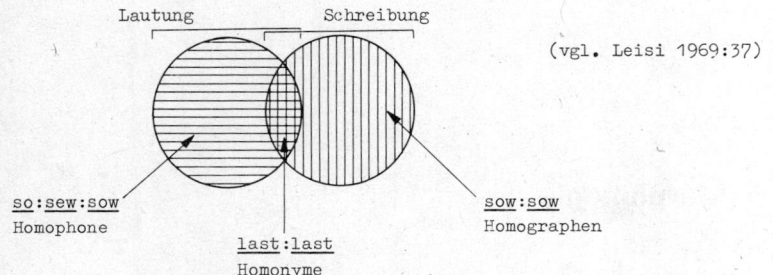

(vgl. Leisi 1969:37)

Gewicht für das sprachliche System. Immerhin ist aber die Schreibung den Grammatikern des 16.–18. Jh. so wichtig gewesen, daß sie bei der Festlegung der Orthographie Homophone möglichst in der Schrift unterschieden haben (*son : sun; die : dye; heart : hart*).

Das heutige Engl. zeigt, daß eine Sprache eine große Anzahl von Homophonen haben kann, ohne daß Kommunikation entscheidend beeinträchtigt wird. In einigen Fällen läßt sich aber Homophonie als Ursache für Wortschwund zwingend nachweisen (9.5.4).

F 27 Seit wann werden die Schreibungen *flower : flour; waist : waste; die : dye* unterschieden? Liegt bei allen Paaren Zusammenfall von zwei früher lautlich unterschiedenen Zeichen vor? (OED)

6 Morphologie

6.1 Das Wort
(Lyons 1968: 180–206)

6.1.1 Zur Definition des Wortranges

Morphologie ist die Lehre von den kleinsten sprachlichen Zeichen und ihren Kombinationen in Wörtern, während die Syntax die Beziehungen von Wörtern auf höheren Rängen untersucht.

Die Einheit 'Wort' in der *langue* und der *parole* ist immer wieder diskutiert worden, ohne daß sich für die Einzelsprachen eine widerspruchsfreie Lösung anbietet. Eine Aufgabe des Wortranges empfiehlt sich jedoch nicht, da es als Struktureinheit wichtige Kennzeichen besitzt, die es vom Morphem und vom Syntagma unterscheiden. An der Definition des Wortranges hängt nach obiger Unterscheidung auch die Einteilung in Morphologie und Syntax. Im folgenden wird von *Wort/Wortform/Vokabel* gesprochen, wo die terminologische Unterscheidung Mißverständnisse verhindert; sonst wird *Wort* auch für die *langue*-Einheit (im Sinne von Vokabel, 2.3) verwendet. Die Wortformen einer Vokabel bilden ein *Paradigma*.

Das Wort ist im Engl. (unzureichend) definiert durch seine Nichtunterbrechbarkeit, durch die festgelegte Reihenfolge seiner Komponenten (Morphe) und die Verschiebbarkeit im Satz (eingeschränkt durch syntaktische Restriktionen). Es ist *nicht inhaltlich* bestimmbar (etwa als 'Sinn-' oder 'Begriffseinheit' – diese Eigenschaft hat auch ein Morphem oder eine idiomatische Wendung/Syntagma). Das Wort kann im gedruckten Text operationell als Einheit zwischen Zwischenräumen definiert werden; diese Definition ist ohne theoretischen Wert (und z. B. für mittelalterliche Hss. nur begrenzt anwendbar).

6.1.2 Zerlegbarkeit des Wortes: Morphe und Morpheme

Viele Wörter können in kleinere sprachliche Zeichen zerlegt werden, d. h. in Einheiten, in denen einem Ausdruck ein gleichbleibender Inhalt zugeordnet ist: *house′keep′er′s* [haus′kiːp′ə′z] – zum Nachweis desselben Inhalts bei anderen Vorkommen der Segmente vgl. [haus′waif; gəul′kiːp′ə; wəːk′ə; dɔg′z].

Die kleinsten sinntragenden Segmente werden *Morphe* genannt; sie sind als Realisierungen von *langue*-Einheiten *(Morphemen)* aufzufassen. Morphe können mit regelmäßigen und vorhersagbaren Unterschieden der Ausdrucksseite vorkommen *(Allomorphe)*, so {house} als /haus/, Pl. /hauz/ /iz/, {Pl} auch als /z, s/ in /dɔg´z, kæt´s/.

Morpheme lassen sich nach Vorkommen(smöglichkeit) einteilen in *freie* und *gebundene Morpheme*.

So kommen
/haus/, /kiːp/ frei vor (sie sind 'wortfähig'),
/ə/, /s, z, iz/ dagegen nicht.

Nach ihrem Inhalt kann man Morpheme einteilen in

```
1  lexikalische Morpheme    house,keep    (meist frei; offene Liste)
   (Lexeme)
2  Wortbildungs-   "         er        ⎤   (meist gebunden;
   (Ableitungs-)                        ⎬    geschlossene Liste)
3  Flexions-       "         s         ⎦
```

1 + 2 können zu neuen Vokabeln kombiniert werden; die Regeln dieser Kombinationen untersucht die Wortbildungslehre (7.). 3 dient zur Kennzeichnung der Kategorien {Numerus, Kasus, Genus} bei Nomina und {Numerus, Person, Tempus, Modus, Genus} bei Verben. Die Flexion wird behandelt in der Formenlehre.

Die Funktionen der Flexionsmorpheme können auch von anderen Kennzeichnungen, wie Präpositionen oder Wortstellungsregeln, übernommen werden, oder mehrere Kennzeichnungen können nebeneinander bestehen *(Redundanz)*. Formenlehre ist deshalb immer im Zusammenhang mit Syntax zu sehen – trotz der methodischen Trennung.

F 28 Lassen sich in den Hss. (Faksimiles S. 170–1) die Wortgrenzen erkennen? Wie sind die Herausgeber der Texte verfahren?

6.2 Sprachtypologie
(Zitate aus Algeo [2]1972: 78–9, wo Übersicht mit Aufgaben)

Ein Vergleich sprachlicher Strukturen erlaubt die Unterscheidung von Typen des Sprachbaus; der bekannteste – aber nicht der einzig mögliche – Ansatz geht vom Wort aus: nach der Kombinierbarkeit der Morpheme zu Wörtern und nach dem Ausmaß der Morphem-Morph-Entsprechungen werden vier Haupttypen unterschieden:

1 die *isolierenden* Sprachen:
   ein Wort entspricht immer einem Morphem, wie Chin.
   /ni men   ti hua   wo   pu   tu tung/
   {Sie Pl. Poss. Sprache ich nicht ganz verstehen}
   'ich verstehe Ihre Sprache nicht ganz'

2 die *agglutinierenden* Sprachen:
Morpheme (mit genauer Morphem-Morph-Entsprechung) werden
zu mehrsilbigen Wörtern kombiniert, wie im Türk. (Beispiel 6.3)
3 die *flektierenden* Sprachen:
Morpheme werden zu Wörtern kombiniert, doch zeigen die Reali-
sierungen vielfältige Verschmelzungen, bes. bei den Wortbildungs-
und Flexionsmorphemen (6.3): idg. Sprachen
4 die *inkorporierenden* Sprachen:
Subjekt, Verb und Objekt können in einem einzigen Wort ver-
schmolzen werden; die 'Einwortsätze' des Eskimo:
/Qasu- iir- sar- vig- ssar- si- ngit-luinar- nar- puq/
{Müde nicht Kausat. Stelle passend finden nicht völlig jmd. 3. Ps.
Präs. Ind.}
'jemand fand gar keinen passenden Rastplatz'
Keine Sprache zeigt einen reinen Typ: so ist die Verhältniszahl
Morph : Wort, die bei den isolierenden Sprachen 1,00 sein sollte, auch
im Chin. nicht erreicht. Das Ne. zeigt isolierende Züge (Modalverben,
Präpositionen, etc.) neben flektierenden (Pl., Gen.); auch Kennzeichen
des agglutin. Typs lassen sich finden: *un-interrupt-abil-ity*.
Eine ähnliche Klassifikation unterscheidet *synthetische* und *analytische* Sprachen, je nachdem ob die Signale der syntaktischen Beziehungen etc. in Flexionsmorphen am Wort oder durch Formwörter ausgedrückt werden.
Der Typus einer Sprache kann sich im Laufe der Sprachgeschichte
wandeln: so zeigt das Engl. eine deutliche Abnahme der synthetischen
Formen und Ersatz durch analytische Bildungen.

6.3 Schwierigkeiten der Morphemanalyse: Verschmelzungen

Als Beispiel des agglutin. Typs sei (nach Lyons 1968: 188–9) das Tür-
kische zitiert: die Morphe *ler* {Pl}, *i* {Poss}, *den* {Abl} können mit
dem lexikalischen Morph *ev* {Haus} wie folgt verbunden werden:
ev 'Haus' *evi* 'sein Haus' *evden* 'vom Haus' *evinden* 'von s.
Haus' *evler* 'Häuser' *evleri* 's. Häuser' *evlerden* 'von den Häusern' *evlerinden* 'von seinen Häusern'
Die Morphe sind also – in festgelegter Reihenfolge – einfach 'anein-
andergeklebt'.
Flektierende Sprachen zeichnen sich dagegen dadurch aus, daß Flexionsmorpheme mehr oder weniger in Morphen *verschmolzen* realisiert werden (vgl. Martinet 1963: 91). So läßt sich lat. *amabatur* zerlegen in *am* {Liebe}, *a* {Verb}, *ba* {Prät}, (Ø? {Sg}), *t* {3. Ps}, *ur*
{Pass} – aber wie ist *amo* als 1. Ps. Sg. Präs. Ind. Akt. zu analysieren?

Ebenso schwer fällt es, in den Flexionsmorphen der Deklinationen die Kategorien {Num, Kas, Genus} zu isolieren. Erschwerend kommt hinzu, daß oft die Ableitungssuffixe, die auch die Wortklasse bestimmen, mit den Endungen verschmolzen sind. So zeigt in *multo* 'ich strafe' erst die Etymologie die ursprüngliche Ableitung: *multa* 'Strafe' → *multa-i-o > *multo*.

Die ae. Texte des Anhangs sind als Lesehilfe mit Trennstrichen versehen, die die Morphgrenzen anzeigen sollen. Nach dem oben Gesagten kann keine ganz befriedigende Lösung erreicht werden. Im allgemeinen ist nach Pilch 1970 (anders Peters 1965[b]) folgendermaßen segmentiert:

luf'u, -e, -a, -um (wegen der paradigmatischen Beziehungen der Endungen); entsprechend: *luf'ian, luf'od'e, luf'aþ, luf'iaþ,* weil die Verbklasse so am leichtesten zu klassifizieren ist und die Verschmelzung keine saubere Trennung erlaubt.

nam'a wegen *a* als Morph in *hunt'a* (vgl. Morphemersatz in *hunt'er*) und wegen der Genusopposition in *wicca : wicce* 'Zauberer : Hexe'.

6.4 Deklination

6.4.1 Ae. Deklination (vgl. Weimann ²1990, Hogg 1992)

Im Ae. werden (wie im Gr., Lat., Dt. etc.) Substantive, Adjektive, Artikel und andere Pronomina nach Numerus, Kasus und Genus gekennzeichnet. Die Kennzeichnung erfolgt an allen Gliedern einer Konstruktion (Nominalphrase etc.):

J 12 syle mē mīnne dæl_mīnre æhte
J 15 (he) folgude ānum burhsittendan men þæs rīces
J 22 bringaþ þone sēlestan gegyrelan
J 27 he hyne hālne onfēng

Falls eines der Glieder einer Konstruktion nicht gekennzeichnet ist (-Ø), kann die Kennzeichnung durch die anderen Glieder getragen werden:

J 17 on mīnes fæder_hūse hlāf_genōhne
A 12 on ōðerne weg_
A 16 (hē) ofslōh ealle þā cild_
B 21 bebyrigean mīnne fæder_

In einigen Fällen sind jedoch im Ae. Kasus und Numerus nicht (d. h. durch -Ø) gekennzeichnet:

J 15 hē hēolde his_swȳn_(vgl. J 16 'þā swȳn ... æton', wo die Kennzeichnung des Plurals durch Artikel und Kongruenz beim Verb erfolgt).

Von den drei Kategorien ist die Genusopposition ae. am Sb. nur lexikalisch oder vereinzelt durch feminine Genussuffixe gekennzeichnet; nur wenige Endungen (wie -as der stm.) signalisieren eindeutig das Genus des Wortes. Das grammatische Geschlecht wird im Ae. also fast ausschließlich durch die attribuierten Artikel und Adjektive ausgedrückt.

Das Fehlen der formalen Kennzeichnung am Sb. und besonders der inhaltlichen Motivierung wird deutlich an:

sē wīfmon : sēo hlǣfdige : þæt wīf 'the woman : lady : woman'
sē mōna : sēo sunne : þæt tungol 'the moon : sun : star'
sē grund : sēo eorþe : þæt land 'the soil : earth : land'
(vgl. die verwandten dt. Wörter!)

Kasus und Numerus können wie im Lat. nur zusammen betrachtet werden (Verschmelzung). Die Morphe sind ae. wie lat. nach Deklinationsklassen unterschieden. Das Adjektiv flektiert stark, falls ohne Artikel oder prädikativ, sonst schwach (wie dt.): *Auswahl*

mask		sw.Adj.	st.Adj.	stm	swm	-u	Umlaut
Sg.N	sē	gōda	gōd	cyning	wītega	sunu*	man(n)
G	þæs	-an	-es	-es	-an	-a	mannes
D	þǣm	-an	-um	-e	-an	-a	men
A	þone	-an	-ne	-∅	-an	-u*	man
Pl.N	þā	-an	-e	-as	-an	-a	men
G	þāra	-ra	-ra	-a	-ena	-a	manna
D	þǣm	-um	-um	-um	-um	-um	mannum
A	þā	-an	-e	-as	-an	-a	men

fem		st.Adj.	stf	neut			
Sg.N	sēo /	sumu	talu*	þæt /	sum	scip	
G	þæs	-re	-e	þæs	-es	-es	
D	þǣre	-re	-e	þǣm	-um	-e	
A	þā	-e	-e	þæt	-∅	-∅	
Pl.N	þā	-a	-a	þā	-u*	-u*	
G	þāra	-ra	-ra	þāra	-ra	-a	
D	þǣm	-um	-um	þǣm	-um	-um	
A	þā	-a	-a	þā	-u*	-u*	

'the good/ (a) good king, prophet, son, man; the/ some tale, ship'

*-u/-∅ in komplementärer Verteilung nach kurzer/langer Stammsilbe etc. (phonologisch determinierte Allomorphe).

F 29 Wie eindeutig sind in den gegebenen Paradigmen die Kasus/ Numeri gekennzeichnet? Läßt sich eine Verbindung zwischen der Eindeutigkeit und dem Bewahren der Endung in der späteren Sprachentwicklung herstellen?

F 30 Wie sind in den 11 Vorkommen des Wortes *fæder* in J 11–32 WS die Kasus gekennzeichnet?

F 31 Stellen Sie durch Vergleich mit dem Ne. (unter Beibehaltung der ae. Wortstellung) fest, welche Flexionsmorphe in A 1–8 WS redundant sind.

F 32 Ein von Fries (1952 : 58) zitierter Satz läßt sich wie folgt variieren:

Glædne giefend lufaþ God	'God loves a cheerful giver'
Glæd giefend lufaþ God	'A cheerful giver loves God'
Glade giefendas lufaþ God	'God loves cheerful givers'
Glade giefendas lufiaþ God	'Cheerful givers love God'

Stellen Sie fest, wie ae. und ne. die Kasus/Numeri gekennzeichnet sind.

6.4.2 Me. Deklination

(Mossé 1973: 70–6, Lass 1992)

Schon im Ae. waren die Formen der meisten kleineren Deklinationen eingeschränkt worden oder ganz verlorengegangen, als die Wörter Ausgleichsformen nach den häufigsten und eindeutigsten Flexionsmorphen bildeten.

Die weiteren Entwicklungen der me. Flexion lassen sich nur aus der Abschwächung der Endsilben verstehen: im 11.–12. Jh. fielen alle unbetonten Vokale der Flexion unter /ə/ zusammen, /-m/ wurde zu /-n/, später /n ~ Ø/ je nach Umgebung (vgl. ne. *a ~ an*).

Schon im Frühme. ergibt sich aus diesen Entwicklungen folgendes einfache System der Nominalflexion:

	I	II	III
Sg.NA	ston	soule	name
G	-es	-es	-e
D	-(e)	-e	-e
Pl.	-es	-es	-en

Die Klassen waren in den Dialekten verschieden verteilt: der N hatte nur I, das Mittelland I + II, nur der S alle drei Klassen.

Die Wandlungen des Frühme. lassen sich wie folgt zusammenfassen:

1 Aufgabe des grammatischen Geschlechts (vgl. Mustanoja 1960:43 bis 52). Jones (1967) hat gezeigt, daß schon in Texten des 10. Jh. die distinktiven Endungen *-es, -re, -ne* (GDA Sg) auf alle Artikel/ Adjektive vor dem Sb., unabhängig von dessen grammatischem Geschlecht, ausgeweitet wurden. Häufiger war aber wohl die völlige Verwirrung des gramm. Geschlechts, die in vielen Gegenden zu seiner Aufgabe schon im 12. Jh. führte (Clark ²1970).

2 Vernachlässigung der Kasuskennzeichnung (außer Gen.). Schon *PC* zeigt Syntagmen wie *mid deoules and yuele men* (a1137, geschrieben 1155, statt: ae. *mid deoflum and yfelum mannum*): beim Sb. und Adj. ist eine Einheitsform des Pl. durchgeführt. Doch auch wo die Kasuskennzeichnung nicht (wie hier nach Präposition) redundant ist,

tritt der gleiche Zusammenfall ein. Clark (²1970: lxixff.) hat gezeigt, daß der Verfall der Endungen in *PC* weit stärker fortgeschritten ist als die Ersatzlösungen, die später die Funktionen der Endungen weitgehend übernehmen (feste Wortstellung, Präpositionen). In vielen Sätzen zeigt nur die Satzbedeutung, nicht aber Flexionszeichen oder Wortstellung, die syntaktischen Beziehungen an.

2a Die unzureichend gekennzeichneten Genitive *(suna, lufe, naman, fæder)* werden me. durch Übernahme des *-es* der stm. eindeutig. Ebenso ersetzt vom 12. Jh. an *-es* die alte Endung des GPl *-ene, -e.* Beim Gen. ist seither die Numerusopposition auf Kosten der Kasuskennzeichnung aufgehoben – die Unterscheidung *boy's ≠ boys'* existiert nur in der Schrift und auch erst seit dem 17.–18. Jh., und die Reihe *child : child's : children : children's* ist eine Ausnahme im engl. System.

Überreste des alten Gen. finden sich in lexikalisierten *Sunday, Friday* (ae. *Sunnandæg, Frīgedæg*) und *Lady Chapel* etc. In *loveday* etc. ist Gen.-Fügung und Komposition me. nicht zu unterscheiden.

3 Kennzeichnung der Numerusopposition. Unzureichende Kennzeichnung des Pl. wird durch Ausweitung des *-es* der stm. *(stanas)*, im S auch des *-en* der sw. *(naman)* weitgehend beseitigt. Das Pl.-morph beim Sb. wird im Laufe des Me. obligatorisch.

4 Vereinheitlichung der Artikelformen. Die Unterscheidung 'belebt : unbelebt' *(þe : þat)* und Sg : Pl *(þe : þo)* tritt an die Stelle des komplizierten ae. Systems. Einige Subsysteme *(PC)* haben schon im 12. Jh. die Einheitsform *þe,* die sich bis zum 15. Jh. überall durchsetzt.

5 Reduzierung der Adjektivflexion. Die st. Adjektivflexion stirbt aus mit Ausnahme der Sg : Pl.-Opposition *(god : gode);* die sw. Formen fallen unter *gode* zusammen.

6 Kennzeichnung des Substantivs. Mit der Aufgabe der Flexion des Artikels/Adjektivs wird die Kennzeichnung des Sb. in einer Nominalphrase obligatorisch:
A 16 ealle þā cild_, ne. *all the children; J 17 on mīnes fæder_hūse,* LV *my fadir_hous,* ne. *my father's house.*

(Weitere Entwicklungen – Wortstellung, Präpositionen etc. – Kap. 9.).

F 33 Wie erklären sich die 'unregelmäßigen' Pluralformen in *The women and children saw five oxen, three geese and four sheep?* (Brunner ²1962: 16–22)

F 34 Vergleichen Sie das ne. System der Pl.-bildung mit dem Dt. Lassen sich neben Unterschieden auch Parallelen in der Entwicklung zu den heutigen Systemen erkennen? (Werner 1969)

F 35 Wie ist in Chaucers Beschreibung des Ritters der Plural gekennzeichnet: *his hors were goode* (*General Prologue*, 74)?

F 36 Welche Kennzeichnungen in *These two boys are good children* sind redundant?

6.4.3 Regularisierungen (analoger Formenausgleich)

Durch kombinatorischen Lautwandel entstanden im Ae. eine Reihe von Alternanten des Stammorphems: (Sg : Pl) *fæt : fatu* 'Faß', *clif : cleofu* [v] 'Kliff', *dæg : dagas* [j : γ] 'Tag', *geat : gatu* 'gate', *mæd : mædwe* 'meadow'.

Während jedoch bei den Sb. mit Umlaut die Alternation schon frühme. als Numeruskennzeichnung genutzt wird (s. u.), wird in allen anderen Fällen ein Allomorph für das ganze Paradigma verallgemeinert: nach anfänglichem Schwanken *(ʒat : gate(s), day : dawes)* setzt sich in *gate* das Pl.-allomorph, in *day* das des Sg. durch. Ähnliche Alternationen führen zur Spaltung des Paradigmas in zwei Zeichen bei ne. *shade : shadow, mead : meadow*.

Im Me. entstanden neue Alternationen in Paradigmen, in denen offene und geschlossene Tonsilbe (oder zwei- und dreisilbige Wortformen) wechselten (hɔl ~ hɔːl-, ne. *hole*). Während sich hier bei *gate*, *hole* Länge durchsetzte, findet sich bei den Adj. *black, glad* Kürze (nb. PN *Blake*!). In *staff : stave* ist das Paradigma in zwei Zeichen aufgespalten.

Die Tendenz bei Stamm- wie Flexionsmorphem geht also zu einer Reduzierung der Zahl der Allomorphe, praktisch zu einer einzigen Form.

Zahlenmäßig bedeutsame 'Ausnahmen' bilden Stammorpheme auf Spirant, die die im Ae./Me. phonologisch determinierte Verteilung [sth. ~ stl.] beibehalten haben: *hlāf : hlāfas* [f ~ v], ne. *loaf : loaves;* me. *wif : wives*. Dieser Wechsel ist bei /þ, ð/ selten, bei /s, z/ heute auf /haus/ : /hauz/ /iz/ beschränkt. Außerdem ist im 17. Jh. Ausgleich innerhalb des Sg. eingetreten: GSg. *wives* [wəivz] ‖ *wife's* [wəifs].

Die weitgehende Bewahrung der Umlautplurale (Typ *man : men*, *goose : geese*) ist wohl auf ihre hohe Frequenz zurückzuführen. Die meisten der erhaltenen Wörter sind nie mit einem Pluralmorph {S} belegt, d. h. der Wechsel des Stammvokals blieb in der Sprachgeschichte die einzige Kennzeichnung der Numerusopposition. Regularisiert wurde z. B. ae. *bōc : bēc* [boːk, beːtʃ], ein Wort, bei dem auch die Konsonanten wechselten.

Fremdwörter, die ihre ursprünglichen Pl.-formen beibehalten, sind nur mit Vorbehalt in einem engl. System zu beschreiben (11.1.1):

bacilli, crises, criteria, und mit Bedeutungsdifferenzierung: *geniuses :*
genii, cherubs : cherubim.

Mit dem Vorherrschen des *-s* als Pl.-zeichen im Me. wächst auch die
Tendenz, auslautendes *-s* des Stammorphems als Flexionszeichen zu
interpretieren, besonders bei Inhalten, die häufig im Pl. vorkommen:
me. *pes* 'Erbse' wird 'segmentiert' in *pe + s; cheris* in *cheri + s* (vgl.
frz. *pois, cerise*). Ebenso ae. *tan* 'Zweig', me. *toon* in *too + n,* vgl.
ne. *mistletoe.*

F 37 Wie sind die aus einem Zeichen entstandenen Doubletten *staff :*
stave, shadow : shade, meadow : mead semantisch unterschieden? (OED)

F 38 Welche Schlüsse auf die Herausbildung der Pluralkennzeichnung
läßt die Etymologie der ne. Wörter *breeches, burial, riches,*
riddle zu? (ODEE, OED, Brunner [2]1962: 23)

6.5 Personal- und Possessivpronomina
(Strang 1970: 261–7; Brunner [2]1962: 97–130)

Aus den verschiedenen Klassen von Pronomina sollen hier exemplarisch die miteinander eng verbundenen Personal- und Possessivpronomina herausgegriffen werden.

Personalpronomina können im Germ. nach 4 Kategorien gekennzeichnet sein: Numerus (Sg., Dual, Pl.), Kasus (NGDAI), Person
(1. 2. 3.) und Genus (m, f, n). Das System ist von Anfang an unregelmäßig: Dualformen haben nur 1., 2. Ps., und Genus wird nur bei der
3. Ps. Sg. ausgedrückt, wo ursprüngliche Demonstrativpronomina gebraucht werden. Ein Vergleich der ae. und ne. Formen zeigt die un-
gleichmäßige Verteilung:

ae.

	1.	2.	3.Ps. m	n	f
Sb.N	ic	þū	hē	hit	hēo
G	mīn	þīn	his	his	hire
D	mē	þē	him	him	hire
A	mē (mec)	þē (þec)	hine	hit	hīe
Du.N	wit	ʒit			
G	uncer	incer			
D	unc	inc			
A	unc(it)	inc(it)			
Pl.N	wē	ʒē		hīe	
G	ūre	ēower			hiera
D	ūs	ēow		him	
A	ūs(ic)	ēow(ic)		hīe	

ne. (mit Angabe der eindeutig gekennzeichneten Kategorien: P = Person, N = Numerus, S = Subjektskasus, O = Objektskasus, G = Genus).

I	PNS			he	PNSG	it	PNG	she	PNSG
me	PNO	you	P	him	PNOG			her	PN(O)G
we	PNS					they	PNS		
us	PNO	you	P			them	PNO		

Die Entwicklungen im Lauf der engl. Sprachgeschichte haben also offensichtlich zu keinem regelmäßigeren System geführt. So geht die Entwicklung bei *you* (ne. ohne Numeruskennzeichnung) sogar weiter als beim Sb., während sonst das Pronominalsystem eher ältere Zustände bewahrt.

Die Entwicklungen, die sich nicht in allen Fällen funktionell begründen lassen, kann man wie folgt zusammenfassen:

1 Der Ausgleich zwischen D/A, d. h. die Ausweitung der Dativform zur Kennzeichnung des Objektskasus, ist ae. schon weit fortgeschritten (mit Ausnahme von *him : hit*). Später zieht die durch Homonymie N : A begründete Ausweitung von *hire* auch die von *him* nach sich: die Viererkennzeichnung bei *he* paßt nicht mehr in das spätae. System.

2 Der Dual wird im 13. Jh. aufgegeben; seine schon immer seltenen Verwendungen werden vom Plural mitübernommen.

3 Spätestens seit me. Zeit müssen volltonige und abgeschwächte Formen unterschieden werden (z. B. [itʃ, i], vgl. *ȝou, ȝe* unter 5).

4 Aufnahme neuer Formen: *scho/she* unklarer Herkunft, die Ausbreitung aber sicher gefördert durch störende Homophonie (m/f/Pl.) der alten Form. *þei*, dessen Entlehnung und Durchsetzung dem Bestreben entgegenkommt, die Numerusopposition auszudrücken; erst nachdem *þei* im S im 14. Jh. fest etabliert ist, werden auch *þeir* und *theim* aufgenommen und führen zur Vereinheitlichung des Paradigmas (*th-* als Signal der 3. Ps. Pl.).

5 Die Opposition *þu : ȝe* hat seit frühme. Zeit außer dem Numerus auch Unterschiede des Registers (formell : informell) und des sozialen Status der Sprecher auszudrücken. Anfangs in singularischer Verwendung auf das formelle Register oder auf die Anrede Höhergestellter beschränkt, weitet sich der Gebrauch von *ȝe/ȝou* aus und drängt *thou* etc. auf Sondersprachen (Quaker) und Dialekte zurück. Nach Zusammenfall der unbetonten Formen von *you/ye* Aufgabe von *ye* im 17. Jh.

6 Die für m/n identischen Formen *his, him* entsprechen nicht der seit frühme. Zeit eingetretenen Differenzierung in 'belebt ≠ unbelebt'. Für den Objektskasus des Neutrums wird daher schon me. *it* verallgemeinert, aber erst im 17. Jh. die Form *its* neu gebildet.

7 Die Formen der Possessivpronomina zeigen weniger Änderungen: Aufnahme von *their* im 12.–15. Jh., Ausweitung von *your* im 14. bis

17. Jh. (*thy* > Ø) und Neubildung von *its,* all diese Neuerungen im Zusammenhang mit denen der Personalpronomina. Vom 13. Jh. an werden selbständig gebrauchte Possessivpronomina (als Prädikatsnomen, nach *of*) häufiger; bis zum 17. Jh. haben sich für diese Verwendung die heutigen Sonderformen abgespalten (*mine* etc., vgl. *J 31*).

F 39 Stellen Sie ein Inventar der Personalpronomina in den Bibeltexten auf. Wie verhalten sich die modernen Übersetzungen zum *thou*?

F 40 Spiegeln die Übersetzungen des *eius A 16, D 32* die Geschichte des Possessivpronomens des Neutrums?

Das System der Personalpronomina steht in engem Zusammenhang mit den Personalendungen der Verben. So ist die Füllung der Subjektsposition nicht obligatorisch in Sprachen, in denen die Endungen diese Funktion erfüllen (Gr., Lat., Ital., Russ.; *amo, amas, amat*). Auch im Ae. kommen solche 'subjektslosen' (endozentrischen) Sätze vor, sogar mit Wechsel des nicht ausgedrückten Subjekts (Beispiele in Mitchell 1965: 106ff.). Erst mit der me. eindeutigen Numerusopposition in der 3. Ps. *(they ≠ he, she, it)* der Pronomina werden die Personalendungen (und bei stV Unterschiede des Stammvokals im Prät.) redundant.

6.6 Das Verb I: Personalendungen

Fünf Kategorien, die aus der lat. Grammatik als {Person, Numerus, Tempus, Modus, Genus} bekannt sind, können am Verb gekennzeichnet werden. Aspekt und Aktionsart werden im Germ. lexikalisch, d. h. meist durch Ableitung, ausgedrückt, nicht aber durch Flexion.

Im System der ae. Endungen sind historisch Ableitungssuffix und Flexionsmorphem verschmolzen (6.3). Eine leicht vereinfachte Darstellung des Inventars ae.:

		st, sw I	sw II			st, sw I	sw II
Präs. Ind.	1. Sg.	-e	-ie	Konj. Sg.		-e	-ie
	2.	-(e)st	-ast				
	3.	-(e)þ	-aþ				
	Pl.	-aþ	-iaþ		Pl.	-en	-ien
Imp.	Sg.	-e	-a				
		-aþ	-iaþ				
Prät. Ind.		st	sw	Konj. Sg.		-e	
	1., 3. Sg.	-Ø	-e		Pl.	-en	
	2. Sg.	-e	-est				
	Pl.	-on	-on				

Daneben die infiniten Formen: Partizipien (*-ende, -iende*; st. *-en*, swI *-ed*, swII *-od*) und Infinitiv (*-an, -ian*; flektiert *-enne, -ienne*).

Daraus entwickelt sich im Me. – unterschiedlich in den regionalen Subsystemen (hier: die finiten Formen des Präs.):

		S	Midl	N
Ind.	1.Sg.	-(e)	-(e)	-ø
	2.Sg.	-(e)st	-(e)st	-(e)s
	3.Sg.	-(e)þ	-(e)þ	-(e)s
	Pl.	-eþ	-en	-(e)s
Konj.	Sg.	-e	-en	-(e)s
	Pl.	-e(n)	-e	-(e)s
			-en	

Verben swII bewahren ihr -i- im S bis ins 14.–15. Jh, sonst Zusammenfall mit st, swI.

Die Entwicklungen lassen sich folgendermaßen zusammenfassen:

2. Sg.: *-(e)st* ist im Präs. und sw. Prät. bis ins 16.–17. Jh. durchgehend erhalten. Das Morph schwindet zu dem Zeitpunkt, als die Pron.-Form *thou* aufgegeben wird: mit der Pl.-Form *you* wird auch die Pl.-endung (= Ø) ausgeweitet.

3. Sg.: Die *-s*-Form, unsicherer Herkunft, durch skand. Formen und vielleicht durch *is* gestützt, breitet sich von N nach S auf Kosten von *-(e)þ* aus. Da die Übernahme von *-en* im Pl. der Aufnahme von *-s* jeweils vorausgeht, ist die Ausweitung des *-s*-Gebrauches nicht als Notlösung eines Homonymenkonfliktes zwischen den Endungen der 3. Sg. : 3. Pl. zu erklären. Caxton und die Prosa des 16. Jh. haben noch durchgehend *-eth*, bei Dichtern und in gesprochener Sprache des 16. Jh. dagegen überwiegt *-s*. Shakespeares Schwanken zwischen beiden Formen läßt sich häufig auf Reimzwang oder metrische Gründe zurückführen.

Plural: Die Kategorie 'Konj.' wird me. aufgegeben, wo ae. ohne Funktion, sonst weitgehend durch analytische Bildungen (Modalverben) ersetzt. Die Übertragung des *-en* (gestützt durch *-on* des Prät. und der Praeteritopraesentia) auf den Ind. im Mittelland zeigt, daß die Numerusopposition wichtiger erschien als die zwischen Ind. und Konj. Ebenso wird die mittelländische Neuerung Mitte 13. Jh. in die Sprache Londons übernommen zur Vermeidung des Zusammenfalls der Sg. : Pl.-Endungen des Präs. Im 15. Jh. schwindet die Endung (*-en* > *-e* > Ø).

Auch die einzige im engl. System verbleibende Personalendung, das *-(e)s* der 3. Ps. Sg. (nur im Präs. Ind., und nicht bei Modalverben!) ist redundant. In Kurzsätzen (wie in Schlagzeilen) kann *-s* wegen der Homonymie mit dem Pl.-morph der Sb. nicht einmal zur eindeutigen Kennzeichnung der Wortart dienen: *Ship sails tomorrow,* und in vollständigen Sätzen würde die Kennzeichnung des Subjekts ausreichen: *the boy run(s)* ≠ *the boys run; the boy ran* ≠ *the boys ran.*

F 41 Beschreiben Sie detailliert die Geschichte der -*s*-Endung der 3. Sg. Präs. in der engl. Sprachgeschichte (Brunner [2]1962: 190f. und Literaturangaben)

F 42 Vergleichen Sie die Tabellen oben mit den Befunden aus den Texten *J.* Wie verhalten sich die Übersetzungen des 16. Jh. zum -*eth*/-*s*?

6.7 Das Verb II: Tempusbildung (vgl. 8.3)

Die germ. Sprachen kennen nur zwei Tempora: Prät. und Nicht-Prät.; daneben gibt es – in anderer Distribution und daher zu anderen Klassen gehörig – atemporale, infinite Formen (Infinitive, Partizipien).

Das Ne. hat die Bildung der Tempora äußerst vereinfacht: neben einer nichtmarkierten Form für das Nicht-Prät. /kis/ steht die markierte Form für das Prät. /kist/. Die Markierung erfolgt durch Dental /-d, -t, -id/ bei den swV, durch Vokalwechsel (Ablaut) bei den stV, durch Vokalwechsel und Dental bei den unregelmäßigen swV.

6.7.1 Tempusbildung der schwachen Verben (swV)

Die swV werden im Ae. in drei Klassen eingeteilt, von denen swIII durch Übergang der Formen zu swI und swII auf wenige Verben reduziert ist. Die Mehrzahl der swV sind von Sb./Adj. *(denominale, meist Faktitiva)* oder von stV *(deverbale, meist Kausativa)* abgeleitet. Zur Bildungsweise und Bedeutung vgl. 7.3.

Die Tempusbildung erfolgt bei Klasse I durch -*ed*- *(trymede)*, nach langer Stammsilbe durch -*d*-, -*t*-, -*Ø*–; daneben enthält Klasse I zwei Gruppen mit abweichenden Formen, die ursprünglich ohne Mittelvokal im Prät./Part. *(bröhte)* und die mit früher Synkopierung *(sealde)*. Bei Klasse II, ae. produktiv und durch Lehnwörter *(sealtian* 'tanzen') vermehrt, wird Prät./Part. regelmäßig durch -*od*-, -*ud*-, angl. -*ad*- gebildet. Beispiele:

nama	→nemnan	nemde	<u>nemned</u>	'name'	<u>H4</u>
hāl	→hǣlan	<u>hǣlde</u>	<u>hǣl(e)d</u>	'heal'	<u>C22</u>
gemōt?	→mētan	mētte	<u>mēt(t)</u>	'meet'	<u>A8</u>,<u>A11</u>,<u>J32</u>
	sendan	<u>sende</u>	send	'send'	<u>F2</u>,<u>A16</u>
hweorfan	→hwierfan	<u>hwierfde</u>	hwierfd	'go'	<u>A12</u>
	sēċan	<u>sōhte</u>	sōht	'seek'	<u>D45</u>
	bycgan	<u>bohte</u>	boht	'buy'	<u>D46</u>
	sellan	<u>sealde</u>	<u>seald</u>	(sell)	<u>D46</u>,<u>F14</u>
lufu	→lufian	lufode	<u>lufod</u>	'love'	<u>F11</u>
open	→openian	<u>openode</u>	openod	'open'	<u>G4</u>

Die Tempusbildung der Mehrzahl der swV läßt sich ae. nach folgenden Regeln beschreiben:

```
A. morphologisch determiniert:   sw II  -od-        lufode
                                 sw III -d-         hæfde
B. (übrige) phonologisch determiniert:
B1. -ed- nach kurzer Stammsilbe                     trymede
         nach langer Stammsilbe, wo Syn-
         kopierung nicht möglich                    (hyngrede)
B2. -Ø-,-t-,-d- nach langer Stammsilbe
B2a. -Ø- falls Stamm auf -Kd, -Kt                   sende
  b. -t- falls Stamm auf /-p,t,k,x,s,ʃ/             mētte
  c. -d- (übrige)                                   hǣlde, hwierfde
```

Die Unterscheidung von Klasse I und II hängt wesentlich von den unterschiedlichen Endungen ab (in denen Ableitungssuffix und Personalendung verschmolzen sind). Mit dem Zusammenfall der unbetonten Flexionsvokale fallen die Klassen im Me. zusammen; für die Mehrzahl der swV bahnt sich die ne. Regelmäßigkeit an. Das Frühme. zeigt die folgenden Versuche der Neuordnung:

```
1. mit Mittelvokal (-ed-), aus ae. A+B1    gaderide A4
   und Lehnwörtern                         enqueride A4
2. -d-, aus ae. B2c                         herde A3
3. -t-
3a. aus ae. B2b                            kepte H19, kiste J20
3b. neu für ae. B2a (-d)                   sente A8, wenten A9
3c. oft nach -l,-m,-n                       (meant,spilt)
3d. oft nach Spirant                       lefte F31
3e. Neubildungen nach 3a.-d.               slepte B24
4. -Ø-, aus ae. B2a (-t)                   putte F43 (puttide D31)
```

Vielfach schwanken Verben jedoch noch bis ins Spätme. (*kiste : kisside* in verschiedenen Hss. in *J* 20). Erst nach der Synkopierung der verbleibenden Mittelvokale im 14.–16. Jh. und folgender Assimilierung des *-d-* an den vorausgehenden Laut ergibt sich seit dem 16. Jh. die ne. Verteilung der phonologisch determinierten Allomorphe /d, t, id/. Alle übrigen Gruppen müssen ne. als unregelmäßig beschrieben werden.

Die ae. entstandenen Quantitätsunterschiede in Verben des Typs *mētan : mette A 8, A 11, cēpan : cepte* 'meet, keep' wurden im Me. als Signal der Tempusbildung interpretiert. Dies Muster erklärt die sw. Präterita der für st. Formen eingetretenen *crept, leapt, slept (B 24) swept, wept; fled; lost, shot,* und vielleicht auch die Neubildungen des Typs *meant.* Bei *send* etc. dient die Ausbreitung des *-t* der eindeutigen Kennzeichnung der Tempusopposition, die schon ae. nicht immer durch die Personalendungen gewährleistet war (*āsende F 2* 'sende' : *āsende A 16* 'sandte'). Nach dem Vorbild der ae. Typen *sende : endode,* me. *sente : endide* entwickelten sich jedoch viele nicht festgelegte Paradigmen (Ekwall [4]1965: 137); Schwanken zwischen /t/ und regelmäßigem /d/ zeigt heute noch eine kleine Klasse von Verben auf /-n, -l/: *burn, learn, spell, smell, spill, spoil, dwell.*

F 43 Diskutieren Sie die Hypothese Quirks (1970) und Samuels' (1972: 160–2), daß im Me. und Ne. die Verteilung der Präteritalmorphe /d, t/ bei einigen Verben auch Unterschiede der Aktionsart ausdrücken kann.

F 44 Sammeln Sie Beispiele zur Tempusbildung der swV aus *EV/LV, TY, AV.* Welche Unterschiede zum heutigen Gebrauch finden sich? Welche der Formen sind heute archaisch?

6.7.2 Die starken Verben (stV)

StV kennzeichnen die Tempora durch *Ablaut* und (im Ae. Reste von) *Reduplikation,* vgl. lat. *video : vīdi; cado : cecidi.* Ablaut ist der regelmäßige Wechsel von Vokalen in etymologisch zusammengehörigen Wörtern oder Wortformen. Die Verteilung war ursprünglich abhängig vom idg. (expiratorischen und musikalischen) Akzent. Die germ. Sprachen haben den im idg. Verbsystem vorhandenen Wechsel systematisch ausgebaut.

Durch vielfältige Auswirkungen des spontanen und kombinatorischen Lautwandels hat sich für das Ae. ein recht unübersichtliches System der stV ergeben, was sich schon an einer Übersicht der häufigsten und vergleichsweise regelmäßigen Entwicklungen leicht ablesen läßt (vgl. Sweet-Davis [9]1953: 25–32):

Kl.	Inf.Präs.	3.Sg.	Prät.Sg.	Pl.	Part.	ne.	Belege
1	(ā)rīsan	rīst	rās	rison	risen	rise	A13,A14
2	(be)bēodan	bīett	bēad	budon	boden	(bid)	B26
	ċēosan	ċīest	ċēas	curon	coren	choose	D48
3	weorþan	wierþ	wearð	wurdon	worden	∅	B25,D32,B24
	findan	fint	fand	fundon	funden	find	D44,D46
4	beran	birþ	bær	bǣron	boren	bear	G3
	cuman	cymð	cōm	cōmon	cumen	come	D32,F7,F9,A1
5	sprecan	spricþ	spræc	sprǣcon	sprecen	speak	G7,D3,H15
	cweþan	cwiþþ	cwæþ	cwǣdon	cweden	(quoth)	D3,B26,A2,H20
	(ge)biddan	bitt	bæd	bǣdon	beden	(bid)	A8,F35,A11
	sēon	siehþ	seah	sāwon	sewen	see	H15,C22,A2
6	faran	færþ	fōr	fōron	faren	fare	D49
	(ā)hebban	hefþ	hōf	hōfon	hafen	heave	F31,D33
7	slǣpan	slǣpþ	slēp	slēpon	slǣpen	sleep	C24
	(on)fōn	fēhþ	fēng	fēngon	fangen	∅	F17,A12
	sāwan	sǣwþ	sēow	sēowon	sāwen	sow	D3,D31

Die im Text belegten Formen sind unterstrichen; sie sind regularisiert, spiegeln also nicht die im Text ablesbaren spätws. Entwicklungen.

6.7.3 Regularisierungen I: Präsens

Durch Lautwandel war spätestens im Frühme. die Durchsichtigkeit der durch i-Umlaut verursachten Alternationen verlorengegangen. Außerdem sind die abweichenden Stammvokale der 2., 3. Sg. Präs. redundant, da die Personalendungen eine klare Kennzeichnung ermöglichen (vgl. dt. *du läufst*). Da sie schon ae. nur in einigen Dialekten gebräuchlich waren und auch nicht mit den häufigeren 'regelmäßigen' Bildungen übereinstimmten, setzte sich im Me. *ein* Allomorph des Stammes durch. Damit wurden auch die verschmolzenen Formen wieder ganz analysierbar: *F 7 cuman, he cymð;* me. *comen, comeþ* (TY *commeth*); vgl. den Wechsel von *e/i, y* bei *E 16, G 16 etan, he ytt; LV ete, etith.*

Dieser Ausgleich kann aber auch vom Allomorph der 2.3. Sg. ausgehen, von dem aus die übrigen Präsensformen neu gebildet werden:
ae. *E 15 bicgan* > me. *biggen* > Ø
D 44 he bigþ /biːθ/, *LV bi'eth* → me. *bi'en* > ne. /bai/

Differenzierung tritt ein bei ne. *seek/beseech*:
ae. *sēcan* > me. *sechen (D 45 LV sechith); F 40 EV, TY, AV bisechynge. A 13, F 37 hē sēcð,* > me. *seketh* → me. *seken (LV, TY, AV)* – die *k*-Formen vielleicht gestützt durch das verwandte an. Wort.

F 45 Beschreiben Sie die Regularisierungen der Präsensformen anhand der Vorkommen in *D 32, D 44 WS/LV (wyxþ, wyrþ, behȳt, fint, gǣð, sylþ, gebigþ)*

6.7.4 Regularisierungen II: Prät. und Part.

Falls Verben ihre starke Tempusbildung beibehalten, wird ihr Formenbestand im Me. und Fne. durch analogen Formenausgleich vereinfacht, besonders durch Vereinheitlichung der Konsonanten und Beschränkung der Varianten des Stammvokals. Aus der Vielfalt der Entwicklungen seien Beispiele der Paradigmen in 6.7.2 ausgewählt:

Kl.	ae.		me.	fne.
1	[riːzən] [raːs] [rizən] [rizən]	Ø	[riːzən] [rɔːs] [rɔːzən] [rizən]	[rəiz] [roːz] [roːz] [rizən]
2	[tʃeːəzən] [tʃæːəs] [kurən] [korən]	Ø	[tʃeːzən (oː)] [tʃɛːs (ɔː)] [tʃɛːzən (ɔː)] [kɔːrən, tʃɔːzən]	[tʃuːz] [tʃoːz] [tʃoːz] [tʃoːzən]
3	[findən] [fand] [fundən] [fundən]		[fiːndən] [fɔːnd, fuːnd] [fuːndən] [fuːndən]	[fəind] [fʌund] [fʌund] [fʌund]
4	[berən] [bær] [bæːrən] [borən]	Ø	[bɛːrən] [bar] [baːrən] [bɔːrən]	[beːr] [bær/boːr] [bɛːr/boːr] [boːrən]

```
5   [sprekən]      [spɛ:kən]        [spe:k]
    [spræk]        [spak]           [spæk/spo:k]
    [spræ:kən] ∅   [spa:kən]↓       [spɛ:k/spo:k]
    [sprekən] ∅    [spo:kən]        [spo:kən]
              2.↓,3.,4.
```

Verben, die schon ae. keine ausreichende Tempuskennzeichnung hatten (angl. *rēdan, rēd* 'raten, riet', *slēpan, slēp* 'schlafen, schlief'), bildeten früh schwache Formen. Dieser Übertritt zur schwachen Klasse stellt die radikalste Form der Regularisierung dar. Beispiele finden sich besonders häufig im 12.–14. Jh. (Baugh & Cable [4]1993: 159–61); sie werden unter dem Einfluß der stabilisierenden Schriftsprache seltener, doch finden sie sich noch bei wichtigen Verben im Laufe des Fne. *(help)*:

```
Kl. ae.         me.            fne.
3   [helpən]     [helpən]       [help]
    [hæəlp]      [halp]         [haulp/houlp]  ∅ ↓
    [hulpən] ∅   [halpən]↓      [haulp/houlp]↓ ∅
    [holpən]     [holpən]       [houlpən]  ↑   ∅
```

Dem endgültigen Übertritt geht gewöhnlich eine lange Phase voraus, in der starke und schwache Formen nebeneinander gebraucht werden. In einigen Fällen haben sich die schwachen Formen nicht durchgesetzt: *D 4 fēollon/ felden/* ne. *fell; H 9 sceān/ schinede/* ne. *shone.* Noch heute schwanken einige Verben; in den meisten Fällen ist die starke Variante archaisch (*): *cleft : clove; crowed : *crew; heaved : *hove; sheared : *shore; *abided : abode.* Bei anderen Paradigmen ist die Einordnung fragwürdig: so sind *chide, hide* (schwach) und *slide* (stark) nur historisch zu trennen; *show* etc. zeigen gemischte Paradigmen.

Ungefähr die Hälfte der ae. belegten stV ist ganz aus der engl. Sprache verschwunden (Brunner [2]1962: 202), häufig Verben mit schwierigem Paradigma oder schon ae. seltene, oft auf die Dichtersprache beschränkte Wörter.

In wenigen Fällen schließen sich swV (oder Lehnwörter) starken Reihen an, meist an häufige, reimende Verben (vgl. dt. *frug* nach *trug*): so ae. *scrīfan* 'shrive' (← *scribere*) oder *rīnan, rān* für *rignan, rignede* 'rain'; im Me. u. a. *wear, ring, fling, strive,* im Spätme./Fne. *spit, stick, dig.*

F 46 Beschreiben Sie die Entwicklung der in *B 23–26* und *D 48 WS* gebrauchten Formen der stV (Vergleich mit *LV*). Welche Ersatzwörter sind in den späteren Übersetzungen an die Stelle der ausgestorbenen Formen getreten?

F 47 Beschreiben Sie anhand von *E 19–20 LV* (Sg. *brak, ȝaf*; Pl. *ȝauen, eten*) und ihrer späteren Äquivalente die Entwicklung des Prät. der stV der 5. Klasse. (Brunner [2]1962: 229–38)

7 Wortbildung

7.1 Vorausbemerkungen

7.1.1 Kompositum oder syntaktische Fügung?
(vgl. Marchand ²1969: 20–30, Kastovsky 1992)

Das Wort als Einheit in *langue* und *parole* ist nicht ausreichend definiert (6.1.1); eine feste Verbindung als ein oder zwei Wörter einzuordnen, kann deshalb schwierig sein: *F 6 wudu hunig; C 25 ūt ādrāf, D 6 ūp sprungenre sunnan WS.*

Wie die ne. Beispiele *stone wall, Stone Age, stone-ax, stone-cutter, stonemason, stonework* zeigen, kann die ne. Orthographie für die Wortdefinition keine Richtschnur abgeben (und schon gar nicht die der mittelalterlichen Schreiber). Aber auch die 6.1.1 angeführten Kriterien lassen Grenzzonen undefiniert: so scheinen sie bei *stone wall* und anderen untrennbaren Fügungen Wortrang nachzuweisen, die mit guten Gründen *nicht* als Wort angesehen werden.

7.1.2 Wortbildung und Flexion (6.1.2)

Wortbildung, die Kombination von Morphemen zu neuen Vokabeln, und nicht Flexion, ist immer dann nachgewiesen, wenn dem neuen Wort ein eigener Satz von Flexionsendungen zukommt: *the buildings of Britain, the builders of Britain.* Dieser Test gilt auch für Nullableitungen: *idle, idly, idler (than) : (he) idles/ idled (away his time).* Im Dt. und Ae. ist zu beachten, daß bei flektierten Partizipien und Steigerungsformen der Adj. doppelte Flexion vorliegen kann: *ūp sprung'en're sunnan D 6.*

Wortbildung unterscheidet sich von Flexion auch in der geringeren Voraussagbarkeit, ob ein nach produktiven Mustern gebildetes neues Wort der sprachlichen Norm entspricht (vgl. die Diskussion in Polenz 1972: 404 f.). Da das System nur die Regeln und Klassen der Wortbildung zur Verfügung stellt, bleibt auch in der Gegenwartssprache ein breiter Raum fraglicher Akzeptabilität, der durch außersprachliche Konventionen bestimmt ist (vgl. die Experimentierfreudigkeit der Elisabethaner mit der statischen Sprachauffassung des 18. Jh.).

Die Unsicherheit steigt bei älteren Sprachstufen in starkem Maße: Urteile über Akzeptabilität und Produktivität lassen sich im wesentlichen statistisch führen, eine nicht adäquate Grundlage, die noch fragwürdiger wird angesichts der Lücken der Überlieferung.

7.1.3 Produktivität und Analysierbarkeit

Im Laufe der Sprachgeschichte lösen Wortbildungsmuster und -elemente einander ab, oft zum Ausdruck desselben Inhalts. Für jede Sprachstufe lassen sich die Muster beschreiben, die Neubildungen von Vokabeln als durchsichtig und vorhersagbar erscheinen lassen. 'Lebende' Muster heißen produktiv. Produktivität ist eine Frage des Grades: wie bei Wortschwund (9.5.4) kann sie zunehmen oder bis Null abnehmen; aber auch unproduktive Muster können wiederbelebt werden.

Auch nach unproduktiven Mustern gebildete Vokabeln können durchsichtig (analysierbar) bleiben; oft – vor allem wenn sie als isolierte Einzelvokabeln weiterleben – werden sie jedoch zu nicht weiter segmentierbaren, einmorphemischen Wörtern *(dearth, filth)*. Bei der Beschreibung einer Sprache ist also in der Wortbildung streng zwischen synchronischen und diachronischen Aspekten zu scheiden.

7.1.4 Typen der Wortbildung (vgl. 7.2)

Vokabeln bestehen aus einem Morphem (Lexeme) oder sie sind zusammengesetzt (und damit Gegenstand der Wortbildungslehre) aus einem wortfähigen und einem gebundenen Morphem : *Ableitung*
zwei wortfähigen *(Kern + Kern)* : *Zusammensetzung*
A. und Z. können als wortfähige Einheiten selbst wieder die Grundlage für neue Wörter bilden:
nation + al = national; ∼ + ize = nationalize; ∼ + de = denationalize; ∼ + ation = denationalization.
pole + ar = polar; ∼ + ize = polarize; de + ∼ = depolarize; + able = depolarizable; ? ∼ + ity = ?depolarizability.

Bei derartigen Ketten gelten einzelsprachliche Regeln für die Reihenfolge der Ableitung und die Kombinierbarkeit.

7.1.5 Statuswandel

Eine festgewordene (lexikalisierte, idiomatisierte) Bildung unterliegt phonetisch und kontextuell anderen Gesetzen als die Morpheme, aus denen sie zusammengesetzt ist. Ausdrucks- wie inhaltsseitig wird im Verlauf der Zeit die Beziehung zu den Teilen undurchsichtiger *(Demotivierung)*.

Der Status der Morpheme kann sich dabei im Lauf der Sprachgeschichte ändern:

Ursprüngliche Zusammensetzungen werden zu Ableitungen durch Aussterben des freien Lexems: ae. *mægden-hād* (*hād* 'Stand') > ne. *maidenhood;* durch Bedeutungsaufspaltung des freien Lexems: ae. *dōm* 'Urteil, Zustand, Würde' etc. > ne. *doom* 'jüngstes Gericht': ae. *cyne-dōm* > ne. *kingdom.*

Die Entwicklung zum Ableitungsmorphem wird beschleunigt durch die phonologische Sonderentwicklung im Nebenton.

Komposita werden einmorphemisch (vgl. 7.5) durch Verdunklung beider Teile: *Gōdspell* > *gospel* F 1 'gute Nachricht' (vgl. 11.3.5); *hlāford* 'Laibwart' > ne. *lord F 3.*

7.1.6 *Wortbildung und Lexikologie*

Wortbildung läßt sich abgrenzen als das Gebiet der Grammatik, das die Regeln und Muster der Kombinierbarkeit von Morphemen zu neuen Vokabeln beschreibt, aber keine Aufzählung des Gesamtwortschatzes erstrebt. Lexikologie erforscht die Struktur des Vokabulars, d. h. Schichtungen und Beziehungen formaler und semantischer Art zwischen lexikalisierten Einheiten als eines statischen Inventars.

7.2 Typen der Wortbildung

7.2.1 *Zusammensetzung (anhand der Nominalkomposita)*

Die Typen sind so vielfältig wie die syntaktischen Beziehungen zwischen Satzkonstituenten. Diese Tatsache wird unmittelbar einsichtig dadurch, daß sich Komposita als verschiedene Typen von Sätzen paraphrasieren lassen.

Bei der Zusammensetzung werden zwei freie Kerne als *Determinant* und *Determinatum* zusammengefügt. Dabei wird der Determinant im Ne. meist in der Grundform vor das Determinatum gesetzt, und zwar orthographisch zu einem Wort verschmolzen, mit Bindestrich oder auch unverbunden.

Aus dem *WS*-Text lassen sich in Auswahl folgende Typen zusammenstellen:

Adj./Part. + Sb.: *A 7 sunder'spræce, F 13 wild'dēor.*

Sb. + Sb. (geordnet nach Inhaltsbeziehungen A : B):

genitivisch: (B von A): *A 1 tungol'wĭtega, A 9 ēast'dǽl, C 20 blōd'-ryne, D 47 fisc'cyn, F 33 burh'waru.*

kopulativ (A = B): *A 11 gold'hord.*

präpositional (B für, aus, in ... A):

Zweck: *F 21 reste'dæg, G 14 cēp'setl, H 7 cild'clāþ.*

lokal: *F 6 wudu hunig* (*ēast'dǽl, burh'waru*).

temporal: *H 8 niht'wæcca.*

Der Nachweis, daß es sich bei den angeführten Beispielen um Komposita handelt, ist ae. aus dem Fehlen von Flexionsendungen zu führen: *F 13 mid wilddēorum (*mid wildum dēorum); C 20 blōdryne (*blōdes ryne); D 47 fisccyn (*fisces cyn).*

Da der Determinant nicht gekennzeichnet ist, kann es über die genaue Definition der Inhaltsbeziehung zwischen beiden Komponenten (anders als bei den Satzkonstituenten) zu unterschiedlichen Interpretationen kommen.

Komposita der gefundenen Typen waren ae. (wie heute noch im Dt.) üblich und häufig; erst im Me. geht die Zahl dieser Bildungen zurück: alte, feste Komposita *(H 8 shepherd)* bleiben erhalten, aber neue Ausdrücke werden häufiger als Fügungen (genitivisch, präpositional) gebildet. Textbelege: Adj. + Sb. *D 33 sour dou3* 'Sauerteig'; Sb. + Sb. *D 52 hosebonde man, E 15 euentid* (ae.), *F 6 hony soukis* (ae.), *H 8 scheepherdis* (ae.). Beachte, daß die Flexion im Me. kein verläßliches Kriterium mehr bietet und daß auch die Worttrennung der me. Schreiber oft willkürlich ist. Erst in fne. und besonders ne. Zeit nimmt die Zahl der Zusammensetzungen stark zu.

F 48 Überprüfen Sie die Angaben zur Häufigkeit der Nominalkomposita an den Daten aus den ae., me., fne. und ne. Übersetzungen. Klassifizieren Sie die Vorkommen in *RSV/NEB* nach den Beziehungen A : B und ermitteln Sie das Alter der Vokabeln (Erstbelege nach OED).

7.2.2 Zusammenrückung

Eine feste Fügung ist zu einem Wort verschmolzen, wie in ae. *hālidæg* (> PN *Halliday*), daneben als ae. Fügung mit flektiertem Adj. und me. Kürzung > ne. *holiday* und der ne. Fügung *holy day*.

Die Namen der Wochentage gehen auf alte Genitivfügungen zurück, ebenso wie *lady-bird, Lady chapel,* etc. Seit me. Zeit sind diese Zr. nicht mehr von 'echten' Komposita zu unterscheiden. Neue Zr. entstehen auch ne., wie *cat's-eye,* oder durch Lexikalisierung anderer Syntagmen, wie *mother-in-law (F 30)* oder *whodunit* 'Krimi'.

7.2.3 Ableitung (vgl. 7.3 und 7.4)

Ableitungsmorpheme sind *Suffixe,* wenn sie dem Kern folgen; *Präfixe,* wenn sie ihm vorausgehen. Durch (auch wiederholtes) Anfügen von Präfixen und Suffixen sind schon ae. viele neue Wörter gebildet worden; häufig ging die Anregung dazu von einem lat. Vorbild aus (11.3): *mearc* 'Zeichen, Grenze' → *mearcian* 'kennzeichnen' → *tōmearcian* 'unterscheiden' (= *describere*) H 1 → *tōmearcodnes* 'Schätzung' (= *descriptio*) H 2);

hweorfan 'gehen' → *ymbehweorfan* 'herumgehen' → *ymbehwyrft*
'Erdkreis' (= *circuitus*) *H 1.*

7.2.4 Zusammenbildung

A + B werden als Kern einer Ableitung verwendet (A + B + c),
ohne daß sie selbst als Zusammensetzung vorkommen (**A + B)
oder einer ihrer Teile mit dem Suffix vorkommt (**B + c): *light-
hearted, -fingered, -handed.*

Die verschiedenen Typen der Zb. lassen sich schon im Ae. nachweisen: *J 15 burh'sitt'end* 'Bürger'; *D 50 grist'bit'ung* 'Zähneknirschen';
F 6 gær(s)'stap'a = *grass'hopp'er*; vgl. *NEB G 15 tax-gatherer.*

7.2.5 Ableitung und Rückbildung

Die Ableitung von Verben aus Sb. des Typs *cura* → *curare* war ein
sehr produktives Muster des Lat. Aus dem Verhältnis *cura : curare* =
x : *constare* wird spätlat. *co(n)sta* 'Kosten' rückgebildet, da für die
Sprecher zwar der Bedeutungszusammenhang, nicht aber die (nur diachronisch beschreibbare) Richtung der Ableitung deutlich war.

Die Entscheidung, ob in einem Einzelfall Ableitung oder Rückbil-
dung vorliegt, ist nicht immer so leicht zu treffen. Da das sekundäre
Zeichen meist einen engeren Bedeutungsumfang hat, nimmt Pilch
(1970: 135) Rückbildung u. a. bei den folgenden Nomina an: *talu*
'Zahl' ← *tellan* 'einschätzen', *racu* 'Bericht' ← *reccan* 'berichten', *sala*
'Verkauf' ← *sellan* 'geben'.

Seit me. Zeit werden Sb./Adj. und abgeleitetes Verb des Typs *lufu :
lufian* in den meisten Formen homophon. Seit keine formalen Unterschiede zwischen /luv : luv/ mehr bestehen, werden Übertritte in andere Wortarten (7.4.3) häufiger. In manchen dieser Fälle ist eine Entscheidung, welches Wort primär, welches sekundär ist, schwer zu treffen.

Rückbildung entsteht auch durch die 'falsche' Analyse eines einmorphemischen Wortes *(pedlar, beggar, broker* → *peddle, beg,
broke)* oder durch die Abtrennung des Suffixes in einer Zusammenbil-
dung *(typewriter, housekeeping, -er* → *typewrite, housekeep).*

F 49 Wie sind die Wörter *riches, crayfish, farmer, lady* a) ne.-syn-
chronisch, b) etymologisch zu segmentieren? Hat die Geschichte
der Wörter eine Bedeutung für die ne.-synchronische Morphem-
analyse?

7.3 Ableitung I: Nomina agentis (NA)
(Marchand ²1969: 273–81)

Als NA werden Wortbildungen bezeichnet, die formal von einem zu-
gehörigen Verb abgeleitet sind und deren Inhalt zu diesem Verb im

Verhältnis 'tun : jemand tut (etwas)' steht. Ausgehend von metaphorischen Verwendungen steht der Typ auch für Werkzeuge u. ä. *(screwdriver; stretcher G 12)*, die hier unberücksichtigt bleiben.

Im Ae. stehen drei Ableitungen in Konkurrenz:

7.3.1 -a, -ja

Nur in historischer Sicht kann *-a* als Morphem klassifiziert werden (vgl. lat. *rap-on-em*); da *-a* im ae. System Flexionsendung ist, müssen die Bildungen als Nullableitung eingeordnet werden. Der Typ ist ae. häufig, der Gebrauch jedoch rückläufig (Pilch 1970: 112). Die häufigen Vokabeln *wita* 'Zeuge, Ratgeber' zu *witan*, *boda* 'Bote' (zu *bēodan*), *scapa* 'Verbrecher' (zu *sceppan*) sind im Korpus nicht belegt; einzig die *-ja*-Bildung *dēma H 2* 'Richter, Statthalter' (zu *dōm* 'Urteil', *dēman* 'urteilen') kommt vor.

Besonders häufig sind ae. Zusammenbildungen (A + B + c), deren A in Objekts-, Instrumental- oder Lokalbeziehung zu B steht (*bēaggifa* 'Ringgeber' zu *giefan*, *sǣlida* 'Seefahrer' zu *līþan*). In den Texten finden sich *F 6 gær(s)stapa* 'Grashüpfer' (zu *steppan*) und die german. weit verbreitete Lehnübersetzung *heretoga A 6* 'Herzog' (zu *tēon*).

7.3.2 -end

Mit diesen Bildungen konkurriert ae. das Suffix *-end,* d. h. das substantivierte Part. Präs.; der Inhalt einiger lexikalisierter Ableitungen hat sich jedoch vom Verb entfernt: *hǣlend H 11* 'Heiland', *hettend* 'Feind' (= 'Hasser'). Besonders in der Dichtung waren Zusammenbildungen des Typs *sǣliþend* 'Seefahrer', *helmberend* 'Helmträger' häufig. Die Produktivität dieser Ableitungen wurde gefördert durch die enge Beziehung zum adjektivischen Part. Präs., das sich von jedem Verb bilden ließ (vgl. *J 15 he folgude anum* **burhsittendan** *men*).

7.3.3 -er(e)

Schon in der spätae. Prosa war die noch heute produktive Ableitung durch *-er(e)* die häufigste Bildungsweise. Das Suffix, wohl aus lat. *-ari(us)* ins Wg. und Got. entlehnt, diente ursprünglich zur Ableitung von NA aus Sb.: got. *boka* 'Buchstabe' → *bokareis* 'Schriftgelehrter' = ae. *bōc* → *bōcere F 22;* aber über Typen, bei denen Ableitung formal wie inhaltlich vom Sb. oder Verb denkbar war *(fiscere F 16* von *fisc/fiscian)*, wurde die Beziehung Verb → NA auch direkt möglich. Im Ae. überwiegen die deverbalen Ableitungen die denominalen bei weitem.

Inhaltlich müssen bei *-end* und *-er(e)* zwei Klassen unterschieden werden:

1. die Bildungen, die Berufe, typische Kennzeichen, oder ständige/ mehrmalige Wiederholung der Verbalhandlung ausdrücken: *A 4 wrīteras* 'scribae'.
2. Nominalisierungen von Einzelsätzen, *ad-hoc*-Bildungen, die die Paraphrase eines (oft präsentischen) Satzes darstellen: *the writer (of this letter)* ∼ *the man who is writing (this letter)*.

1. ist in der ganzen engl. Sprachgeschichte (wenn auch ae. im Wettstreit mit anderen Suffixen) lebendig gewesen, während 2. nach einem Höhepunkt im späten 14. Jh. erst im 18. Jh. (Swift) wieder bedeutend zunimmt (Strang 1968). Heute sind Ableitungen nach 2. von jedem gebräuchlichen Verb möglich, außer bei bestimmten Verbklassen (***belonger*) oder wo bereits Bildungen mit anderen Suffixen existieren (*collector G 16, governor H 2, sauyoure H 11*). Nur im syntaktischen Verhalten – und gelegentlich in der Orthographie – werden 1. und 2. geschieden: *Mr Heath is an excellent sailer* (nicht: *sailor*).

7.3.4 Zur Geschichte der NA-Suffixe

Im Ae. finden sich häufig konkurrierende Ableitungen von demselben Verb (*boda, bodiend, bodere* 'Bote'), doch nur in einigen Fällen läßt sich ein Bedeutungsunterschied feststellen. So scheint die Opposition nach 1. ≠ 2. ('Beruf' ≠ *ad-hoc*-Bildung) oft durch Suffixwechsel ausgedrückt zu werden (*wrītere* 'scribe' ≠ *wrītend; rǣdere* 'lector' ≠ *rǣdend*). Da *-a* im Ae. nicht mehr produktiv war, waren seine Ableitungen nach Zahl und Vorkommen begrenzt. Aber auch *-end*-Bildungen scheinen spezifisch für einige Textsorten zu sein: mit Ausnahme der häufigen Bezeichnungen für 'Gott' und weniger anderer alter (germ.) Bildungen sind *-end*-Ableitungen typisch für die Rechtssprache und besonders für die Dichtung. Außerdem ist die Verteilung durch die lat. Vorlage mitbestimmt (häufig zur Wiedergabe von Part. Präs.).

-end füllte wahrscheinlich eine Lücke, als alte NA-Bildungen außer Gebrauch kamen und bevor die neue Ableitung auf *-er(e)*, besonders für *ad-hoc*-Nominalisierungen, sich durchgesetzt hatte. Mit dem Abreißen der ae. literarischen Tradition schwand *-end* als produktives Suffix; der lautliche Zusammenfall mit dem *-ing* der Verbalsubstantive ließ später auch die isolierten (aber häufigen) Bildungen für 'Gott' aussterben.

F 50 Beschreiben Sie die Ablösung der *-end*-Ableitungen durch *-er* (und den weiteren Ersatz durch frz. Lehnwörter) anhand der Entsprechungen von *creator, salvator, redemptor* (Käsmann 1961: 46–52).

7.4 Ableitung II: Deverbale und denominale Verben

7.4.1 Kausativa

Unter den von einem anderen Verb abgeleiteten Verben sind die Kausativa, die ein intrs. Verb transitivieren, die häufigsten und bedeutendsten. Kausativierung durch Ableitung ist allerdings nur eine (und nicht zu allen Zeiten produktive) Möglichkeit. Daneben kann der Inhalt auch analytisch, d. h. durch ein gesondertes Verb, ausgedrückt werden, und in einigen Wortpaaren wird die Bedeutungsopposition lexikalisch ausgedrückt *(die : kill)*.

Vor der Diskussion der Ableitung sollen die anderen Möglichkeiten kurz besprochen werden:

Funktionserweiterung: Schon ae. waren die Unterschiede der Kategorien intrs./reflexiv/trans. bei einzelnen Verben aufgehoben *(faran = fēran H 15)*. Die Tendenz setzt sich im Me. verstärkt fort, so daß ne. ein Großteil der intrs. Verben auch trans. gebraucht werden können.

Analytisch: In der Übersicht sind die in den verschiedenen Epochen üblichen Umschreibungen der kausativen·Funktion aufgeführt; eine Abgrenzung von den Verben des Befehlens ist nicht immer möglich. Besonders aufschlußreich ist die Entwicklung von *do,* das im Ae. in dieser Funktion selten war, im südl. Me. bis 1400 vorherrschte und sich dann zum bedeutungsarmen Träger syntaktischer Funktionen (8.4.3) entwickelte. *Make,* das schon ae./me. in andere Verwendungen von *do* eingerückt war, übernahm nun auch die Kennzeichnung der kausativen Funktion:

	ae.	me.-1400	15.Jh.	fne.	ne.
dōn	(selten)	+	(dial.)	–	–
lǣtan	+	+	+	+	+
hātan	+	+	(+)	?	–
gar	–	(dial.)	–	–	–
make	–	–	+	+	+
cause	–	–	(+)	+	+

Ableitungen nach Klasse I der swV sind ae. häufig; die Ableitungsbeziehung ist (auch nach Eintreten des i-Umlauts) meist noch durchsichtig, aber das Muster nicht mehr produktiv. Der Ableitung liegt die idg. o-Stufe zugrunde, die auch im Prät. der starken Verben erscheint (vgl. *doceo, moneo* zu *decet, memini*). Beispiele:

Kl.	stV Inf.	Prät.Sg.	Ableitung wg.	> ae.	dt. Reflexe
1	līþan	lāþ	*laið-ian	lǣdan	leiden: leiten
2	būgan	bēag	*baug-ian	bīegan	biegen: beugen
3	drincan	dranc	*drank-ian	drenčan	trinken: tränken
	windan	wand	*wand-ian	wendan	winden: wenden
4	asteorfan	asteᵃrf	*astierb-ian	astierfan	sterben: (töten)
5	sittan	sæt	*satt-jan	settan	sitzen: setzen
6	faran	fōr	*fōr-ıan	fēran	fahren: führen

Ableitungen nach Klasse II sind für die kausative Funktion ae. nur beschränkt produktiv. In der me. Entwicklung fallen diese Ableitungen formal mit Kausativierung durch Funktionserweiterung zusammen.

7.4.2 Denominale Verben (Ableitungen von Sb./Adj.)

Von Sb. abgeleitete Verben sind in der ganzen engl. Sprachgeschichte sehr häufig. Oft fügt die Ableitung dem Inhalt des Sb. die Bedeutung 'versehen mit' oder 'machen (effizieren)' hinzu (Faktitiva), doch überwiegen andere und allgemeinere Bedeutungsbeziehungen (oft durch Bedeutungsentwicklung beim Verb): nama → nemnan (H 4); lār → lǣran F 21–2; gelēafa → gelīefan C 22.

Faktitiva gehören ae. meist zu Klasse I der swV. Da diese Ableitung nach dem im 7. Jh. eingetretenen Umlaut nicht mehr produktiv ist, werden neue Ableitungen nach Klasse II gebildet: lat. poena → ae. ˇpīn → pīnian 'peinigen'.

Bei Adj.-Ableitungen kann das Verb die Eigenschaft als Resultat (faktitiv), als Zustand oder als Prozeß (z. B. inchoativ) bezeichnen: vgl. lat. rubefacio : rubeo : rubesco 'rot machen : sein : werden' und dt. röten : grünen : (ver)gilben.

Unterschiedliche Ableitungen für die drei Kategorien sind ae. nur noch bezeugt für wæččan : wacian : wæcnan 'wecken : wachen : erwachen' (B 25, H 8; mit vielfacher Mischung der Paradigmen), sonst verteilen sich die Ableitungen auf swV I und II:

Adj.	'machen'	'sein'	'werden'	
cōl	cēlan	cēlan	cēlan	ne. cool, warm, heat;
		cōlian	cōlian	weak+en, hard+en:
wearm	wierman			alle 'machen' + 'werden'
	wearmian		wearmian	
hāt	hǣtan		hǣtan	
		hātian	hātian	
wāc	wǣčan		wācian	
heard	hierdan	heardian	heardian	

Wegen der Alternation des Stammvokals in sw I wurde im Frühme. die durchsichtigere Bildung nach sw II bevorzugt, eine Klasse, die außerdem durch die Aufnahme frz. Lehnwörter gestärkt wurde. So haben sich ne. nur einige (oft in Form und Bedeutung dissoziiert) erhalten: *fill, heal, heat, (de)file* zu *full, whole, hot, foul*. Die Mehrzahl der denominalen Verben wurde umgestaltet:

1 Von zwei vorhandenen Verben wird das nach sw II bevorzugt: *to cool, warm* (s. o.); *nemnan (H 4)/namian* > ne. *name*.

2 Neben einem swV I wird me. ein regelmäßiges nach sw II gebildet: ae. *wyrċan, scrȳdan* (J 22) || *to work, shroud*.

3 Das swV I überlebt; daneben wird ein zweites nach sw II abgeleitet: ae. *dōm → dēman* > ne. *deem*; me. *doom → to doom* (1450).

4 Das swV I wird durch eine andere Suffixableitung ersetzt: *scyrtan* || *shorten; brǣdan* || *broaden;* vgl. *embolden, befoul.*

5 Das swV I bleibt erhalten und dient als Grundlage für die Rückbildung des Grundwortes: *coss → cyssan;* me. *kissen → (the) kiss.*

7.4.3 Nullableitung und Konversion

(Biese 1941, Marchand [2]1969: 359–90)

In den Handbüchern werden beide Termini gelegentlich ohne genaue Abgrenzung für ähnliche oder auch ganz unterschiedliche Erscheinungen gebraucht. Hier soll wie folgt unterschieden werden:

Nullableitung: Aus einem sprachlichen Zeichen wird ohne ausdrucksseitige Kennzeichnung (ein Ableitungsmorph) ein neues, zu einer anderen Wortart gehörendes abgeleitet. Das abgeleitete Wort ist durch seine Distribution *und* sein unterschiedliches Paradigma vom Grundwort geschieden: *the clean shoes; cleaner, cleanest, cleanly – to clean shoes; (he) cleans, cleaned, (is) cleaning* (7.1.2).

Konversion: Ein Zeichen wird in Distributionen verwendet, die für andere Wortarten typisch sind, es teilt aber weder *alle* Verwendungen der anderen Wortart noch die Flexion.

Die Unterscheidung von N. und K. ist graduell; Grenzfälle sind möglich, und vor allem kann sich K. diachronisch zu N. entwickeln. Die Trennung und Definition ergibt, daß Nullableitung zur Wortbildung gehört, Konversion aber ein Phänomen der Syntax ist. Von beiden zu unterscheiden ist der Zuwachs an syntaktischen Merkmalen (Funktionserweiterung) wie in *bleed* [+ Vb, -trans] > [+ Vb, ± trans] im 15. Jh.

7.4.4 Nullableitung

Da das Zeichen als Verbindung von Inhalt und Ausdruck definiert ist, ist ein Zeichen ohne Ausdruck ein Widerspruch in sich. Der Ansatz eines Elements Ø läßt sich jedoch begründen mit der Stellung von Ø in einer paradigmatischen Klasse, als Allomorph von {Pl}: /fɔks + iz, kæt + s, dɔg + z, ʃiːp + Ø/, vgl. dt. *Hund + e, Katze + n, Kind + er, Lehrer + Ø;* als Morphem {Adj → Vb}: *hard + en, central + ize, calm + Ø.*

Auch bei Nullableitung bleiben die Wortarten deutlich geschieden, solange jeder ein anderer Satz von Flexionsformen zukommt. Seit Beginn der me. Zeit werden z. B. Sb./Adj. und abgeleitetes Verb in immer mehr Formen homophon. Der Prozeß ist im 15./16. Jh. abgeschlossen, als zuerst die Basisformen und darauf {3. Sg.} und {Pl} identisch werden: ae. *lufu : lufian* > /luv : luv/. Zwar ist diese Homophonie nicht die Voraussetzung für Nullableitung (wohl aber für Konversion), aber sie hat den Übertritt erleichtert und die Häufigkeit erhöht.

F 51 Wie sind die in *LV* vorkommenden Wortformen zu analysieren: *C 20 neiʒede, D 6 drieden, D 33 sowrid, F 6 clothid, H 7 childide?*

F 52 In *A 1–13 NEB* erscheinen folgende Wörter, die auch in anderen Wortarten gebraucht werden: *reign, pay, whole, call, chief, question, reply, land, time, go, make, report, stop, place, sight, house, open, treasure, offer, dream, back, return, home, rise, escape, stay, search.* Welche sind selbst als abgeleitet zu klassifizieren und von welchen sind Nullableitungen möglich? Wann sind die abgeleiteten Wörter erstbelegt? (OED).

7.5 Verdunkelte Komposita und Volksetymologie

(Götz 1971, Mayer 1962)

Zusammensetzungen sind sekundär motiviert, d. h. die Bedeutung des Ganzen steht in einem durchsichtigen Verhältnis zu den Inhalten der Teile und ihrer syntagmatischen Beziehung. Mit der Lexikalisierung, Auswirkungen der Akzentgesetze, Lautwandel, möglichem Bedeutungswandel und Aussterben von Determinant oder Determinatum kann jedoch eine Zusammensetzung undurchsichtig werden.

In vielen Fällen schwankt ein ursprüngliches Kompositum lange zwischen ein- und zweimorphemischer Form, je nachdem ob den Sprechern der Wortbildungszusammenhang (noch, wieder) bekannt ist. Da ein Wort in der Schrift zwei-, in der gesprochenen Sprache einmorphemisch sein kann, ist auch ein Ausgleich durch *spelling pronunciation* möglich. Eindeutig einmorphemisch sind heute z. B. *auger, daisy, garlic, gospel, gossip, hussy, lady, lord, nostril, sheriff, steward, stirrup* und *woman;* nicht so eindeutig ist die Entscheidung bei 'visuellen' Komposita (mit wachsender Tendenz zu Schriftaussprache, 4.6): *forehead, boatswain, cupboard, vineyard.*

F 53 Läßt sich für die oben angegebenen Wörter der Zeitpunkt der Demotivierung bestimmen? (Götz 1971) Welche Kriterien lassen sich dafür anführen? Stellen Sie mögliche Ursachen der Demotivierung zusammen und ordnen Sie danach die obigen Beispiele.

Andererseits zeigen Sprecher einer Sprache das Bestreben, Wörter zu motivieren. Diese Tendenz zeigt sich besonders deutlich bei veralteten Wörtern der eigenen und Übernahmen aus einer fremden Sprache. Besonders betroffen von dieser Remotivierung sind auch Ortsnamen in eroberten Gebieten: Mencken (1963: 649) führt folgende Beispiele aus New York und Arkansas an: *Gramercy* < *De kromme Zee*, *Smackover* < *Chemin Couvert*, *Picketwire* < *Purgatoire*, *Low Freight* < *L'Eau Frais*. Ebenso ist ae. *Eoforwīc* 'Eberstadt' aus dem kelt. *Eburacum*, ne. *Bear Park*, co. Durham, aus *Beau Repas* umgedeutet worden.

Die Umdeutung kann sich auf das ganze Wort erstrecken, wie in lat. *margarita* (selbst entlehnt und an *mare* angeglichen) → ae. *meregrot* D 45 'Meer-kies' oder nur auf Teile, wie der Suffixersatz in ae. *mylt'estre* J 30 ← lat. *meretrix* und in *cāsere* H 1. Sowohl Stammmorphem als auch Suffix sind angeglichen in lat. *baptista* → ae. *bæþcere*.

Namen fremder Tiere, Pflanzen, etc. finden sich besonders häufig unter den Volksetymologien, wie engl. *crayfish* ← frz. *crevice* ← ahd. *krebiz; pennyroyal* ← lat. *pulegium; Jerusalem* (artichoke) ← it. *girasole*. Auch verschiedene Ausdeutungen desselben Wortes kommen vor: so ist lat. *bi-cornis*, ne. *bickern* 'zweispitziger Amboß' als *beak-iron* und als *beak-horn* (obs.) remotiviert worden.

Der Name Volksetymologie kann dazu verleiten, Remotivierung nur in der Kindersprache und der Sprache der 'Ungebildeten' zu suchen. Umdeutungen wie *sparrow-grass* ← *asparagus* entsprechen diesen Erwartungen; doch sind Remotivierungen auch in der 'Gelehrtensprache' Lat. häufig (vgl. arab. *mautaban* → *Marzipan* als ob: 'Markusbrot').

F 54 Wie ist die Wortgeschichte von ne. *bridegroom, gooseberry, humble pie, penthouse*, von dt. *Armbrust, Felleisen, Hängematte, Meerrettich, Vielfraß*? (Mayer 1962, ODEE, Kluge) Hat sich nach der Remotivierung in den genannten Wörtern ein Bedeutungswandel vollzogen?

8 Syntax

(vgl. Pilch 1970: 155–66, Fischer 1992, Traugott 1992, Denison 1993)

8.1 Der Satz

Der Satz ist lange als die größte Einheit grammatischer Beschreibung angesehen worden, da er eine vergleichsweise unabhängige sprachliche Form darstellt. Damit ist nicht gesagt, daß nicht im Rahmen einer *Textsyntax* auch größere Einheiten (Struktur eines Paragraphen, einer Rede etc.) linguistisch untersucht werden können. Der Verzicht auf Textlinguistik ist hier auch dadurch bedingt, daß die Struktur des übersetzten Bibeltextes oberhalb des Satzranges fast ausnahmslos die Quelle widerspiegelt.

8.1.1 Konstituentenstruktur-(KS-)Grammatik

Der folgenden Beschreibung wird die KS-Grammatik zugrunde gelegt. Danach läßt sich der Satz schrittweise (auf verschiedenen Rängen) in Konstituenten zerlegen, deren Beziehungen untereinander sich als die Struktur des Satzes abstrakt in Form eines Stammbaums oder durch Klammerung darstellen lassen.

Wichtige Prozeduren der Analyse sind die *Kommutations-, Deletions-* und *Permutationsprobe*. Die Kommutationsprobe läßt erkennen, daß die Struktur der folgenden Sätze gleich ist:

A2	wē	gesāwon	his steorran	on ēastdǣle
A16	Herodes	ofslōh	ealle þā cild holu	
B20	Foxas	habbaþ	blōdryne	
C20	Ān wīf	þolode	his rēafes fnæd	twelf gēar
		æthrān		

Nach Ausweis der Belege können die in der ersten Spalte (= paradigmatische Klasse) stehenden Ausdrücke untereinander ausgetauscht werden (unter Berücksichtigung des Numerus und bestimmter inhaltlicher Subklassen). Will man Sätze des ersten und zweiten Typs zusammen beschreiben, ergibt sich die folgende Struktur (die Benennung der *Knoten* ist willkürlich, aber aus mnemotechnischen Gründen an bestehende syntaktische Termini angelehnt):

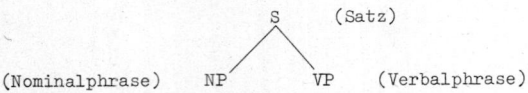

Die Segmentierung kann bis zum Wortrang fortgesetzt werden. Für *B 20* ergibt sich dabei folgende Teilung (oder damit gleichwertig folgender Stammbaum):

Ān || wīf | æthrān || his |||| rēafes ||| fnæd

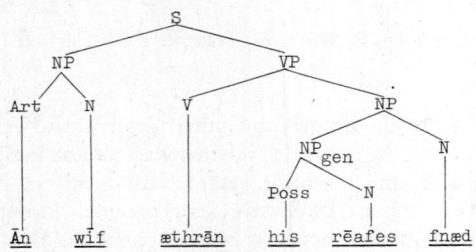

In einem solchen Stammbaum bezeichnen die *Symbole* grammatische Kategorien, d. h. paradigmatische Klassen von Einheiten, aus denen Sätze gebildet werden können.

Zum Nachweis, daß zwei Elemente derselben Position angehören, tritt die Forderung, daß sie sich gegenseitig ausschließen (einander *exkludieren*), es sei denn, daß sie verbunden *(nektiert)* sind *(und, oder, Komma* etc.).

A14	Joseph	ārās (þā) nam	þæt cild his mōdor þæt cild and his mōdor	on niht
			* þæt cild his mōdor	
		** ārās nam		

Die Klasse sagt nichts über die Funktion des Elements im Satz aus; diese Forderung läßt sich aber durch die Beschreibung seiner Distribution erfüllen: So ist NP immer dann *Subjekt,* wenn sie zusammen mit VP das Konstitut S ergibt, immer dann *Objekt,* wenn sie zusammen mit V im Konstitut VP steht. Ähnlich lassen sich auch die Wortarten distributionell bestimmen.

Konstruktionen sind *endozentrisch,* wenn *eine* der Konstituenten mit der Konstruktion kommutiert:

| A16 | hē ofslōh | ealle þā cild cild |
| D5 | sume | fēollon on stænihte fēollon |

– *exozentrisch,* wenn *keine* der Konstituenten mit der Konstruktion kommutiert:

```
D5   |on stænihte|
     |** on      |
     |** stænihte|
```

– *koordinierend,* wenn *mehr als eine* Konstituente mit der Konstruktion kommutiert:

```
G11  |ārīs                     |     A14   Hē  |ārās and nam þæt cild|
     |nim þīn bed              |               |ārās                 |
     |gā tō þīnum hūse         |               |nam þæt cild         |
     |ārīs, nim... and gā...   |               |                     |
```

Nicht alle Teilungen sind binär. Es gibt gute Gründe, z. B. bestimmte Klassen von VP in drei Konstituenten zu segmentieren:
(J 12) (he) dǣlde | him | his ǣhte = (he) gave | him | his property
In einer Konstruktion können *obligatorische, fakultative* oder *alternative* Konstituenten unterschieden werden. So ist das Vorkommen von NP in VP obligatorisch bei den Verben *sēon, ofslēan:*
*A 2 wē gesāwon his steorran (**wē gesāwon), A 16 hē ofslōh ealle þā cild (**hē ofslōh);*
fakultativ bei *þolode: C 20 Ān wīf þolode (blōdryne),*
alternativ die Ergänzung durch {Akk/Gen} bei *æthrīnan C 20, 21.*
Obligatorisch ist Ne. auch die Füllung der NP von S, d. h. ein ne. Satz ist (abgesehen von imperativischen) exozentrisch. In früher ae. Zeit war (wie im Lat.: *vidimus stellam A 2)* die Setzung des Subjekts fakultativ. In *WS* treten allerdings subjektslose Sätze nur noch auf, wenn das Subjekt im vorausgehenden Nebensatz schon genannt ist *(A 10).*
Im Ne. sind die meisten Konstituenten *kontinuierlich,* d. h. ihre Teile folgen einander ohne Unterbrechung durch andere Konstruktionen. Im Ae. (und Dt.), wo die Kennzeichnung der syntaktischen Funktion durch Flexion erfolgt, treten häufig *diskontinuierliche* Konstituenten auf:

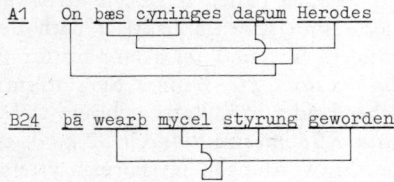

8.2 Entwicklungen der NP

8.2.1 Wortstellung innerhalb der NP

In ae. Zeit ist die Zahl der vor dem Nukleus stehenden Einheiten begrenzt; die Folge ist häufig eine diskontinuierliche Konstituente:

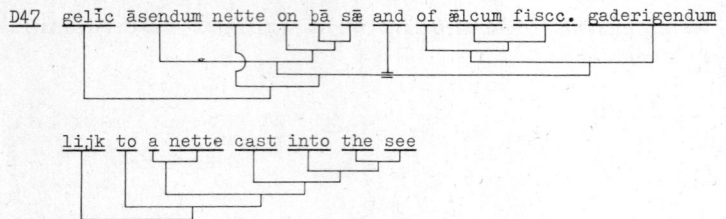

Attributierte Genitive können vorausgehen oder folgen. Reihungen von Genitiven (auf verschiedenen Rängen oder als Apposition) waren üblich, oft auf Kosten der Verständlichkeit:

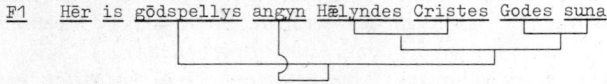

Während sich im frühen Ae. die beiden Positionen ungefähr die Waage halten, nimmt bis 1200 die Voranstellung erheblich zu – um dann ihrerseits großenteils durch *of*-Konstruktionen ersetzt zu werden (8.2.5). Im übrigen gelten schon ae. die vom Ne. her bekannten Ordnungen: *ealle þā swīþe earman cild = all the very miserable children*. Allerdings gelten für die Setzung des Artikels, besonders des im Spätae. sich entwickelnden unbestimmten Artikels, andere Verteilungen.

F 55 Vergleichen Sie die ae. und me. Verteilung der Artikel mit der des Ne. in *F 1–15*.

8.2.2 Adjektive

(Brunner [2]1962: 52–82)

Adjektive sind Konstituenten der NP (attributiv) oder der VP (+ *be*, etc. = prädikativ); in allen Fällen zeigen sie ae./frühme. Kongruenz. Attributiv gebrauchte sind schwach flektiert nach bestimmtem Art./ Demonstrativpronomen etc., und im Komparativ: *F 26 sē unclǣna gāst, F 11 mīn gelufoda sunu, F 7 strengra*. Sie sind stark flektiert, falls attributiv alleinstehend oder prädikativ gebraucht: *F 10 hāligne gāst, F 23 unclǣnum gāste, F 26 micelre stefne; F 32 þā ðe wōde wǣron*.

Mit den frühme. Entwicklungen im Formensystem (6.4) wird die

Unterscheidung st. ≠ sw. allmählich aufgegeben, die durch die festwerdenden Regeln für die Setzung der Artikel auch redundant wurde.

Adjektive können ae. uneingeschränkt als Nukleus einer NP vorkommen (Brunner [2]1962: 73–9): *B 22, F 7, G 3.* Doch schon im Ae. wird das Adj. häufig durch Zusatz von *man/þing* ergänzt. Während die Frequenz von 'Stützwörtern' mit dem Verlust der Flexion zunimmt, bleibt doch bis ins Fne. ein Adj. im Sg. als Nukleus möglich: *F 24 þū eart Godes hālga WS, thou art the hooli of God LV, TY.* Für die singularische Verwendung tritt neben *man/thing* auch *one* (vom 14. Jh. für Personen, im 16. Jh. für Sachen); vom 16. Jh. an findet sich auch *ones* für den Pl. Im Ne. bleibt im wesentlichen der Gebrauch des alleinstehenden Adj. im generalisierenden Plural erhalten *(B 22).*

F 56 Formulieren Sie die Regeln für den Gebrauch des Adj. als Nukleus in *LV* und *NEB* und vergleichen Sie die Parallelstellen in den anderen Übersetzungen.

8.2.3 Kongruenz

Art., Pron., und Adj. stimmen als Attribute im Ae. in Kasus, Numerus und Genus mit dem Nukleus überein; bei Ø-morph des Sb. tragen oft nur die Attribute Kasus- und Numeruskennzeichnung (vgl. 6.4):
J 31 ealle mīne þing synt þīne. *A 16 he ofslōh ealle þā cild*
Die Kennzeichnung des Genus liegt sogar fast ausschließlich bei den attribuierten Wörtern: *þæt mǣden C 25* (n), *F 26 mycelre stefne* (f). Bei der Wiederaufnahme durch Personal-/Relativpronomen ist jedoch schon im Ae. oft das natürliche Geschlecht ausschlaggebend:
C 20–1 Ān wīf (n) *...; hēo cwæð on* hyre *mōde*
C 24–5 nys þys *mǣden* (n) *dēad...,* ac hēo *slæpþ ... and nam* hyre *hand; and* þæt *mǣden ārās.*

Kongruenz gilt entsprechend für das prädikativ gebrauchte Adj. *(þine J 31);* bei den finiten Verbformen der VP ist sie auf Numerus (die einzige Kategorie, die Sb. und Verb gemeinsam kennzeichnen) beschränkt.

8.2.4 Kasus

Kasus dient der Kennzeichnung der Rolle von NP in übergeordneten Konstruktionen (S, VP) und der Beziehungen von NP untereinander; nach innen bindet er durch Kongruenz die Konstituenten von NP aneinander. Die Funktion und Verteilung der Kasus sind weitgehend von der Struktur der Einzelsprache bestimmt, sie können sich im Laufe der Entwicklung einer Sprache stark ändern. Alle Versuche, Kasus auch inhaltlich eindeutig zu definieren, sind unbefriedigend geblieben: offensichtlich herrscht keine genaue Entsprechung zwischen Ausdrucks-

und Inhaltsoppositionen. Diese Bemerkungen schließen nicht aus, daß bestimmte zentrale Inhalte von Kasus in Einzelsprachen existieren (N = Handelnder im aktivischen Satz, G = Possessiv, D = indirektes Objekt, A = Ziel), die auch zu Kasusausgleich (8.3.1) führen können.

Die Funktion der Kasus kann auch von anderen Mitteln übernommen werden, wie es die Geschichte z. B. des Engl. und Frz. beweist: schon im Me. war die Flexion auf den Genitiv eingeschränkt, andere Kasusfunktionen wurden mit Hilfe von Präpositionen und durch Regeln der Wortstellung ausgedrückt.

8.2.5 Genitiv

Als Beispiel eines ausdrucksseitig wohldefinierten Kasus, der im Lauf der engl. Sprachgeschichte verschiedene seiner Funktionen an andere Konstruktionen abgeben mußte, aber als Kategorie erhalten blieb, sei hier der Genitiv kurz besprochen. Im Ae. hatte der Genitiv u. a. folgende Inhalte/Funktionen:

				LV	TY/AV	NEB
1.	attributiv					
1a.	subjektiv	D49	þisse worulde endunge	of	of	of
		D50	tōða gristbitung	of	of	of
1b.	possessiv	J17	on mīnes fæder hūse	G	G	G
1c.	Herkunft	J15	men þæs rīces	of	of	of
1d.	objektiv	F4	on synna forgyfenesse	of	of	of
1e.	partitiv	D32	ealra sǣda lǣst	of	of	of
		F13	fēowertig daga	–	–	–
	vgl. spätae.	C6	sume of ðām bōcerum	of	of	of
1f.	Qualität	F14	mannum gōdes willan	of	of	of
1g.	Maß	L33	þrīm gemetum melwes	of	of	of
1h.	Genus:Spezies	D31	senepes corne	of	of	of

2. prädikativ (kein Beleg, vgl. B26 gē (synt) lȳtles gelēafan)

3. nach Adj. E20 twelf wylian fulle   (of   of)
þæra gebrytsena

4. als Objekt C21 gyf ic hys rēafes A A A
æthrīne

5. adverbiell (kein Beleg, vgl. dæges and nihtes, ānes > once)

Während die Stellung des G in einer NP im Ae. weitgehend frei war, herrscht um 1200 die Voranstellung, doch bald werden die meisten Vorkommen des G durch of-Konstruktionen ersetzt. Fries 1940 gibt dafür folgende Prozentzahlen:

	nachgestellt	of	vorangehend
900	48	0,5	52
1000	30,5	1	69
1100	22	1,2	77
1200	12	6	82
1250	0,6	31	69
1300	–	85	16

Diese Werte müßten sicherlich noch auf die Repräsentativität des untersuchten Korpus befragt und nach inhaltlichen Kriterien aufgeschlüsselt werden, aber sie zeigen sehr deutlich die allgemeine Tendenz.

Unterteilt nach dem Vorkommen von G : *of* in Chaucers Prosa und Vers und nach dem Merkmal [± belebt] ergeben sich folgende aufschlußreiche Werte (Mustanoja 1960: 75):

	belebt	unbelebt
Vers	406:247	137:531
Prosa	83:412	2:564

Bei der so allgemein erscheinenden Tendenz muß es überraschen, daß der Genitiv auf Kosten von *of* auch wieder an Boden gewinnen kann; vgl. aus dem Korpus:

A 15 Herodes forðsīð, deeth of Eroude LV, TY, Herod's death NEB.

F 6 mid oluendes hǣrum, with heeris of camels LV, camels haire AV.

F 57 Läßt sich anhand der Texte eine ähnliche Einschränkung der Verwendung des ae. Dativs beschreiben (Zusammenfall mit Akk., Ersatz durch *to, for* + NP)?

8.2.6 Der Gebrauch der Präpositionen
(Mustanoja 1960: 345–427)

Präpositionen haben sich historisch meist aus Adverbien entwickelt. Im Ae. ist die Unterscheidung gelegentlich noch schwierig und die Voranstellung der Präposition besonders bei Pronomina noch nicht obligatorisch: *E 15 him tō cwǣdon : E 16 cwæð tō him.*

In allen Perioden der engl. Sprachgeschichte drücken Präpositionen eine Fülle von Beziehungen zwischen Konstituenten (der Konstitute NP und VP) aus; ihre Frequenz ist besonders im Me. auf Kosten der Kasus noch erweitert worden. Nach den inhaltlichen Kategorien lokal, temporal etc. lassen sich ausgewählte Vorkommen im Korpus wie folgt ordnen und einige Änderungen der Verwendung ablesen (die in allen Übersetzungen identischen Wiedergaben sind nicht aufgeführt):

lokal (wo?)		WS	LV	TY/AV	NEB/RSV
A1	in Bethleem	on	in	at	at
A9	supra ubi	ofer	aboue	over	above
F6	circa lumbos	ymbe	about	about	(a)round
G2	ad ianuam	–	at	about	in front of
lokal (wohin?)					
A8	in Bethleem	tō	into	to	(on) to
A12	in regionem	on	into	into	
D4	secus viam	wiþ	bisidis	by... side	along
D7	in spinas	on	among	among	among
lokal (woher?)					
A1	ab oriente	fram	fro	from	from
A6	ex te	of	of	out of	out of
temporal					
A1	in diebus	on	in	in	during
A15	ad obitum	oþ	til	vnto	till

					in the eyes of
partitiv					
A6	minima in pr.	on	among	concern.	eyes of
G6	quidam de	of	of	of	of
relational					
A8	de puero	be	of	for	for
H17	de puero	be	of	of/conc.	about
F22	stup. super	be	on	at	at
instrumental					
B24	[fluctibus]	mid	with	with	with
J16	implere de	of	of	with	with
soziativ					
A3	cum illo	mid	with	with	with
kausal					
G4	prae turba	for	for	for	because of
J17	[fame]	on	thorough	for	with/of
separativ					
D49	separabunt de	of	from	from	from
Agens (beim Passiv)					
A15	a Domino	fram	of	of	–
	per prophetam	þurh	by	by	through
F5	bapt. ab eo	fram	of	of	by

Besonders die Geschichte von ae. *of* zeigt starken Wandel in den Verwendungen: seine Verbreitung wuchs im Ae./Me. ständig, zum Teil weil es als Übersetzung von lat. *ab, de, ex* (ae.) und von frz. *de* (me.) fest wurde. Die Tabelle zeigt deutlich, daß die Polysemie von *of* im Me. eine Lösung nahelegte (vgl. aber dt. *von*); sie erfolgte durch Aufspaltung des *of* in /əv/ und seine emphatische Variante /ɔf/ im 16. Jh. und besonders durch Ausbau von Alternativen, die größere Eindeutigkeit gewährleisteten *(by, from, out of)*.

F 58 Beschreiben Sie die Entwicklung der Verwendungen von *by* und *from* und der mit ihnen konkurrierenden Präpositionen. (OED, Mustanoja, 1960)

8.3 Verb und Verbalphrase

8.3.1 Rektion

Die VPn von Sätzen zeigen unterschiedliche Struktur (vgl. 8.1.1). Nach dem Charakter des Verbs und seiner Ergänzungen lassen sich als Haupttypen unterscheiden: *be* etc. + Prädikatsnomen = {Adj/NP}; V_{intrs} + {Ø/PP}; V_{trans} + NP (NP). Die Eigenschaft des Verbs, mit bestimmten NPn zu VPn zusammenzutreten, nennt man seine Rektion. Sie ist für jedes Verb spezifisch, kann sich aber in der Zeit wandeln: ein Vergleich des ae. Textes mit dem ne. zeigt deutlich, daß viele Verben heute andere Objekte bei sich haben.

Die Änderungen traten zum großen Teil schon im frühen Me. ein: Durch Zusammenfall des Akk/Dat in der Flexion wurden die Verbklassen [+ Akk] und [+ Dat] identisch; [+ Gen] wurde als seltene Klasse ganz aufgegeben, indem auch hier das direkte Objekt oder [+ PP] eintrat (vgl. den Rückgang des Gen.-Objekts im Dt.). Bei mehreren Objekten wird Eindeutigkeit entweder durch den Inhalt oder durch die im Me. fest werdende Wortstellung gewährleistet.

F 59 Belegen Sie den oben beschriebenen Wandel mit Beispielen aus dem Korpus. Zeigen sich me. noch Unterschiede der Rektion gegenüber dem Ne.?

8.3.2 Tempus und Aspekt

(Bauer 1970, Leech 1971)

Eine umfassende Darstellung des Problemkreises müßte die folgenden außersprachlichen, psychischen und sprachlich-strukturellen Komponenten als Inventar und in ihrem Verhältnis zueinander darstellen: *Zeit* (außersprachliche und im Bewußtsein des Sprechers 'erlebte' Zeit); *Aspekt* und *Zeitrelation* (Sichtweise des Sprechers und gewählte Bezugspunkte); *Modalität* (modale Beziehungen zwischen Handelndem und Handlung); *Aktionsart* und *Handlungsphase* (Geschehen $\neq$ Zustand; Eintreten, Dauer, Ende); *Tempusfolge;* und ihr Ausdruck in den sprachlichen Kategorien *Tempus* und *Modus* (Indikativ/Konjunktiv) sowie durch Modalverben und zusammengesetzte *Tempora*.

Diese Aufgabe ist hier nicht lösbar. Das Korpus ist sehr gering und zudem in der Tempuswahl oft von der Quelle abhängig. Dazu muß festgestellt werden, daß Oppositionen im Tempusbereich oft neutralisiert werden, wo der sprachliche oder situative Kontext die Relationen deutlich macht. Tempuswahl ist so (zumindest bis zu den präskriptiven Bemühungen des 18. Jh.) oft eher eine Stilfrage (Medium, Thema, Textsorte, Emphase, literarische Traditionen) als von Oppositionen bestimmt.

In der folgenden Zusammenfassung werden Zeit (außersprachlich) und Tempus (innersprachliche Kategorien) geschieden, indem dt. Termini auf Zeit, lat. auf Tempora bezogen sind; die feineren Fragen, wie die nach dem Verhältnis von Modalität und Tempus im Futur und von Aspekt und Tempus im Perf. etc., werden vernachlässigt.

Das Ae. hatte wie die anderen germ. Sprachen ursprünglich nur zwei Tempora, nämlich Präteritum und zeitneutrales Tempus (= Nicht-Präteritum). Diese Zweiteilung war bis in spätae. Zeit gültig, so daß in *WS* das Prät. auch das lat. Perf., PPerf., das Präs. auch das lat. Futur I, II mitübersetzt:

	VU	WS	LV	
A6	exiet	gæð	schal go out	Fut I
	qui reget	recð	schal gouerne	
D49	sic erit	byþ	schal be	
	exibunt	farað	schulen go out	
A8	cum inveni- eritis	gemētað	han foundun	Fut II
A9	cum audissent	gehȳrdon	hadden herd	PPerf.
	quam viderant	gesāwon	siʒen (!)	
A13	cum recessissent	fērdon	weren goon	

Beachte, daß nicht alle Beispiele von 'Zukunft' und von 'Vorvergangenheit' im *WS*-Text durch den Kontext eindeutig bestimmt sind: der Übersetzer hat auch keinen Versuch gemacht, Ambiguitäten durch Zusatz von Adverbien etc. zu vermeiden.

Schon die Gegenüberstellung weniger Passagen in *WS : LV* zeigt, wie stark sich das Tempussystem im Me. gewandelt, d. h. differenziert, hat. Zur weiteren Übersicht kann folgende Zusammenstellung dienen:

Zeit(-relation)	ausgedrückt durch ae.	me.	(Per. = Periphrase) ne.
Gegenwart	Präs.	Präs.	Präs. (+EF)
zeitlos/neutral	Präs.	Präs.	Präs.
Zukunft	Präs.[1]	Präs./Per.[2]	Per.
(unmittelbar)	Präs.	Per.[3]	Per.
Vergangenheit (abgeschlossen)	Prät.	Prät. (+ histor. Präs.)	
(mit Gg.-bezug)	Prät.	Perf./Prät.[4]	Perf.
Vorvergangenheit	Prät.	Pperf.	Pperf.
Vor-Zukunft	Präs.	Perf.	Fut II (Perf.)[5]

1 wo umschrieben durch sculan, willan, magan, mōtan herrscht
  modale Färbung vor.
2 shall für 1.-3. Ps. überwiegt frühme. und in Bibelübersetzungen bis AV; will wird häufiger ab 14. Jh. in populären
  Texten. Die Wahl bleibt lange bestimmt durch die Modalität.
3 be about to, going to seit dem Spätme.
4 anfangs Stilvarianten; im Me. nur Ansätze des heutigen
  Gebrauchs (s.u.).
5 Futur II kommt bei AV/Shakespeare noch nicht vor.

8.3.3 Zur Geschichte des Perfekts

(Brunner [2]1962: 297 ff., Mustanoja 1960: 503 ff., Zimmermann 1968: 51–6)

Perf. und PPerf. sind im Ae. nur in Ansätzen nachweisbar. In *J 14 þā hē hig hæfde ealle āmyrrede* oder Beowulf 205 f. *hæfde sē gōda cempan gecorone* zeigen Wortstellung und Flexion des Partizips, daß *kein* Perfekt vorliegt. Diese Entwicklung vollzieht sich aus der Konstruktion *habban* + N + prädikatives Part. [1] erst nach einer Änderung der Satzstruktur [2]:

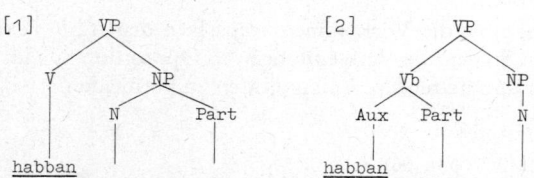

Perf. und PPerf. bleiben bis 1400 selten. Das Perf., noch weitgehend austauschbar mit dem Prät., 'steht vor allem in der direkten Rede und in didaktischem Kontext' (Zimmermann 1968: 153): der Gebrauch ist also nicht funktional (wie vom 18. Jh. ab), sondern weitgehend von der Sprechsituation zu erklären. Die Analyse des sprachlichen Kontextes, in dem Perfektformen sich bei Chaucer und Gower finden, läßt allerdings Ansätze der ne. Verteilung erkennen (Bauer 1970: 73–143). Noch im 15. Jh. ist die Frequenz der Perfektvorkommen im Vergleich zum Prät. gering (1 : 10 nach Mustanoja 1960: 480); noch seltener sind die längeren Formen des Passivs.

Die Wahl des Hilfsverbs wird durch die syntaktischen Merkmale des Verbs bestimmt: bis 1700 bleibt *be* bei intrs. (mutativen) Verben vorherrschend. Die Ausweitung des Gebrauchs von *have* ist auch als Abbau der Polysemie von *be* zu sehen, das sich me. im Passiv (auf Kosten von *weorþan*) ausgebreitet hatte. Die Entwicklung im Me./Fne. ist also vereinfacht darzustellen als

1) PASSIV { *beon* ≅ *weorþan*} + Part. Perf. > *be* + Part.
2) PERFEKT AKTIV {*beon* + intr./*habban* + trans.} + Part. > *have* + Part.

F 60 Vergleichen Sie den Gebrauch der Perf./PPerf.-formen in *LV*, besonders die Wahl von *be/have*, mit dem Dt. und Ne.

8.3.4 Die Entwicklung der Expanded Form (EF)

(Brunner [2]1962: 367–79, Nehls 1974)

Die EF hat sich als grammatische Kategorie im Lauf des Engl. neu entwickelt. Im Ae. ist das Vorkommen fast ausschließlich auf Nachahmung der lat. Quelle beschränkt (*F 4:* beachte die Wortstellung in *WS, LV*). Die EF ist im Me. im S selten, nimmt vom 14. Jh. zu und ist im 15. Jh. in allen Dialekten verbreitet. Diese Ausbreitung und der Gebrauch in den heute geltenden Verwendungen werden gestärkt durch den Zusammenfall von Part. Präs. und Verbalsb. im 13.–15. Jh. und die Abschwächung von *on* > *a'* > Ø: *he wæs huntiende* > me. *he was hunting* × *he wæs on huntunge* > me. fne. *he was a'hunting* = *he was hunting*. Bis ins 17. Jh. bleibt die EF eine fakultative (Stil-) Variante, der Ausbau zu einer Kategorie des Aspekts vollzieht sich allmählich, die Festlegung der Oppositionen im wesentlichen im 18. Jh.

F 61 Stellen Sie die Vorkommen von EF in den *NEB*-Texten zusammen. Stehen die Verwendungen in Opposition zu einfachen Formen und helfen sie, Ambiguitäten zu vermeiden?

8.3.5 Partizipien
(Mustanoja 1960: 546–66)

Partizipien sind infinite Verbformen, die ähnlich distribuiert sind wie Adjektive. Ihr Vorkommen ist besonders stark von der lat. Quelle beeinflußt: wenn auch einige Arten von Partizipialkonstruktionen (PK) im Laufe der engl. Sprachgeschichte heimisch geworden sind, so ist eine hohe Frequenz von PK noch immer Zeichen eines literarischen (oder sogar unidiomatischen) Stils. Besonders auffällig wird dies bei einem Vergleich der allzu wörtlichen Übersetzung in *EV* mit der idiomatischeren Umarbeitung in *LV*.

F 62 Stellen Sie eine Liste von Vorkommen lat. PK mit den Übersetzungsäquivalenten in *WS, EV, LV, TY, AV, NEB* auf: in welcher Verteilung erscheinen PK und Auflösungen (Adverbsätze, Relativsätze, parataktische Hauptsätze)?

Aus den Vorkommen von Part. lassen sich folgende Distributionsklassen zusammenstellen:

1 attributiv in NP (ne.: *D 50 the blazing furnace*) *C 23, D 47, D 52, F 11*
2 verbundenes Part. (ne. *A 11 entering the house they saw*)
3 zur Bildung analytischer Tempusformen:
3a Passiv (ae. – ne.) *A 3 Herod was perturbed; A 1, A 5, A 15, A 16*.
3b Perf./PPerf. (me. – ne.) *J 14 he had spent it all*
3c EF (ae. nur nach lat. Vorbild, funktional ab 18. Jh.) *F 4/B 25*.
4 unabhängig (substantivisch: kommutiert mit NP) *F 3*
5 absolute Konstruktion (adv. Bestimmung, ne. Typ *This done, he*) *WS, LV* oft als Nachahmung der lat. Quelle *D 6, F 31, F 40*, vgl. 11.3.8
6 Verwendung als Präposition (ne. *A 1 during*, me. *E 22 outakun*).

8.4 Wortstellung

8.4.1 Das ae. System
(Strang 1970: 312–3, Mitchell 1965: 60–3)

In der Mehrzahl der ae. Sätze waren die Satzteile durch ihre Flexion eindeutig gekennzeichnet. Wie im Lat. waren also grundsätzlich verschiedene Wortstellungen möglich, wenn auch nicht alle Muster genutzt wurden. Als Haupttypen bildeten sich die neutrale Stellung (HS: Zweitstellung des Verbs = Dt., oder in NS Endstellung des Verbs) oder 'markiert' mit Anfangsstellung des Verbs (später auf Fragen beschränkt) heraus. Die Variationsmöglichkeit illustrieren *A 13: Mt 2. 19*:

þā ætȳwde Drihtnes engel Iosepe on swefnum
On swefne Drihtnes engel ætȳwde Iosepe on Egyptum

Folgende Typen sind in den Texten zu belegen:

SVO	*A 7*	*Herodes þā clypode ... ðā tungelwītegan*	
SOV	*A 3*	*þā Herodes þæt gehȳrde*	(NS)
	A 10	*þā ðā tungelwītegan þone steorran gesāwon*	(NS)
	A 15	*Of Egyptum ic mīnne sunu geclypode*	
OSV	*D 48*	*þā yflan hig āwurpon ūt* (Hervorhebung = Lat.)	
VSO	*A 4*	*þā gegaderode Herodes ealle ealdras*	
	F 25	*þā cīdde sē Hǣlend him*	

Beachte den Wechsel in *H 7* (SVO + OPV + OPV) oder in *J 13* (þā + POVS + VP + VO).

. Die Möglichkeiten der Wortstellung konnten genutzt werden für stilistische Variation oder zur Hervorhebung bestimmter Satzteile *(Topikalisierung)*.

Drei Faktoren, deren Verhältnis oft schwer gegeneinander abzuwägen ist, nehmen auf die Wortstellung Einfluß (bei intakter Kennzeichnung der Kasus oder aber Eindeutigkeit der Satzbedeutung):

1. Die 'normale' Satzstellung im Spätae. (s. o.): SVO in unabhängigen Aussagesätzen ohne einleitendes Adv., AdvVSO in anderen Hauptsätzen, VSO/VOS in Frage oder 'markierter' Wortstellung, KonjSOV in Nebensätzen.

2. Bewußte Abweichungen von 1.: als Nachahmung der Quelle, zur Hervorhebung einzelner Satzglieder, aus Gründen des Gewichts einzelner Glieder (z. B. Anschluß eines Nebensatzes), der Satzrhythmik oder stilistischer Figuren.

Jespersen (VII: 54–59) zählt in diesem Zusammenhang folgende sieben Faktoren auf: Aktualität (= Thema), Vorausgehen des Attributs, inhaltlicher Zusammenhang, Länge und Gewicht, Betonung und Rhythmus, Hörererwartung, Tradition.

8.4.2 Der Übergang zur funktionalen Wortstellung (vgl. 6.4)

(Fries 1940, Marchand 1951, Clark [2]1970)

Die Abschwächung der unbetonten Flexionsvokale führt im Spätae. zu einem weitgehenden Zusammenfall der Endungen. In der Folge wird als einzige Kategorie die Numeruskennzeichnung (mit Referenz auf die Umwelt!) systematisch ausgebaut, die syntaktischen Beziehungen dagegen werden zunehmend durch Präpositionen und signifikante Wortstellung ausgedrückt.

An Texten des 12. Jh. *(PC)* läßt sich ablesen, daß diese 'Ersatzlösungen' zuerst noch nicht ausgebildet waren, d. h. daß in vielen Sätzen die Satzbedeutung (nicht aber Flexion oder Wortstellung) das syntaktische Verhältnis der Konstituenten klarstellen mußte.

Die Ordnung VS(O), im heutigen Engl. als Inversion bekannt, hielt sich im me. Aussagesatz nach einleitendem Adv. *(then, now, there, thus* etc.) sehr stark, ist aber – untypischerweise – in *EV/LV* kaum zu finden. *LV* entspricht somit fast völlig den ne. Wortstellungsregeln. In anderen Texten vollzieht sich die fast völlige Abkehr von diesem Typ *(J 28 AV therefore came his father out)* im geschriebenen Standard erst im 17. Jh. (vgl. die gleichzeitige Zunahme des *do* nach negativem/ restriktivem Adverb im 17. Jh.).

Da schon im 14.–16. Jh. Inversion weit häufiger bei Hilfsverb + Verb zu finden ist als bei einfachem Verb, ist anzunehmen, daß *do* nach seiner Gleichbehandlung mit den Hilfsverben in diese Position einrückte. Inversion ist bei intrs. Verb (VS) im 16.–17. Jh. weit häufiger als bei trans. Verb (VSO), ein deutliches Zeichen dafür, daß die Kontaktstellung SO vermieden wurde (Ellegård 1953: 208–10).

F 63 Finden sich in *LV, TY, AV* Abweichungen von den ne. Wortstellungsregeln? Beschreiben Sie die Typen und aus der Stellung resultierende mögliche Ambiguitäten.

8.4.3 *Frage und Verneinung*

(Ellegård 1953, Görlach 1978: 110-3)

Die Probleme, ausführlich behandelt von Ellegård, werden hier (mangels Materials im Korpus) nur skizziert. Im Ae. ist Frage durch die obligatorische Verwendung der Wortstellung VS gekennzeichnet, die allerdings nicht auf Fragesätze beschränkt ist (vgl. Beowulf 205 f. 8.3.3). Eindeutig sind die durch Frageadverbien oder -pronomina eingeleiteten Fragen:

G 7 Hwī spycþ þēs þus WS, What spekith he thus LV, How doeth this felowe so blaspheme? TY (= AV)

G 16 RH Why doth your Maister eate and drinke ...

Die Zitate zeigen, daß bis 1400 in der Satzstruktur keine Änderung eintritt; erst danach ist eine langsame Zunahme der vom Ne. her vertrauten Umschreibung mit *do* festzustellen, die aber um 1600 noch keineswegs obligatorisch ist: *G 8 Hwī þence gē þās þing WS = TY, AV Why thynke ye soche thinges?*

Verneinung kann wegen der Übereinstimmung im Gebrauch von *do* hier angeschlossen werden. Im Ae. entspricht dem ne. *not* die Partikel *ne*, die emphatisch durch Adverbien verstärkt werden kann, so daß sich eine doppelte Verneinung ergibt. Eine der Verstärkungen *(ne ...*

nāwuht), die sich in me. *ne . . . not* fortsetzt, ergibt nach Verlust des *ne* im 14. Jh. das dem Hauptverb folgende *not: G 4 hī ne mihton hine in bringan WS, thei myȝten not brynge hym . . . LV.* Die doppelte Verneinung wird im Spätme. meist beseitigt *(G 12, G 17),* kommt aber bis ins 17. Jh. vor, bis sie unter dem Einfluß der normativen Grammatik aus der geschriebenen Sprache verbannt wurde.

Die heutige Umschreibung mit *do* kam in derselben Zeit auf wie die Umschreibung der Frage, setzte sich jedoch noch langsamer durch *(F 34 he suffered not the deuils to speake, H 10 Feare not AV);* vgl. dazu die detaillierten Ergebnisse und das Diagramm in Ellegård 1953: 162.

8.5 Der komplexe Satz

Ein Satz kann aus mehreren unabhängigen Sätzen zusammengesetzt sein *(Koordination, Parataxe);* er ist *komplex,* wenn er aus einem unabhängigen Hauptsatz und einem oder mehreren Nebensätzen besteht *(Hypotaxe).*

Nebensätze kommutieren mit verschiedenen Konstituenten:
1. mit NP als Subjektssatz *(A 13),*
2. mit NP als Objektssatz *(B 20; A 4, A 7),*
3. mit PP (von VP) als Adverbialsatz (lokal *D 5;* temporal *A 1, A 3, A 8, A 9, D 5, F 14, H 21,* etc.; kausal *D 6, H 4;* final *A 8* etc.; konsekutiv *B 24;* konditional *C 21),*
4. mit Adj, NP (Gen.), PP (von NP) als Relativsatz.

Die Typen bleiben vom Spätae. bis ins Ne. ohne größere strukturelle Änderungen (für das Ae. vgl. Mitchell 1965: 68–98); am auffälligsten sind die Ablösung satzeinleitender Pronomina/Konjunktionen, besonders bei den Relativsätzen, und Wandlungen im Ausdruck des Modus des Verbs. Wie leicht nachzuprüfen, ist bei den Übersetzungen von komplexen Sätzen die Abhängigkeit von der Quelle besonders groß. Aus diesen Gründen wird auf eine detaillierte Behandlung des Problemkreises verzichtet.

F 64 Beschreiben Sie die im Korpus vorkommenden Konjunktionen von Adv.-Sätzen und die Geschichte der temporalen und kausalen Konjunktionen.

F 65 Stellen Sie die Vorkommen von Relativpronomina zusammen. Seit wann finden sich *that, which, who* als R. und wie sind sie differenziert? (Brunner [2]1962: 146–56)

9 Lexikologie

(Scheler 1977)

9.1. Wörterbücher

Das Verzeichnis des Wortschatzes einer Sprache findet sich in einem Wörterbuch/Lexikon. Je nach Zielsetzung soll es ihn vollständig erfassen oder die Daten nach bestimmten Gesichtspunkten auswählen (nach Häufigkeit, Sachgebieten etc.). Ein Wörterbucheintrag (unter der Basisform eines Wortes wie Inf., NSg.) kann enthalten Angaben zur Schreibung, Lautung, Flexion, Wortart, Bedeutung, zu syntakt./ semantischen Kennzeichen (Verträglichkeit), zu Vorkommen in idiomatischen Wendungen, zum Verwendungsbereich (Stilebene, Dialekt, . . .), zur Etymologie. Spezialwörterbücher (*Duden Rechtschreibung*, D. Jones, *English Pronouncing Dictionary*, Onions' und Kluges etymologische Wörterbücher u. dgl.) beschränken sich meist auf einen Aspekt.

Die Ordnung des Wortschatzes geschieht üblicherweise nach der Schreibung, also alphabetisch vom Wortanfang oder vom Wortende (rückläufige oder Reimwörterbücher). Jedoch sind auch andere Prinzipien denkbar: So liegen Sammlungen wie *Roget's Thesaurus* und Dornseiffs *Deutschem Wortschatz* Begriffsstrukturen zugrunde; auch in Synonymen- und Antonymenwörterbüchern finden sich inhaltliche Ordnungen. Sammlungen dieser Art lassen die Ausdrucksfülle und Gliederung bestimmter Wortfelder (10.1.6) einer Sprache erkennen.

Da sich jedes Subsystem einer Sprache für sich beschreiben läßt, sind Wörterbücher für Dialekte, Register ('Wörterbuch der Umgangssprache') und Stile, ja selbst für Idiolekte möglich: so gibt es Wörterbücher zu einzelnen Dichtern und Schriftstellern (Shakespeare).

9.2 Die Schichtung des Wortschatzes

Das SOED gliedert den Wortschatz des Engl. (p. vii, vgl. Leisi [5]1969: 156–66 und Finkenstaedt 1973: 83–101) wie folgt: (Abb. s. S. 101)

Das Schema zeigt Überschneidungen und gemischte Kriterien. Die Kategorien sind nicht gleichwertig: während *foreign* sich auch als Merkmal anderer Klassen findet und *scientific, technical* weitgehend von

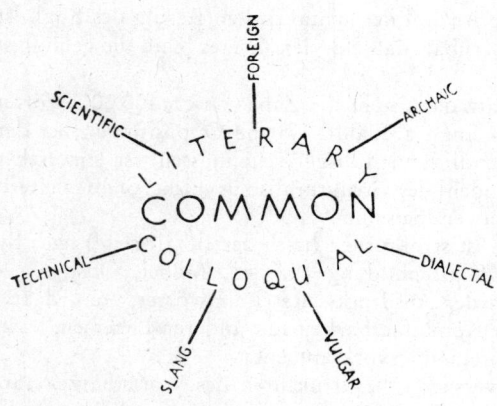

der Sache her bestimmt sind, stehen *vulgar* und *slang* für Verstöße gegen eine soziale Norm und *dialectal* (oft wertfrei) für geographisch begrenzte Verwendung, Verständlichkeit und Akzeptabilität. Es muß also betont werden, daß Wörter mehreren Klassen angehören, bzw. graduell unterschieden Merkmale anderer Klassen enthalten. Das statische Modell ist entworfen für eine synchronische Beschreibung des Wortschatzes (mit der Qualifikation: "'dialectal' and 'archaic' ... are outcrops of older strata of the language"). Wandlungen der Umwelt, einschließlich der sozialen Strukturen und Normen, bedingen, daß die Klassifizierung eines Wortes sich allmählich oder plötzlich ändert.

Sprachliche Norm bestimmt, daß nicht alle Wörter in gleicher Weise als akzeptabel gelten. Die wertenden Urteile (vgl. Osselton 1958) reichen von Ächtung 'vulgärer' Wörter *(slang, low words)* über Warnung vor fehlerhaftem Sprachgebrauch *(corruptions, barbarisms)* und der Meidung von Inhalten (Tabus) bis zur Ablehnung von Stilvarianten ('unnötige' Fremdwörter, Modewörter, Archaismen). Besonders streng waren oft die Ansichten über literaturfähige Sprache – wie es Harwoods Suche nach *elegance and copiousness* in seiner Bibelparaphrase illustriert.

9.3 Die Struktur des Wortschatzes

9.3.1 Probleme und Methoden

(Coseriu ²1971: 191–211)

Die Zahl der Phoneme des Engl. beträgt je nach Theorie 36–48, die seiner grammatikalischen Morpheme (in der Flexion) weniger, die der gebundenen Morpheme, die zu Ableitungen dienen, nicht viel mehr als

100. Auch die Anzahl der syntaktischen Regeln des Engl. ist begrenzt, und zwar so lernbar, daß ein vierjähriges Kind die geläufigsten Muster beherrscht.

Im Gegensatz dazu steht die Zahl von ca. 400 000 Wörtern, die das OED für das Engl. aufzählt. Da die Oppositionen bei der Zahl der Einheiten unendlich vielfältiger sein müssen, ist einzusehen, daß die Analysemethoden des Strukturalismus nicht ohne weiteres auf den Wortschatz anwendbar sind.

Wortschatz ist strukturiert (nach der Inhaltsseite) nach Synonymen: Antonymen, Klassenbildung (Farben, Möbel, Obst, ...) oder nach Ähnlichkeiten der Ausdrucksseite (Reimwörter, etc.), dazu syntagmatisch nach der Kombinierbarkeit mit anderen Lexemen, bzw. der Häufigkeit des Miteinandervorkommens.

Bally hat versucht, die Strukturen des Wortschatzes durch den Begriff 'assoziatives Feld' zu erfassen. Als (mein) Beispiel soll *horse* und *cow* dienen (vgl. Waldron [2]1979: 98):

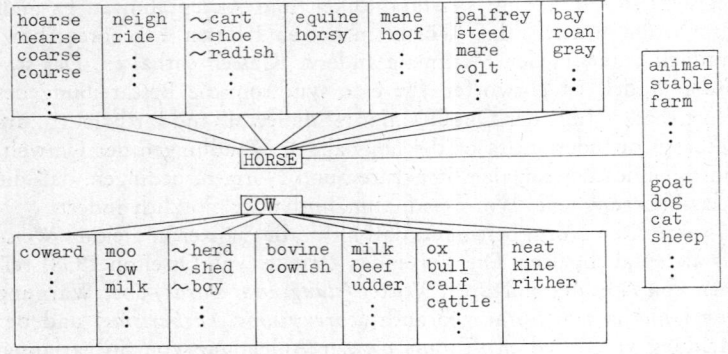

Diese Beziehungen sind jedoch noch ungeordnet, 'betreffen nicht die Strukturierung des Inhalts mit Hilfe semantischer Oppositionen' (Coseriu [2]1971:197) und beziehen sich teilweise auch auf Dinge und Sachverhalte.

Ein strenger strukturalistisches Vorgehen unterscheidet paradigmatische Strukturen a) zwischen den möglichen untereinander austauschbaren Einheiten (primär oder durch Ableitung), b) zwischen durch Ableitungsbeziehungen verbundenen Einheiten einer Wortfamilie und syntagmatische Strukturen zwischen zusammen vorkommenden Einheiten (bis hin zu dem Fall, wo ein Wort nur in Verbindung mit einem anderen erscheint: Implikation – *bellen* [= *Hund*]).

9.3.2 Lücken des Wortschatzes

Besonders bei der Begegnung mit fremden Kulturen wird deutlich, daß nicht jede Einzelsprache für jeden Sachverhalt einen Namen hat (vgl. 11. *Lehngut*). Aber auch bei alltäglichen Inhalten unterscheiden sich Einzelsprachen: so hat das Engl. kein Lexem für dt. 'Geschwister', das Dt. keines für engl. 'parent' (Sg.).

Sei es daß die Sache unbekannt oder kein Wort dafür vorhanden war, lat. *pannum* 'Windel' wird ae. entweder ungenau durch *hrægl* 'Tuch' oder durch Umschreibung *cildclāþ (H 7)* wiedergegeben, so auch me.-ne. *swadlyng clothes. F 30 wird lat. socrus* mit ae. *swegr* 'Schwiegermutter' übersetzt, doch me. existiert offensichtlich keine Bezeichnung – wie die Umschreibung *Simons wiues moder* deutlich macht, bis die juristische Zusammenrückung *mother-in-law (TY, NEB)* diese Lücke füllt.

9.3.3 Konsoziation und Dissoziation
(Leisi [5]1969: 57–67)

Wörter sind konsoziiert, wenn sie in einer durchsichtigen Ableitungsbeziehung miteinander in einer *Wortfamilie* vereint sind; *Dissoziation* ist die Isolierung des Einzelworts. Konsoziation ist die Regel in Sprachen mit hoher Frequenz an Komposita und Ableitungen (Ae., Dt., Lat.). Dissoziation tritt auf durch die Aufnahme von Lehnwörtern (11.) oder durch die Verdunklung der Ableitungsbeziehung (7.5).

```
heart ──►herteli (1225) ──►hertliness (1435)
         hearty (1380) ──►heartiness (1530)

(lat. cord-)  cordial (1400) ──► cordiality (1611)
(gr. kard-)                   ──► cardiology (1847)

foul ──► filth (ae.)──►filthhede (1280)
                     ──►filthy (1300) ──►filthiness (1500)
                                      ──►filthify  (1790)
     ──►foulness (1150)
     ──►foulhede (1340)
```

Dissoziation wird, besonders in me. Zeit, durch Neuableitungen beseitigt: ae. *weorc : wyrcan : wyrhta;* me. /wurk/ → /wurk + ən, wurk + ər/. Die Tatsache, daß das Engl. eine Sprache mit ausgedehnter Dissoziation ist, steht im Gegensatz zu den weitgehenden Regularisierungen in der Flexion.

F 66 Stellen Sie durch Vergleich der verschiedenen Übersetzungen fest, wo ae. Konsoziation durch die Aufnahme von Lehnwörtern beseitigt worden ist.

9.4 Etymologie: die Herkunft des Wortschatzes
(Malkiel 1962)

Etymologie versucht, die Herkunft eines Wortes, d. h. seine früheste hypothetische Form, zu rekonstruieren (z. B. durch Vergleich mit verwandten Sprachen, 3.3) und seine belegte Geschichte in Form und Inhalt zu beschreiben. Da sprachliche Zeichen in ihrer Geschichte auch den Wandel der Umwelt spiegeln, ist Wortgeschichte zum Teil auch Sach- und Kulturgeschichte, d. h. außersprachlich.

F 67 Welche Schlüsse auf die Kulturgeschichte läßt die Etymologie der Bezeichnungen für Obstsorten zu *(apple, pear, cherry, peach, apricot, banana)?* (ODEE, Kluge)

Die etymologische Fragestellung ist rein diachronisch. Da Etymologie die Entwicklung von sprachlichen Zeichen (vorwiegend auf Wortrang) beschreibt, muß sie Wandel der Ausdrucks- und Inhaltsseite beachten; auf Grund der genauer formulierten Lautgesetze ist die herkömmliche Etymologie allerdings stark ausdrucksseitig orientiert. Etymologie scheint Wortgeschichten in Isolierung zu erforschen, jedoch wird die Betrachtung eines Einzelwortes nur dann zu überzeugenden Hypothesen führen, wenn dies im Zusammenhang mit laut- und besonders bedeutungsähnlichen Zeichen geschieht.

Die Geschichte der meisten engl. Wörter ist in den dokumentierten Perioden der Sprache gut zu belegen und ihre Herkunft als Erbwort aus dem Germ. oder Lehnwort aus einer anderen Sprache nachzuweisen. Es muß aber betont werden, daß die Herkunft einiger häufiger Wörter dunkel ist; der Grund dafür ist vielleicht in innerer Entlehnung aus Dialekten und subliterarischen Sprachschichten (gelegentlich in Verbindung mit ungewöhnlichen Bedeutungsentwicklungen) zu suchen.

F 68 Wie unterscheiden sich die für *girl C 24, boy J 31, bad G 15* und *pig J 15* in ODEE: OED angeführten Etymologien?

Etymologie ist eine alte Disziplin, die auf die stoische Auffassung zurückgeht, daß die Herkunft der Wörter durch einen naturgegebenen Bedeutungszusammenhang zwischen Ausdruck und Inhalt bedingt sei. Die in der Antike formulierten Regeln zur Auffindung der so verstandenen Motivierung sind jedoch ahistorisch und erscheinen oft willkürlich, die angebotenen 'Etymologien' oft absurd, wie in *terra ab eo, quod teritur* (Stilo; vgl. Volksetymologie 7.5).

9.5 Variation und Wandel des Wortschatzes

9.5.1 Der gemischte Wortschatz

(Leisi [5]1969: 46–87, Scheler 1977)

Bei der Untersuchung der Herkunft engl. Wörter stößt man auf eine besondere Eigenheit des Engl.: seinen hohen Anteil an Wörtern, die aus anderen Sprachen entlehnt sind (11.). Im synchronisch betrachteten System können diese unerkennbar (*A 2 pay, A 9 place, A 13 stay*) oder durch ihre phonologische/graphematische Form als Übernahmen gekennzeichnet sein (*A 2 astrologers, A 11 myrrh*).

Wörterbücher, die speziell die Erklärung von Fremdwörtern zum Ziel haben, besitzen in England eine lange Tradition. Sie gehen zurück auf Sammlungen von *hard words* (ab 1604), die sich erst mit den Wörterbüchern des 18. Jh. zu Verzeichnissen des Gesamtwortschatzes herausbildeten (Starnes & Noyes [2]1992). *Hard words* deuten auf eine soziale Gliederung des Wortschatzes: die meist gr.-lat. Fremdwörter sind nur bei gebildeten Schichten in Gebrauch und für sie teilweise durchsichtig. *Hard word lists* sollten also der sprachlichen Emanzipation dienen.

Die mangelnde Motivierung läßt sich besonders gut an einem Vergleich mit dem Dt. – oder dem Ae. – zeigen: *F 21 sabbath, synagogue: WS restedæg, gesamnung* 'Ruhetag, Versammlung(shaus)', vgl. 11.3.6; oder bei Krankheitsnamen *appendicitis:* dt. *Blinddarmentzündung, C 20 haemorrhages: WS blōd + ryne.*

Nach Finkenstaedt 1973 verteilt sich der Wortschatz des heutigen Englisch in SOED, ALD und West 1953 nach der Herkunft wie folgt (von mir abgerundet):

	SOED	ALD	West
Ae.,Me.	22	24	46
An.	1,8	2	3,1
Holl./Dt.	2	2,1	0,2
(Germ.)	(26)	(28)	(50)
Frz.	28	36	38
Lat.	28	24	9,5
Gr.	5,3	1,8	0,3

Die Tabelle ist besonders aussagekräftig, weil sie zeigt, daß die lat./gr. Wörter oft von geringer Frequenz sind und nicht zum Kernwortschatz gehören. Andererseits macht der Anteil der heimischen Wörter in West fast die Hälfte aus: eine Ziffer, die sich noch wesentlich erhöhen würde, wenn das *Vorkommen* in Texten ausgezählt würde. Daß sich auch in West die germ. und roman. Elemente fast genau die Waage halten, zeigt die völlige Integration des Großteils der Entlehnungen aus dem Frz.

9.5.2 Wortschatz und Übersetzung

Wenn in Übersetzungen verschiedene Wiedergaben eines Bibelwortes erscheinen, ist die Frage oft schwer zu entscheiden, ob Synonyme vorliegen oder die Quelle unterschiedlich verstanden worden ist (vgl. 1.3). Im letzteren Fall wären also lexikalische Oppositionen anzunehmen, im ersteren könnten die Unterschiede idiolektal, dialektal oder diachronisch zu interpretieren sein. Als Beispiel seien vier ae. Übersetzungen von Mt 21.1–2 (WS, Ælfric Homilien, Blickling Homilies, Rushworth Gloss) zitiert:

VU	WS	Ælfric	Bl.H.	Rushw.
discipulos	leorningcnihtas		þegnum	leorneras
castellum	ceasterwic	byrig	castel	cæstre
asinam	assene	assan	eoselan	æosul
alligatam	getiggede		gesælede	

Ebenso wie die Syntax wird der Wortschatz eines übersetzten Textes stark von seiner Vorlage bestimmt. Bei Bibelübersetzungen ist besonders zu beachten, daß zwei Prinzipien im Wettstreit liegen: eine gr./lat. Vokabel immer durch dasselbe oder durch das dem jeweiligen Kontext angemessenste Wort wiederzugeben.

F 69 Welche Übersetzer halten sich in *J* bei der Wiedergabe von 'Vermögen' an den Grundsatz 'Ein Bibelwort = eine Übersetzung' *(J 12a, 13* gr. *ousia, J 12b, 30 bios;* lat. alle: *substantia)*? Wie wirken sich die unterschiedlichen Vorlagen (gr. : lat.) aus?

9.5.3 Veränderungen des Wortschatzes

Mehr als jede andere Ebene des Sprachsystems ist der Wortschatz von Veränderungen betroffen. Diese sind verwirrend komplex und weitgehend unerforscht: während ein 'Grundwortschatz' (über dessen Abgrenzung keine Einigkeit besteht, 2.6) sich nur langsam wandelt, vollzieht sich die Ablösung in anderen Bereichen (z. B. Kleidung, Technik, von Tabu betroffene Bereiche) wesentlich schneller.

Wesentlich für diese Wandlungen ist neben dem Umweltswandel auch die Haltung der (sprachbewußten) Sprachbenutzer: während in der Renaissance die 'junge' engl. Sprache im Wettbewerb mit dem Latein sich weite Bereiche der Wissenschaft erschloß, wurde das Vokabular sowohl durch Entlehnungen aus dem Gr./Lat. als auch durch reiches Experimentieren mit lat. und heimischen Mustern der Wortbildung sprunghaft vergrößert (s. Kurven in Neuhaus 1971). Jedes Drama Shakespeares legt von dieser Sprachfreudigkeit reiches Zeugnis ab – eine Haltung zur Sprache, die schon von Dryden und Autoren des 18. Jh. als Wildwuchs kritisiert wurde. Das 18. Jh. mit seiner Scheu vor Neologismen und mit aktiven Bestrebungen zum 'Fixieren' der Sprache zeigt dann geringen Zuwachs im Vokabular – bis im 19. Jh. der technische Fortschritt eine Fülle neuer Wörter nötig machte.

Jeder der abgedruckten Bibeltexte belegt in reichem Maße den Wandel des Wortschatzes. Als Beispiel seien die Sb. aus *D 31–33* (und in Auswahl *D 45–50*) zusammengestellt; für *H* vgl. die Liste in Rigg 1968: 22–4. '=' heißt, daß die Wiedergabe mit der vorhergehenden Vokabel identisch ist:

	VU	WS	LV	TY	RSV	NEB
D31	parabola	bigspel	parable	=	=	=
	caelum	heofon	=	=	=	=
	regnum	rīce	kyngdom	=	=	=
	granum	corn	=	grayne	=	=
	sinapi	senep	seneuey	mustard	=	=
	homo	man	=	=	=	=
	ager	æcer	feeld	=	=	=
D32	semen	sǣd	=	=	=	=
	holus	wyrt	=	yerb	shrub	g.-plant
	arbor	trēow	=	=	=	=
	volucer	fugol	brid	=	=	=
	ramus	bōg	=	braunch	=	=
D33	fermentum	beorma	sour douȝ	leven	=	yeast
	mulier	wīf	woman	=	=	=
	farina	melu	=	=	=	flour
	satum	gemet	mesure	peck	measure	(hund.)
D45	margarita	meregrot	margarite	pearle	=	=
	litus	strand	brenke	(lond)	shore	=
	vas	fæt	vessel	=	=	pail
	caminum	ofen	chymnei	furnes	=	=

9.5.4 Wortschwund
(vgl. Jaeschke 1930, Williams 1944)

Unter verschiedenen Umständen kommt es zu nachlassendem Gebrauch von bestimmten Wörtern, einem Vorgang, der häufig mit ihrem Verlust endet: jedem Wortschwund geht also eine mehr oder weniger lange Übergangsperiode voraus, in der das Wort seltener wird oder nur noch in bestimmten Bedeutungen, Registern, Dialekten oder Fachsprachen verwendet wird. In vielen Fällen ist ein in der Hochsprache ausgestorbenes Wort sehr wohl in Dialekten und Fachsprachen erhalten, oder es überlebt (oft undurchsichtig) in festen Wendungen, Sprichwörtern etc.: *widow's weeds, with might and main;* dt. *mit Kind und Kegel.*

Unter den Bedingungen, die zum Aussterben eines Wortes führen können, sind die folgenden genannt worden:

A. Innersprachlich:
Homonymie. Die große Zahl homonymer Wörter im heutigen Engl. beweist, daß Homonymie allein nicht zum Wortschwund führen muß. Jede Sprache duldet eine Anzahl von Homonymen; entscheidend für Wortverlust ist, daß zwei homonyme Wörter in einer großen Zahl syntaktischer und semantischer Merkmale übereinstimmen, so daß ihr

Vorkommen in gleichen Kontexten zu Verwechslungen führen kann (ne. *queen : quean* 'Königin : Dirne').

Homonymie als Ursache von Wortschwund ist nachgewiesen wenn:

a) die oben genannten Bedingungen erfüllt sind,
b) der Zeitpunkt des lautlichen Zusammenfalls in einem bestimmten Sprachsystem ermittelt werden kann,
c) sich an den Zusammenfall eine Periode der Obsoleszenz des einen Wortes anschließt,
d) sich während der Obsoleszenz die Zunahme von Ersatzwörtern nachweisen läßt,
e) das Wortpaar in anderen Subsystemen (Dialekten) überlebt, wo der lautliche Zusammenfall nicht eingetreten ist.

Synonymie zweier Zeichen macht eines überflüssig; so oft nach Aufnahme eines Lehnworts (F 8 *fullian/baptise*).

Polysemie. Nur historisch von Homonymie zu unterscheiden ist die Bedeutungsfülle eines Zeichens, die sich aus der Bedeutungsaufspaltung ergibt. Polysemie kann wie H. zu Störungen der Kommunikation führen, die die Aufgabe des Wortes bedingen, d. h. Ersatz durch Zeichen, die Eindeutigkeit gewährleisten. Häufiger als vollständiger Schwund ist jedoch das Aufgeben von Einzelbedeutungen (10.4.3).

Ablösung eines Wortbildungsmusters. Obsoleszenz von Wortbildungselementen (Präfixen, Suffixen, etc.) oder von Mustern (Präfixverben) führt oft zur Aufgabe im System isolierter Zeichen. So sind Sb. auf *-end* entweder durch Neuableitungen auf *-er* ersetzt worden oder ganz ausgestorben *(hælend H 11; stæniht D 5)*.

Dissoziation (9.3.3). Wörter, die im System etymologisch isoliert sind, d. h. nicht als Ableitungen oder als Kern vorhandener Ableitungen zu erkennen sind, sind offenbar vom Schwund stärker bedroht als solche Wörter, die durch verwandte Wörter innerhalb einer Wortfamilie gestützt werden *(D 6 ādrūwian ‖ dry; D 50 wōp ‖ weping).*

Schwieriges Paradigma. Die übliche Reaktion besteht in einer Regularisierung (vgl. 6.7.3–4), doch ist, falls Ersatzwörter zur Verfügung standen, auch ein völliger Schwund zu beobachten, so häufig innerhalb des Bestandes starker Verben bei *verba contracta* und Paradigmen mit grammatischem Wechsel *(D 48 tēon ‖ draw).*

Weitere angeführte Gründe sind (für das Engl.) nicht zwingend nachzuweisen: ein *zu kurzer Lautkörper* scheint im Engl. kein Grund für Schwund zu sein, wie auch nicht die *schwierige Aussprache* (vielleicht Mit-Ursache für Schwund der auf /θw-, wl-/ anlautenden Wörter?).

B. Außersprachlich

Wandel der Umwelt. Wörter können sterben mit den Dingen und Sachverhalten, die sie bezeichnen, wenn kein Bedarf mehr für sie besteht (Technik, Mode etc.).

Störende Assoziation. 'In familiar use, the name *ass* is now to a great extent superseded by *donkey*' (OED). Vgl. dt. Ersatz von *Aftermieter* durch *Untermieter.*

Euphemismen. Für tabuisierte Sachverhalte suchen die Sprachbenutzer unverfängliche Ersatzwörter, die nach einer gewissen Zeit ebenso geächtet werden (sobald der tabuisierte Inhalt zur Hauptbedeutung wird); damit wird ein ständiger Wechsel von Bezeichnungen nötig. In nicht vom Sprachtabu betroffenen Schichten können die tabuisierten Wörter jedoch zäh fortleben: so gehören die 'four-letter words' zum ältesten Wortgut des Engl.

Schwächung der Emphase. Durch häufigen Gebrauch verliert sich die emphatische Wirkung von Wörtern. Intensiva, die allein der Verstärkung dienen, sind deshalb einer ständigen Ablösung unterworfen.

Die Vielzahl der angeführten Punkte darf nicht darüber hinwegtäuschen, daß die Gründe für den Wortschwund in der Mehrzahl der konkreten Fälle unsicher bleiben. In manchen Beispielen werden mehrere Bedingungen zusammenkommen, bei anderen ist die Ursache aber wohl in einem schwer faßbaren Neuerungstrieb (Generationsunterschiede, Mode, Prestige) zu suchen. Andererseits kann auch das Zusammentreffen verschiedener Bedingungen ein Wort nicht gefährden, wenn es zum Grundwortschatz gehört und kein geeignetes Ersatzwort zur Verfügung steht *(to see).*

F 70 Fassen Sie nach Williams 1944 die Geschichte des Homonymenkonflikts von *queen : quean* zusammen. Sind die oben aufgestellten Forderungen zum Nachweis erfüllt?

F 71 Wie unterscheidet sich der Konflikt in *quean : queen* von Williams' Beispielen (1944) *gate : yate* und *ear : near?*

F 72 Wie wird in *A 10, A 16, F 35* lat. *valde* von den verschiedenen Übersetzern wiedergegeben? Beschreiben Sie die Verbreitung der me. und fne. Intensiva (*al, ful, enough, right, soore, very, wonder:* MED, OED).

9.5.5 *Archaismen*

Archaischer Stil ist der bewußte Versuch, typische Einheiten oder Strukturen früherer Sprachstufen (Orthographie, Flexion, Syntax, Wortschatz, Bedeutung) auf die Sprache der Gegenwart zu übertragen; da sein häufigstes und hervorstechendstes Merkmal die Wiederbelebung von Wörtern ist, läßt sich Archaismus am besten unter Wortschatz behandeln.

Eine Sprache, die in schriftlicher Form überliefert ist, läßt sich wiederbeleben, sei es, daß eine Nationalsprache unter Rückgriff auf eine 'klassische' Sprache neu geschaffen wird (Neugriechisch, Ivrit), daß eine alte Sprachstufe zum angestrebten Stilmuster wird (Tschechisch im 19. Jh.) oder daß Dichter den Anschluß an literarische Traditionen anstreben oder zur Schaffung von 'Lokalkolorit' ausgestorbene Wörter neu beleben.

In diesem Sinn ist es vielleicht gar nicht zulässig, vom 'Aussterben' von Wörtern zu sprechen. Schon Horaz sagt (*ars poetica*, 70–2):

Multa *renascentur* quae iam cecidere *cadentque*
Quae nunc sunt in honore vocabula, si volet usus
Quem penes arbitrium est et ius et norma loquendi

So auch E. Spenser, *The Shepheardes Calender,* Preface by E. K. to G. Harvey:

for in my opinion it is one special prayse ... that he hath laboured to *restore,* as to theyr rightfull heritage such good and naturall English words, *as haue ben long time out of vse & almost cleare disherited.*

McElderry (1932) hat an Spensers Sprache gezeigt, wie schwierig es ist, in einem historischen Text mit Hilfe der Frequenz nachzuweisen, welche Wörter als Archaismen (Wiederbelebungen von obsoleten Wörtern) und welche nur als Verstärkung von obsoleszenten Wörtern einzustufen sind.

Archaischer Stil ist oft ein Kennzeichen der Bibelsprache. So hat die *AV* stark archaische Züge, weil sie (1611) sich an die Bibelübersetzungen des frühen 16. Jh. anschließt. *RSV* und *NEB* (1946, 1961) behalten trotz des Anspruchs, die Bibel in der Sprache der Gegenwart zu bieten, viele archaische Komponenten bei.

Wie die Sprache geographisch und sozial in Subsysteme gegliedert ist, läßt sich anhand des archaischen Stils auch die diachronische Gliederung innerhalb eines synchronisch beschriebenen Systems wiederfinden; die Sprache Shakespeares und der *AV* gehören zum System des heutigen Engl., spiegeln aber auf allen Ebenen den Entwicklungsstand der engl. Sprache von vor 400 Jahren.

F 73 Versuchen Sie die archaischen Elemente (Wörter, Bedeutungen, Formen) in einer Spenser-Ekloge und in einer Passage von William Morris (Textauszüge in Schlauch 1959:245–7, 279–80) zu bestimmen.

10 Semantik

(Ullmann 1967, Lyons 1968: 400–81, vgl. Weimann ²1990, Kastovsky 1992)

10.1 Beschreibung der Bedeutung

10.1.1 Modelle des sprachlichen Zeichens

Das sprachliche Zeichen ist definiert (2.3) als Einheit des Systems, in der ein Ausdruck und ein Inhalt in Beziehung stehen; diese Beziehung ist konventionell und arbiträr. Ein Zeichen verweist *(referiert)* virtuell auf Klassen von Gegenständen und Sachverhalten *(Designat)* oder aktuell auf einzelne Gegenstände *(Denotat)*; Designat und Denotat werden als *Referent* zusammengefaßt. Die Beziehung zwischen Zeichen und Referent R heißt *Referenz*.

Das Zeichen und seine Referenz läßt sich in dem (seit dem Altertum mit Abwandlungen benutzten) *semiotischen Dreieck* modellhaft darstellen:

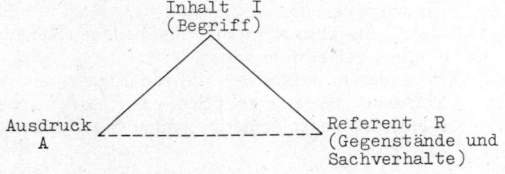

Von diesem Modell ausgehend, wurden eine Vielzahl von Systemen unterschiedlicher Zielsetzung und Methode entwickelt. Auch die Benennung der Ecken ist verschieden (Übersicht in Geckeler 1971: 58 ff.):

	Ausdruck	Inhalt	Referent
Scholastik	vox	conceptus	res
de Saussure	signifiant	signifié	chose
Ogden-Richards	symbol	thought or reference	referent
Ullmann	name	sense	thing

Für die Beziehungen zwischen den Ecken gelten:
Zeichen ist die (solidarische) Verbindung von A und I,
Bedeutung ist die Beziehung zwischen A und I (oder ihre Wechselbeziehung), *Referenz* die Beziehung zwischen Zeichen und R.

Exkurs: Das Trapezmodell

Die Forschung der letzten Jahre hat gezeigt, daß das Dreiecksmodell zur Darstellung von paradigmatischen Beziehungen zwischen *langue*-Einheiten,

d. h. für Fragen der Onomasiologie und Semasiologie wie zur Beschreibung von Synonymie, Polysemie und Homonymie, unzureichend ist. Die Auseinandersetzung mit den vorgeschlagenen Lösungen würde den Rahmen dieses Übungsbuches sprengen, zumal die vorhandene Literatur (hier wesentlich nach Baldinger 1980 und Heger [2]1976) einige Einarbeitung erfordert und die Ergebnisse bisher weder auf das Ne. noch auf Probleme der engl. Sprachgeschichte übertragen worden sind.

Nur in der Aktualisierung des Zeichens, wo die Frage nach der Beziehung zwischen Synonymen irrelevant ist und die Polysemie (durch den disambiguierenden Kontext) entfällt, reicht das Dreieck als Beschreibungsmodell aus (Heger [2]1976: 59).

Anstelle des Dreiecks ist deshalb ein Trapezmodell vorgeschlagen worden, dessen wesentlicher Unterschied darin besteht, daß es den oberen Dreieckspunkt I in eine Kante auflöst, auf der *Signifikat* (Bedeutungsumfang) – – – *Semem* (Einzel-)Bedeutung – – – *Sem* (unterscheidendes Merkmal der Bedeutung) angeordnet sind. Während das Dreieck bei Polysemie (identischer Ausdruck : verschiedene Inhalte) entweder durch Auffächerung der linken Kante die Aufgabe der Solidaritätsbeziehung 1 Zeichen = 1 Ausdruck + 1 Inhalt erforderlich macht oder eine Atomisierung des Zeichenbegriffs (durch Ansetzung eines neuen Zeichens für jede Einzelbedeutung) zur Folge hat, erlaubt das Trapez, u. a. auch bei polysemen Zeichen an der Solidarität festzuhalten.

Die obere Kante hat damit (im Aufriß) für monoseme, polyseme und homonyme Zeichen oder für zwei Synonyme verschiedenes Aussehen. Dabei gilt:

Monosemie = Eindeutigkeit des Zeichens (1 Signifikat = 1 Semem),
Polysemie = Mehrdeutigkeit, wenn die verschiedenen Sememe mindestens ein Sem gemeinsam haben,
Homonymie = (in anderem Sinn als in 5.5) Mehrdeutigkeit, wenn die verschiedenen Sememe kein Sem gemeinsam haben,
Synonymie = Identität zweier Sememe in den Signifikaten verschiedener Zeichen.

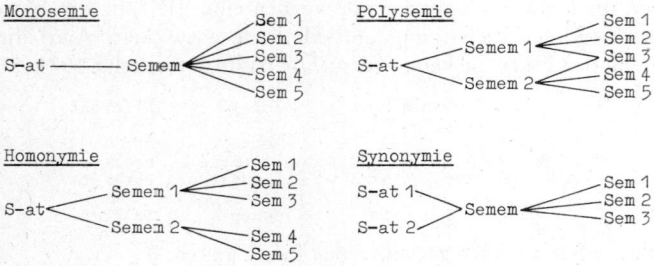

Semasiologie fragt demnach nach den Sememen eines Signifikats, *Onomasiologie* setzt eine begriffliche Gliederung und einen in diesem System definierten Begriff voraus und fragt danach, welche Seme/Sememe in der Einzelsprache vorhanden und an welche Signifikate sie gebunden sind. Der onomasiologische und semasiologische Aspekt lassen sich im Kommunikationsmodell als Leistung des Sprechers, der Begriffliches in sprachliche Form kodiert, und des Hörers, der Ausdrücken Inhalte zuordnet, wiederfinden.

Die Analyse der Beziehungen ist für Zeichen jedes Ranges möglich, wird jedoch im folgenden auf die Untersuchung von Vokabeln (meist Lexemen) beschränkt *(lexikalische Semantik)*. Diese Untersuchung ist grundsätzlich möglich, auch wenn in bestimmten festen Wendungen Bedeutung nur Syntagmen oberhalb des Wortranges zukommt *(tolerate ~ put up with)*. Ferner soll sich die Diskussion vorerst auf den *begrifflichen (denotativen)* Inhalt beschränken (vgl. die Symbolfunktion in Bühler [2]1965). Damit bleiben die durch Assoziation, Gefühl, Wertung bestimmten *konnotativen* Bedeutungen (vgl. Bühlers Appell- und Symptomfunktion) ausgeschlossen.

Bei der Betrachtung des Bedeutungswandels (10.2–5) erweist sich die Begrenzung auf den begrifflichen Inhalt jedoch als fragwürdig, da die Ursachen des Wandels und die Bedingungen seiner Ausbreitung oft eng mit Wertungen, Assoziationen etc. verknüpft sind. An wichtigen konnotativen Faktoren sind zu nennen (vgl. Ullmann; Baldinger 1980): Anwesenheit anderer Bedeutungen (bei polysemen Zeichen), syntagmatische Beschränkungen oder Assoziationen (Solidaritäten 10.1.8), lautlichstilistische (intonatorische, rhythmische) Unterschiede, Stilebenen und Normen, und dazu als Symptomfunktionen: Indikatoren von geographischem, sozialem, fachsprachlichem Gebrauch, von Alter und Geschlecht, Generation und Muttersprache.

10.1.2 *Die Analyse der Bedeutung*

Die Struktur des sprachlichen Systems ist durch syntagmatische und paradigmatische Beziehungen bestimmt. Aufgrund der Beziehungen zwischen Vokabeln läßt sich Bedeutung auf zweierlei Weisen bestimmen, die sich gegenseitig ergänzen:

kontextuell: Bedeutung ist die Summe der Kontexte, d. h. die Distribution eines Zeichens. Die Analyse bestimmt die Bedeutung eines Wortes aus seinen syntagmatischen Beziehungen *(Hörererwartung, Kollokationsanalyse);*

oppositionell: Bedeutung ist definiert durch das Verhältnis der Vokabel zu den nichtgewählten Einheiten, mit denen sie in einer paradigmatischen Klasse steht:

the	buxom slim fat pretty	girl woman	combed her	fair dark thin pretty	hair

Syntagmatische Beziehungen bestehen also zwischen *comb — hair, fair — hair, buxom — girl;* paradigmatische zwischen *fair/dark/thin . . .*

Nicht alle Beziehungen dieser Art sind gleich signifikant. Die Struktur des Lexikons und der Bedeutungen läßt sich nur mit Hilfe besonders enger Beziehungen (hier: *fair/dark, comb — hair*, vgl. *Wortfeld, lexikalische Solidaritäten*, 10.1.6–8) ermitteln.

10.1.3 Komponentenanalyse: semantische Merkmale

Bei einer Reihe wie (Lyons 1968: 470)

```
man        woman   child     'Mensch'
bull       cow     calf      'Rind'
rooster    hen     chicken   'Huhn'
drake      duck    duckling  'Ente'
stallion   mare    foal      'Pferd'
ram        ewe     lamb      'Schaf'
```

bestehen offenbare Bedeutungsbeziehungen in horizontaler Richtung, die durch das dt. Äquivalent umschrieben werden. Daneben lassen sich aber auch gemeinsame Komponenten in den Spalten finden : I 'erwachsen', 'männlich'; II 'erwachsen', 'weiblich'; III 'nicht-erwachsen'. Diese Tatsache läßt sich durch eine Tabelle darstellen, in der das Vorhandensein von Merkmalen (+), ihre Abwesenheit (–) oder Nichtgekennzeichnetsein (0) angegeben ist:

	man	woman	child	boy	girl	bull	cow	calf
menschl.	+	+	+	+	+	–	–	–
erwachsen	+	+	–	–	–	+	+	–
männlich	+	–	0	+	–	+	–	0

oder in Form von hierarchischen Strukturen:

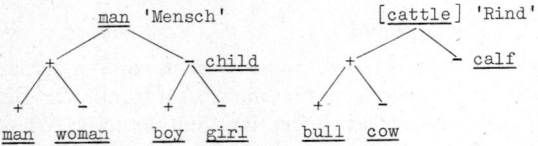

Unterscheidende semantische Merkmale heißen *Seme*; in einfachen Beispielen entsprechen sie häufig außersprachlichen Klassenmerkmalen ('männlich'). Oppositionen bestehen zwischen Sememen; da diese einzelsprachlich oft an mehrdeutige Signifikate gebunden sind, wird Polysemie (wie oben in *man* 'Mensch', *boy* 'Diener') und Homonymie (wie in *bull* 'die Bulle') vernachlässigt. In der Begriffsstruktur gibt es Merkmalkombinationen, die einzelsprachlich nicht gefüllt sind (9.3.2); eine Darstellung von hierarchischen Strukturen kann diese Lücken bewußt machen (wie das Fehlen eines Äquivalents für 'Rind').

10.1.4 Polysemie, Synonymie und Referenzidentität

Die Beziehung zwischen Ausdruck und Inhalt ist arbiträr (2.3). Diese

114

Tatsache macht es möglich, daß ein Zeicheninhalt mehrere Sememe enthält *(Polysemie, Homonymie)* und daß ein Begriff durch mehrere Zeichen abgedeckt werden kann *(Synonymie)*.

Synonymie darf nicht verwechselt werden mit *Referenzidentität*, der Tatsache, daß zwei Zeichen, ohne Deckung der Sememe, auf denselben außersprachlichen Gegenstand verweisen. Die Ausdrücke 'der Sieger von Austerlitz' und 'der Besiegte von Waterloo' (Husserl) sind nicht synonym, verweisen aber auf denselben Mann, Napoleon I.

Synonymie in idealer Form wie in Ullmanns Definition kommt nicht vor ('Als synonym können nur solche Wörter bezeichnet werden, die sich in einem beliebigen Kontext gegeneinander austauschen lassen' 1967: 102). Der Terminus sollte also gebraucht werden bei Deckung des begrifflichen Inhalts, d. h. Identität zweier Sememe. Falls es sich dabei um monoseme Zeichen handelt, kann man von vollständiger Synonymie sprechen (dt. *Trottoir* = *Bürgersteig*); bei Polysemie dagegen sind nur einzelne Sememe, d. h. ein Teil der Signifikate, synonym (partielle Synonymie): ne. *spring/source* 'Quelle'.

Selbst bei synonymen monosemen Zeichen ist die Distribution und syntagmatische Kombinierbarkeit nicht identisch, d. h. ein Austausch nur in bestimmten Kontexten gegeben.

Polysemie: Der Wortschatz einer Sprache ist begrenzt, die Zahl der Gegenstände und Sachverhalte aber unendlich, und die Begriffe, nach denen diese klassifiziert werden, sind oft unscharf. Es liegt also im Prinzip der Referenz und im Sinne einer Sprachökonomie, daß Ausdrücken verschiedene, als verwandt empfundene Inhalte zugeordnet werden. Diese Bedeutungsauffächerung, die oft auf bewußte oder unbewußte Übertragung (Metapher) zurückgeht, läßt sich gut illustrieren an den anthropomorphen Übertragungen der europ. Sprachen, z. B. des Engl.:

arm   (of the sea, a tree, a river, a balance, a sofa ...),
eye   (of a needle, a flower, a potato ...),
foot (of a chair, a hill, a wall, a page, a list ...),
head (of a nail, a cabbage, a page, a department ...),
mouth (of a river, a cave, a bottle ...),
neck (of a bottle, a mountain, a violin ...).

Der ursprünglich gemeinsame Begriffsgehalt, der zu der Übertragung führte (das *tertium comparationis*) kann ganz verlorengehen und zur Aufspaltung in zwei Zeichen führen, die kein semantisches Merkmal mehr gemein haben.

F 74 Wie erklären sich diachronisch die Bedeutungsauffächerungen von ne. *stock, spring* und *game*? (OED)

Eine mögliche Folge der Aufspaltung ist, daß die nicht mehr als

Einheit empfundenen Bedeutungen auch in der Schreibung differenziert werden *(flour : flower)*.

F 75 Von wann datiert die orthographische Differenzierung in ne. *curtsey/courtesy, draught/draft, travel/travail?*

10.1.5 *Hyponyme und Hyperonyme*

(Lyons 1968: 453–60)

Die hierarchische Struktur zeigt, daß allgemeinere Ausdrücke mit weniger semantischen Merkmalen merkmalreichere einschließen:

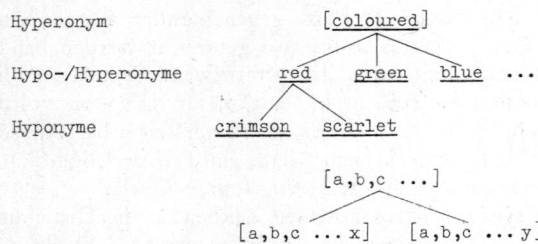

Wenn ein Gegenstand *crimson* ist, ist er auch *red*; die Kohyponyme aber schließen einander aus: ein Gegenstand ist entweder *crimson* oder *scarlet,* entweder *red* oder *green.*

Sonderfälle von Hyponymie sind Synonymie und *Antonymie (warm/cold)* sowie *komplementäre Hyponymie (husband/wife).*

10.1.6 *Paradigmatische Beziehungen: das Wortfeld*

Zu einem Wortfeld werden Wörter zusammengefaßt, die in einer paradigmatischen Klasse fungieren und als Hyponyme eines Hyperonyms eine Anzahl von Merkmalen gemeinsam haben, sich aber von ihren Kohyponymen durch signifikante Merkmale unterscheiden. Die Bedeutung eines Wortes in einem Feld wird also durch die Bedeutung der benachbarten Zeichen und des Hyperonyms bestimmt.

Oft zitiertes Beispiel für ein Feld sind die – einzelsprachlich verschieden gegliederten – Farbskalen, bei denen der Inhalt einer Farbbezeichnung durch die sie begrenzenden (und nicht gewählten) bestimmt ist: 'grün' durch 'gelb' und 'blau'.

Das Eindringen eines neuen Zeichens muß also auch die Bedeutung der angrenzenden verändern: nach der Aufnahme von *orange* und *olive* (als Farbnamen im 16. und 18. Jh.) sind die Bedeutungen von *yellow/red* und *green/brown* eingeengt worden.

F 76 Skizzieren Sie die Entwicklung der engl. Farbbezeichnungen (Waldron ²1979: 155–6, SOED). Wie läßt sich das Feld ordnen und wie gegen Bezeichnungen für Material/Gegenstände abgrenzen?

10.1.7 Die hierarchische Struktur eines Wortfeldes

Als Beispiel für die Struktur eines ne. Wortfeldes sei hier ein Versuch der Beschreibung von 'dwelling, abode' gegeben (vgl. Roget no. 192):

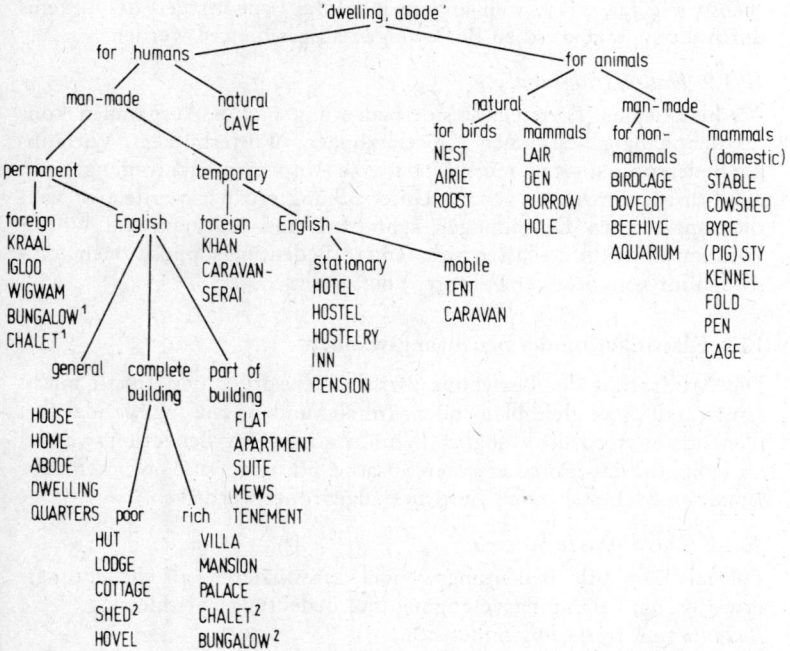

(Die Analyse kann fortgesetzt werden bis zur kontrastiven Beschreibung jeder Vokabel).

F 77 Versuchen Sie eine Komponentenanalyse (als Tabelle und in Form eines Stammbaums) von 'Gewässer' im Ne. Sind die Merkmale 'fließend', 'süß', 'groß', 'natürlich', 'regional' ausreichend? *(ocean, sea, lake, pool, reservoir, basin, puddle, loch, linn, tarn, mere, canal, river, stream, brook, rivulet, creek, rill, bourne, runnel, gutter, torrent).*

10.1.8 Syntagmatische Beziehungen: lexikalische Solidaritäten (LS)

Das Vorkommen bestimmter Vokabeln ist so sehr an andere gebunden, daß ein Hörer aus der einen Einheit die andere ergänzen kann (Hörererwartung, vgl. 9.3.1): das eine Wort impliziert das andere. So sind als Objekte zu *comb* nur *hair, wool* denkbar; *auburn, blonde* kann wiederum nur von der Haarfarbe ausgesagt sein. Gleich enge Solidaritäten bestehen auch engl., dt., frz. zwischen Haustieren und Tierstimmen (Pferd — *to neigh, wiehern, hennir* etc.). Solidaritäten dienen aber auch dazu, polyseme Wörter zu disambiguieren: *fair hair* ist eindeutig ebenso wie *fair play*, weil andere mögliche Bedeutungen des Lexems durch die syntagmatischen Beziehungen ausgeschlossen werden.

10.1.9 Kollokationsanalyse

Bei historischen Texten läßt sich Bedeutung nur in Ausnahmen kontextunabhängig bestimmen (Übersetzungen, Wörterbücher). Vorläufige Bedeutungsansätze müssen, da eine Informantenbefragung nicht möglich ist, durch eine genaue Untersuchung ergänzt werden, in welchen spezifischen Umgebungen synonyme und teilsynonyme Wörter vorkommen. Nur so lassen sich feinere Bedeutungsoppositionen (einschließlich konnotativer Faktoren) herausfinden.

10.2 Klassifikation des Bedeutungswandels

Die Arbitratität der Beziehung zwischen Ausdruck und Inhalt macht Lautwandel (bei gleichbleibendem Inhalt) und Bedeutungswandel (bei identischem Ausdruck) möglich. Voraussetzung für Bedeutungswandel ist lediglich, daß Sprecher einer Sprache sich einig sind, welcher neue Inhalt einem bestehenden Ausdruck zugeordnet werden soll.

10.2.1 Das formale Schema

Formal läßt sich Bedeutungswandel klassifizieren als Bedeutungserweiterung, Bedeutungsverengung und Bedeutungsverschiebung. *Bedeutungserweiterung* findet sich,

1. wenn zu alten Bedeutungen neue hinzukommen (z. B. Metapher, Lehnbedeutung),

2. wenn ein Hyponym auch für sein Hyperonym gebraucht wird, d. h. ein oder mehrere spezifizierende semantische Merkmale neutralisiert werden (Übertragung von Spezies auf Genus):
   me. *bird* [+ lebend, + tierisch, + Vogel, + jung] 'Vogeljunges'
   ne. *bird* [+ lebend, + tierisch, + Vogel, 0 jung] 'Vogel',

2a. so häufig beim Übergang eines fachsprachlichen Terminus in die Allgemeinsprache (dt. *Sache, Ding*; engl. *gist, rejoinder, culprit, ordeal* aus der Rechtssprache),

2b. bei Bedeutungsentleerung (z. B. durch Emphase 10.5.2 oder durch Wandel eines Lexems zum Signal grammatischer Funktion, ne. *more, most, to do*).

Bedeutungsverengung tritt ein,

1. wenn Bedeutungen obsolet werden, d. h. Inhalte nicht mehr ausgedrückt zu werden brauchen oder durch andere Ausdrücke wiedergegeben werden (*dom* 10.4.4),

2. wenn ein Wort zusätzliche spezifizierende Merkmale bekommt (und so diachronisch zu seinem eigenen Hyponym wird: Übertragung von Genus auf Spezies):

    ae. *hund*   [+ leb., + tier., + säug., + Hund]

    ne. *hound*   [+ leb., + tier., + säug., + Hund, + zur Jagd]

    ae. *mete*   [+ Speise, + für Menschen] *(E 15)*

    ne. *meat*   [+ Speise, + für Menschen, + fleischl.]

F 78 Wie verhalten sich die ne. Bedeutungen von *meat, food, fodder, meal, dish* zu ihren ae. Etyma? Wie ist die Entwicklung von ae. *flæsc* zu beschreiben?

Bedeutungsverschiebung ist die Kombination von Bedeutungserweiterung und Bedeutungsverengung: durch Ausweitung auf neue Inhalte und Aufgabe alter Bedeutungen verschiebt sich der Bedeutungsbereich. Graphisch läßt sich dieser Prozeß an Menners Tabellen (10.4.3) gut verdeutlichen.

F 79 Eine große Zahl ae. Wörter ist im Ne. erhalten, hat aber ihren Bedeutungsumfang verändert. Beschreiben Sie diesen Wandel unter Heranziehen der ne. Übersetzungen kurz für *D 31 corn, D 44 æcer > acre, D 48 fæt > vat, D 49 yfel > evil, D 50 ofen > oven.*

10.2.2 Das funktionale Schema: Ursachen des Bedeutungswandels

(Ullmann 1967: 197–225; Waldron ²1979: 130–41)

Jede Klassifizierung der komplexen Sachverhalte muß notwendigerweise stark vereinfachen. Hier wird im wesentlichen nach Ullmann folgende Einteilung vorgeschlagen:

Konstanz des sprachlichen Systems (10.3: Wandel der Sache, der Kenntnis der Sache, der Vorstellung),

Neuerungen des sprachlichen Systems (10.4: Ausdrucksübertragung und Inhaltsübertragung),

Wandel in der Einstellung der Benutzer (10.5).

10.3 Konstanz des sprachlichen Systems

10.3.1 Wandel der Sache

Sachwandel betrifft den Referenten des Zeichens und die Referenzbeziehung, aber nicht unbedingt auch die Bedeutung. So ist trotz erheblicher Unterschiede in der Sache zwischen dem R von ae. *hus, bōc* und ne. *house, book* die Bedeutung der Zeichen als gleich zu beschreiben, falls keine neuen B.-oppositionen eingetreten sind.

F 80 Beschreiben Sie die Entwicklung der Referenten/Bedeutungen von *paper* und *pen*.

10.3.2 Wandel in der Kenntnis der Sache

Die Kenntnis der physikalischen Umwelt kann sich erheblich wandeln, ohne daß die Bezeichnungen dem Rechnung tragen. So basiert die Bezeichnung für 'Welt' lat. *circuitus* (ae. *ymbehwyrft H 1*) auf der Anschauung der Erde als Scheibe, ae. *middangeard* auf der germ. Auffassung der Erde als 'Zwischenreich'. Die Bezeichnung *sunrise, sunset (D 6)* bleibt auch nach Kepler und Galilei, *atom* 'das Unteilbare' auch nach der Atomspaltung.

10.3.3 Begriffswandel

Religiöse, ethische, philosophische Begriffe werden neu definiert und mit Begriffen verbundene Wertvorstellungen wandeln sich, ohne daß neue Bezeichnungen verwendet werden. Wortgeschichten dieser Art *(humour, virtue)* sind, wie 10.3 im allgemeinen, eng mit der Kultur- und Geistesgeschichte verknüpft.

10.4 Neuerungen im sprachlichen System

10.4.1 Ausdrucksübertragung (Metapher und Metonymie)

Ausdrucksübertragungen sind die produktivsten, aber am wenigsten regelhaften oder vorhersagbaren Erscheinungen im Bereich der Bedeutung. Jeder Benutzer der Sprache kann hier in einem Maße sprachschöpferisch sein, wie es weder Wortschatz/Wortbildung oder gar Syntax und Phonologie erlauben. Gerade die Kindersprache zeigt, wie mit einem begrenzten Wortschatz komplexe Sachverhalte durch metaphorische Ausweitung ausgedrückt werden können.

Da bei der Metapher nicht einmal zentrale Merkmale als Grundlage der Übertragung *(tertium comparationis)* dienen müssen, läßt sich auch die Richtung einer Metapher nicht voraussagen.

Metapher: Das Vorhandensein gemeinsamer semantischer Merkmale erlaubt Ausdrucksübertragung:

head [+ konkret, + belebt, + oberster Teil]
     [+ konkret, – belebt, + oberster Teil] (of a nail, of a page)
     [– konkret, – belebt, + wichtigster Teil] (of a topic).

Metonymie: Ausdrucksübertragung als Folge inhaltlicher Berührung z. B. durch kausale, temporale Verknüpfung:

building [+ Vorgang] > [+ Ergebnis, + konkret],
engine   [+ abstrakt, + Fähigkeit] > [+ Ergebnis, + konkret].

10.4.2 Homonymie und Polysemie

Diachronisch läßt sich Homonymie (5.5) als Zusammenfall der Ausdrucksseiten definieren und damit abgrenzen von Polysemie, der Bedeutungsauffächerung eines Zeichens (für die abweichende synchronische Definition vgl. 10.1.1). Die beiden Prozesse lassen sich sogar komplementär oder als Umkehrung voneinander darstellen:

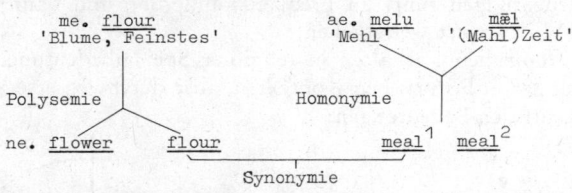

Das Beispiel (C 33) ist besonders interessant, da für beide Ausdrücke für 'Mehl' ein pathologischer Zustand zu existieren scheint. So hat der Homonymenkonflikt bei *meal* möglicherweise zu einer Frequenzminderung geführt. Für *flour* dagegen kann die Polysemie nicht als störend empfunden worden sein (vgl. aber die orthographische Scheidung), da sonst die Ellipse aus *flour [of wheat]* gar nicht eingetreten wäre.

Homonymie und Polysemie fallen für den Benutzer der Sprache, dem die diachronischen Stadien der Entwicklung nicht gegenwärtig sind, meist unter Polysemie zusammen. So werden *ear* ('Ähre', 'Ohr') und *corn* ('Korn', 'Hühnerauge') heute als anthropomorphe Metapher ('Ähre ist das Ohr am Kopf des Halmes') und als Übertragung aufgrund von Ähnlichkeit interpretiert ('ein Hühnerauge sieht aus wie ein Korn').

F 81 Was unterscheidet die Remotivierung von *ear* und *corn* von Volksetymologie (7.5)? Weshalb trat bei me. *ere : nere* 'Ohr' : 'Niere' Homonymenkonflikt ein, nicht aber bei 'Ähre' : 'Ohr'? (Williams 1944)

F 82 Handelt es sich bei ne. *light* in *light weight, light blue* um Homonymie oder Polysemie? Läßt sich die Frage aus der Kompetenz des Sprechers des Ne. beantworten?

10.4.3 Polysemie und Bedeutungswandel

Der Prozeß, der zu Polysemie führt, ist 10.1.4 kurz beschrieben worden. Menner 1945 hat darauf aufmerksam gemacht, daß auch die eingetretene Polysemie weitere Folgen für die Einzelbedeutungen (Sememe) hat. Da Homonymie und Polysemie synchronisch meist nicht zu unterscheiden sind, muß man die Auswirkungen des Homonymenkonflikts auch bei Polysemie erwarten. Wie bei Homonymie übernimmt der Kontext bei polysemen Zeichen disambiguierende Funktion; ein pathologischer Zustand tritt jedoch ein, wo widersprüchliche Bedeutungen in gleichen Kontexten möglich werden. Polyseme Wörter tendieren deshalb wieder zur Reduktion der Bedeutungsbreite; sie sind besonders 'anfällig' für die Aufnahme von Lehnwörtern (11.5.1), die zumindest anfangs eindeutig sind, indem sie nur für eine Einzelbedeutung übernommen werden. Der Ersatz des polysemen Zeichens in zentralen Bedeutungen führt zu Frequenzminderung und kann bis zum völligen Wortverlust weitergehen.

So ist *doom* heute erhalten in religiöser Spezialbedeutung, als Archaismus oder in historischen Kontexten, aber durchweg ersetzt in den ae./me. zentralen Bedeutungen:

ae.: 'Urteil, Gesetz, Rat, Macht,
      Ruhm, Hof, ...'
me. - ne. nach OED:

1. a statute, decree - 1669
2. judgement, sentence - 1467
3. private opinion - 1450
4a. fate, destiny   - 17. Jh.
4b. destruction, ruin 1600 -
5. the action of process,
      trial - 15. Jh.
6. the Last Judgement 1200 -
8. justice, righteousness - 1386
9. power of authority - 1382

Die Ersatzwörter (mit Angabe des Jh. des Erstbelegs) zeigen, wie stark die Notwendigkeit prägnanterer Kennzeichnung gefühlt wurde: *judgement* 13, *opinion* 13, *fate* 14, *destiny* 14, *trial* 16, *justice* 12; vgl. auch die Verben, die den Bereich des (arch.) erhaltenen *to deem* einschränken: *to judge* 13, *sentence* 14, *condemn* 13, *decide* 14, *conclude* 14, *consider* 14, *expect* 16.

Bei anderen Wörtern, die über die Jahrhunderte gleich lebendig bleiben, ist zu beobachten, daß mit dem Neuentstehen von Bedeutungen alte obsolet werden. Menner 1945 zeigt anschaulich an der Entwicklung einiger Adjektive (die allgemein stärker von Bedeutungswandel betroffen sind als andere Wortarten), daß bei jedem synchronischen Schnitt nur eine Anzahl von Bedeutungen vorhanden sind – aber nicht dieselben (die Übersicht ist leicht vereinfacht und ausgewählt; die Bezifferung der Bedeutungen entspricht der Zählung in OED):
(Abb. siehe Seite 123)

Besonders zu beachten ist, daß bei *sad* und *silly* kein Überlappen der widersprüchlichen Bedeutungen 'firm, settled' mit 'deplorably bad' und 'pious, good' mit 'foolish, simple' zu belegen ist.

122

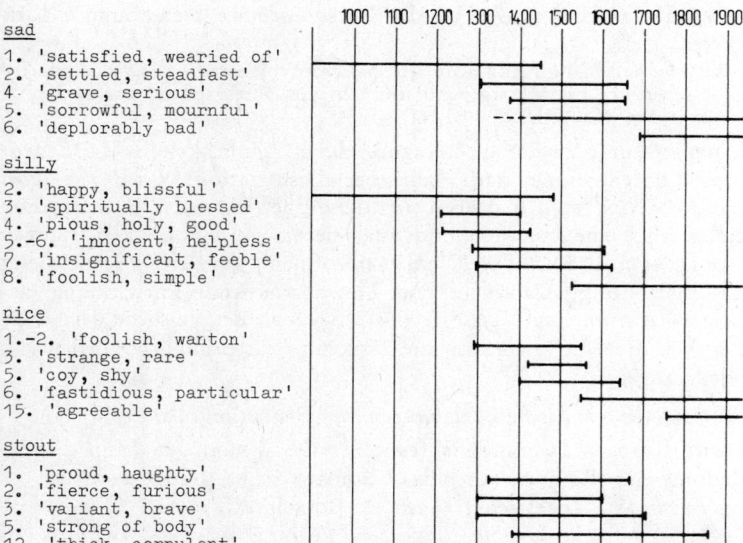

	1000	1100	1200	1300	1400	1500	1600	1700	1800	1900

sad
1. 'satisfied, wearied of'
2. 'settled, steadfast'
4. 'grave, serious'
5. 'sorrowful, mournful'
6. 'deplorably bad'

silly
2. 'happy, blissful'
3. 'spiritually blessed'
4. 'pious, holy, good'
5.-6. 'innocent, helpless'
7. 'insignificant, feeble'
8. 'foolish, simple'

nice
1.-2. 'foolish, wanton'
3. 'strange, rare'
5. 'coy, shy'
6. 'fastidious, particular'
15. 'agreeable'

stout
1. 'proud, haughty'
2. 'fierce, furious'
3. 'valiant, brave'
5. 'strong of body'
12. 'thick, corpulent'

F 83 Steht die Polysemie von ne. *fair* 'beautiful', 'light, blond', 'free from blemish', 'favourable', 'benign', 'free from bias', 'pretty good' in Widerspruch zu Menners Ergebnis (1945), daß kontradiktorische Bedeutungen eines Zeichens in der Sprache nicht tragbar sind?

10.4.4 Synonymie und Bedeutungswandel

Synonymie widerspricht der Sprachökonomie; es besteht deshalb in jeder Sprache die Tendenz, Synonyme zum Ausdruck minimaler Oppositionen zu nutzen. Der Nachweis dieser Tatsache bleibt besonders in historischen Sprachstufen oft schwierig (10.1.9), auch weil Teilsynonyma in verschiedenen Subsystemen oft unterschiedlich verteilt sind.

Die Unterscheidung kann jedoch durch Setzung geschehen, besonders wo eine verbindliche Terminologie nötig ist, wie in der Rechtssprache oder in der Wissenschaft. In den genannten Fällen entstehen also neue Oppositionen innerhalb eines durch Synonyma abgedeckten Feldes, d. h. Bedeutungsverengung der beteiligten Zeichen (vgl. 10.6).

10.4.5 Inhaltsübertragung durch Ähnlichkeit von Ausdrücken

Wenn zwei Ausdrücke einander ähnlich sind, können sie verwechselt werden, d. h. Bedeutungen des einen können auf den anderen übergehen. Das geschah im Ae. bei den Verben *bēodan* 'bieten' und *biddan* 'bitten':

> OE. *biddan* had already acquired the sense 'command', and the similarity of several of the ME. forms of the two vbs. furthered the unification of the two words. (ODEE, *s. v. bid*)

Komplementär zu der Übertragung durch Ähnlichkeit ist die Bedeutungsdifferenzierung nach lautlicher Dissoziation: *whole* ≠ *heal (C 21–2); foul* ≠ *filth*. Jedoch tritt diese Entwicklung u. U. auch schon ein, solange eine Ableitung noch analysierbar ist: vgl. die Bedeutungen von ae. *tūn* (10.6) mit *A 11 ontȳnan* 'öffnen'. Vergleichbar mit dieser Differenzierung ist auch die vom Lat. abweichende Entwicklung von Lehnwörtern im Engl. (Leisi [5]1969: 71) – trotz der Versuche der Grammatiker, den Lehnwörtern die 'korrekte' ursprüngliche Bedeutung wiederzugeben.

10.4.6 *Syntagmatische Beziehungen und Bedeutungswandel*

Durch häufigen Gebrauch in feststehenden Wendungen kann die Bedeutung eines Zeichens durch das Nachbarwort beeinflußt werden: ne. *to run fast* 'angestrengt', 'feste' > 'schnell'.

Der Ausdruck *starving to death J 17 NEB* wäre ae. ziemlich unsinnig gewesen: er hätte nicht die Ursache [durch Hunger] enthalten, während die Angabe *to death* pleonastisch gewesen wäre (vgl. dt. *sterben*):

ae. *steorfan* [vom Leben zum Tode kommen] >
nordengl. *starve* [vom Leben zum Tode kommen, + durch Kälte],
me., ne. *starve* [vom Leben zum Tode kommen, + durch Hunger] >
ne. *starve* [leiden, + an Hunger, + Emphase].
Die Entwicklung im nordengl./me. ist zu erklären durch Beschränkung auf bestimmte Kontexte und die dadurch eintretende Opposition zu *die* (Hyperonym), die dann den Zusatz der Qualifikation unnötig machte. Die letzte Stufe entwickelte sich aus emphatischem Gebrauch und folgender Bedeutungsentleerung.

Die häufigste hier zu klassifizierende Erscheinung ist jedoch der Bedeutungswandel durch Ellipse: *flour [of wheat], private [soldier], capital [letter, city], daily [paper], fall [of leaves]*.

10.4.7 *Entlehnung und Bedeutungswandel*

Aus den Berührungen zweier Sprachen ergeben sich vielfältige Folgen für den Wandel der Bedeutung, die ausführlich in 11. besprochen werden, so wenn die Aufnahme eines Lehnworts den Bereich der vorhandenen Zeichen einengt, oder wenn ein Wort, das in *einer* Bedeutung mit einem fremden Wort übereinstimmt, dessen zusätzliche Bedeutungen übernimmt (Lehnbedeutung).

10.4.8 Inhaltsübertragungen infolge situationeller Berührung

Die Erscheinung ist wahrscheinlich selten; als illustratives Beispiel kann gelten: *telling one's beads* 'Gebete' > 'Glasperlen' (des Rosenkranzes). Da hier wohl eine unbeabsichtigte Vertauschung von Referenten vorliegt, sollte die Erscheinung von bewußter Metonymie unterschieden werden.

10.5 Wandel in der Einstellung der Benutzer

Ein großer Teil des Wortschatzes ist beschreibend-neutral, kann aber in bestimmten Verwendungen gefühlsmäßig-wertend sein. Auch diese konnotativen Faktoren lassen sich systemhaft beschreiben, wenn sie Konventionen der Benutzer spiegeln. Da Wertungen bestimmter Sachverhalte sich ändern, muß sich auch dieser Teil der Bedeutung in der Zeit wandeln. Daneben gibt es auch soziale Normen, die bestimmte Referenten ächten und deshalb die Bezeichnungen für sie mit Konnotationen belasten.

10.5.1 Tabu und Euphemismus

Soziale Normen besonders im Religiösen, Sexuellen etc. verbieten den Gebrauch des (sprachlich funktionsfähigen) Wortes. Während der eigentliche Ausdruck ausstirbt oder in einer nicht vom Tabu betroffenen Sprachschicht fortlebt, zeigt das Ersatzwort Bedeutungserweiterung (bis es möglicherweise selbst 'anstößig' wird und durch eine neue Umschreibung ersetzt wird): *J 30 meretrices, harlots, his women*.

Beim Euphemismus ist nicht das eigentliche Wort geächtet, wohl aber wird in bestimmten Kontexten vermieden, Negatives oder zu Befürchtendes beim Namen zu nennen: *A 15 forðsīð* 'Dahinscheiden'.

10.5.2 Bedeutungsentleerung durch Emphase

Besonders Intensiva, die der Hervorhebung von Adj./Adv. dienen, verlieren durch häufigen Gebrauch ihre eigentliche Wirkung (*very* 'wahrlich', *sehr* 'schmerzlich') und werden oft durch neue Ausdrücke ersetzt. Dieser Entleerung zu vergleichen ist die Entwicklung bei drastisch-metaphorischen Ausdrücken, die in die Gemeinsprache aufsteigen und ihren konnotativen Gehalt verlieren (*testa* 'Scherbe' > *tête; cuppa* 'Becher' > 'Hirnschale' > *Kopf*, vgl. ne. *cup*).

10.5.3 Bedeutungsverbesserungen und -verschlechterungen

Beide Veränderungen sind Bedeutungsverschiebungen, die meist außersprachlichem Wandel in der Bewertung der Sprachbenutzer zuzuschreiben sind. Den Wandel in der Beurteilung machen Vergleiche zwischen verschiedenen Sprachstufen oder zwischen Reflexen desselben

Etymons in Einzelsprachen deutlich: (+ positive, – negative, 0 neutrale Wertung):

gr. *gynē* ≈ ae. *cwēn* + 'Königin'; ae. *cwene* – 'einfache Frau' >
– – *quean*;

ae. *cniht* 0 'junger Mann' >me. *cniʒt* + 'Ritter' ≈ dt. – *Knecht;*

ae. *cnafa* 0 'Knabe' > ne. – *knave* ≈ dt. 0 *Knabe;*

oder die verschiedene Wertung der Ausdrücke für 'Pferd': 0 *horse* ≈
+ *Roß;* 0 *mare* ≈ – *Mähre;* + *steed* ≈ 0 *Stute;* + *palfrey* ≈
0 *Pferd.*

10.6 Semasiologie und Onomasiologie: Diachronische Behandlung eines ausgewählten Wortfeldes

Bei der Darstellung eines Wortfeldes und des Wandels seiner Struktur sollte in einem Lehrbuch ein einfach gebautes Feld ausgewählt werden. Felder, die auf konkrete Gegenstände referieren, haben dabei den Vorzug, daß sie oft durch wenige, mit Klassen der außersprachlichen Umwelt übereinstimmende Merkmale beschreibbar sind.

Im folgenden soll das Feld 'geschlossene Siedlung', das sich an 'Wohngebäude' (10.1.7) anschließt, skizziert werden. Die ne. Wörter *farm(stead), hamlet, village, town, city* zeigen, daß die Wörter des Feldes nach der Größe geordnet sind. Die hier noch nicht erfaßten Vokabeln (z. B. *borough, market town, port, capital*) enthalten auch rechtlich-politische Sonderbedeutungen etc., die nicht in dieser Oppositionsreihe erfaßt werden können; sie sind *markiert* im Gegensatz zu den unmarkierten (neutralen) Ausdrücken der ersten Reihe.

Auf dieser Grundlage läßt sich nun *onomasiologisch,* vom Begriff her, nach den Ausdrücken fragen, die in aufsteigender Größe die menschliche Siedlung im Ae., Me., Fne. bezeichneten.

Das Korpus liefert folgendes Material:

civitas	WS	LV	TY/AV	NEB
E13	burgum	citees	cities	towns
F33*	burhwaru	citee	cite	town
F38	ceastra	citees	citees	towns
F45	ceastre	citee	cite	town
H3–4	ceastre	citee	citie	town
H11	ceastre	cite	cite	city
castellum				
Mt 10.11	ceastre	castel	toune	village
E15	burga	townes	tounes	village
Mt 21.2 (9.5.2)	castel	castel	village	village
vicus				
F38	tūnas	townes	townes	–
villa				
J15	tūne	toun	farme (RH)	farm

Unter Heranziehung weiterer Texte ergibt sich ungefähr folgendes Schema:

	'Gehöft'	'Weiler'	'Dorf'	'Stadt'	'Großstadt'
(lat.)	villa	vicus	castellum	civitas	(urbs)
ae.	tūn,hām, hof	hām,tūn, wīc	castel, ceasterwīc	ceaster, burg	
frühme.	toun	toun	toun, castel	borow	
me.	toun	toun	castel	borow,cite, toun	
spätme.	toun	toun, hamlet	toun, village	toun,cite	cite
fne.	farm	hamlet	village, town	town,city	city
ne.	farm	hamlet	village	town	city

Die semasiologische Frage lautet z. B.: was bedeutet *tūn/toun/town* in einer bestimmten Epoche? Wie sich aus der Tabelle und der Umrandung ergibt, ist die Bedeutung bestimmt durch seine Kohyponyme, besonders die es nach links und rechts begrenzenden, und durch seine Synonyme (wobei eine genauere Untersuchung ergeben müßte, ob nicht minimale Oppositionen hier nicht erfaßter Merkmale bestehen).

Das Schema vereinfacht insofern, als während langer Perioden weitgehende Synonymie der Zeichen angenommen werden muß, besonders wenn Metrum oder Reimzwang die Wahl des Wortes mitbestimmten. So ist in den drei Handschriften einer Katharinenlegende dieselbe Stadt als *borwe, toun* oder *cite (b, t, c)* bezeichnet:

Hs. \ Zeile	223	245	474	540	562	650	671	674	680	
Au 1320	b	b	b	t	t	t	–	–	–	= 3b:3t:0c
Ca 1400	–	b	b	t	t	t	b	t	c	= 3b:4t:1c
Br 1450	t	c	c	t	t	t	c	c	c	= 0b:4t:5c

Neben der offensichtlichen Synonymie der drei Wörter läßt sich ein Zurückweichen von *borough* in der neutralen Bedeutung und das Aufkommen von *city* (noch nicht unterschieden von *town*) ablesen – ein Schluß, der natürlich durch umfangreiche Textsammlungen verifiziert werden müßte.

Wegen der weitgehenden Neutralisierung von B.-opposionen durch den Kontext sind viele Belege nicht signifikant. Zur genaueren B.-bestimmung in historischen Texten ist es deshalb so wichtig, beweiskräftige Kontexte zu finden, wie für *toun* (OED):

Wyclif, *Sermons*, I.22: 'A man hadde a fermour, as keper of a toun' ('farm, manor');

Chaucer, *General Prologue*, 478/491: 'A poure person of a toun ... Wyd was his parisshe and houses fer asunder' ('village, hamlet').

Trotzdem bleibt die Frage offen, ob selbst übersichtlich geordnete Felder in jedem Stadium einer Sprache genügend strukturiert sind, daß sie sich in Form von paradigmatischen (oppositionellen) Beziehungen befriedigend beschreiben lassen.

Die zentrale Frage in diesem Feld betrifft die B.-entwicklung von *town* von der Bezeichnung für kleine Siedlungseinheiten zum neutralen Wort für 'Stadt'. Eine mögliche Erklärung liegt in dem Wandel des Referenten: während Siedlungen wachsen, bleibt das auf sie referierende Sprachzeichen dasselbe. Die B.-erweiterung von *town* hätte dann me. zu Teilsynonymie unter den Bezeichnungen für 'Stadt' und zu einer schwer tragbaren Polysemie von *town* geführt, die erst durch die Aufnahme neuer Wörter für die Inhalte 'Gehöft, Weiler, Dorf' beseitigt worden wäre. Die anfängliche B.-erweiterung würde sich dann decken mit der von lat. *villa*, frz. *ville* (als deren Übersetzungsäquivalent *town* auch gebraucht wurde).

F 84 Beschreiben Sie die Bedeutungsentwicklung der Wörter in anderen Feldern: 1. 'Tier' (*F 13*, vgl. McLaughlin 1970: 303–13); 2. 'Pflanze' *(D 32)*; 3. 'Gesicht' *(F 2)* unter Heranziehung weiteren Materials aus den Wörterbüchern.

F 85 Kann man nach dem hier vorgeführten Beispiel den Strukturbegriff der Phonologie oder der Morphologie auf die Bedeutung übertragen? Läßt sich mit den Begriffen 'Feld' und 'Bedeutungsoppositionen' arbeiten? Formulieren Sie Ihre Einwände im Anschluß an Waldron [2]1979: 95–110.

11 Sprachmischung und Lehnbeziehungen

11.1 Sprachmischung
(Weinreich ²1963)

11.1.1 Grundsätzliches

Von Sprachmischung spricht man, wo zwei Sprachen (L 1 und L 2) im Bewußtsein des Sprechers in Berührung kommen. Diese 'Sprachen' können Einzelsprachen, Dialekte oder Soziolekte sein; eine noch weitergehende Definition, die jede Mischung von Idiolekten (z. B. der Bezugspersonen des Kindes beim Spracherwerb) oder von funktionalen Varianten einschließt, erscheint aus methodischen Gründen nicht sinnvoll. Jede Beeinflussung des einen Systems durch das andere heißt *Interferenz* (Vorgang und Ergebnis). Nach Munske sollten die einander ergänzenden Aspekte der *Transferenz* (Übertragung einer Erscheinung aus der interferierenden Fremdsprache) und *Integration* (Eingliederung in das System der Muttersprache) unterschieden werden.

Eine genauere Beschreibung muß den Begriff 'System' differenzieren: so kann es sich empfehlen, von *peripheren* Systemen zu sprechen, wo Einheiten an das Vorkommen in Fremdwörtern oder bei Zweisprachigen gebunden bleiben: In diesem Sinn sind Fragen nach dem Phonemstatus von /õ, ei, dʒ/ (wegen *Karton, Teenager*) im dt., oder von /y(:)/ im me. System nur mit Vorbehalt zu bejahen. Das gleiche gilt für die Beschreibbarkeit von *crises, criteria* etc. innerhalb des Systems der engl. Pluralbildung (6.4.3).

11.1.2 Faktoren

Da sich die Mischung unter bestimmten historischen Bedingungen vollzieht und die Art der Interferenzen von den Strukturen der beteiligten Sprachen abhängt, lassen sich 1. innersprachliche und 2. außersprachliche (kulturelle, soziologische, psychologische) Faktoren unterscheiden: 1. beschreibt die Prozesse und Ergebnisse der Mischung auf den verschiedenen sprachlichen Ebenen (Orthographie, Phonologie, Morphologie, ... Semantik), besonders die für die Entlehnung wichtigen Unterschiede zwischen L 1 und L 2, und die sich aus dem Kontakt ergebenden Strukturänderungen in L 2.

2. An außersprachlichen Faktoren sind zu beachten (vgl. Weinreich
²1963: 3):

Größe und Geschlossenheit der Sprechergruppen, Anteil der Zweisprachigen, Dauer des Sprachkontakts, Kommunikation zwischen den
Gruppen, Kommunikationsbedingungen (Verkehr, Medien);

Grad der Kompetenz in der einen und der anderen Sprache bei den
Zweisprachigen, Verwendungsbereiche der Sprachen, Art des Erwerbs
der Zweitsprache;

Status der Sprachen und ihrer Kulturen, Wertung von Zweisprachigkeit und von Interferenzen.

11.1.3 Wege der Entlehnung

Drei Typen von Kontakt sind zu unterscheiden:

1. Das Nebeneinander zweier *gesprochener* Sprachen (in gemischter
Kommunikationsgemeinschaft oder im Grenzgebiet): Bei Übernahme
werden lexikalische Einheiten integriert. Die Einflüsse sind auf bestimmte Kommunikationsbereiche beschränkt.

2. Fernkontakt (z. B. beim Import fremder Wörter und Sachen durch
Handel und Kultur). Die Einflüsse sind meist auf die Lexis beschränkt,
räumlich wie zeitlich über große Abstände hinweg möglich und setzen
nicht das Vorhandensein von Zweisprachigen voraus.

3. Entlehnungen aus Buch- und Bildungssprachen: Die Übernahmen
zeigen oft geringe Anpassung und werden gelegentlich später anhand
der Fremdsprache korrigiert.

11.1.4 Kreol- und Pidginsprachen

(Holm 1988/89)

Oft gibt es bei der Berührung von Sprechern zweier Sprachen keine
Zweisprachigen. Für die dringendsten Kommunikationsbedürfnisse haben sich, besonders als Folge der Ausbreitung der europäischen Kolonialsprachen, Sprachformen entwickelt, die Strukturen und Elemente
der Kontaktsprachen in extremer Weise mischen.

Solange diese Mischsprache auf die Kommunikationssituation beschränkt bleibt, für die sie geschaffen ist, ist sie eine *Pidginsprache*.
Diese wird also von allen Sprechern als Fremdsprache und nur für
bestimmte Zwecke gelernt, während die jeweilige Muttersprache für
die übrigen Verwendungen weiterbenutzt wird.

Dagegen spricht man von einer *Kreolsprache*, wo die Mischsprache
die Primärsprachen ersetzt, also selbst Muttersprache wird. Diese hat
dann ihre eigene sprachliche Entwicklung; sie kann jederzeit zur
Schriftsprache aufsteigen. Die weitgehende Umstrukturierung bedeutet, daß sich Pidgin-/Kreolsprachen von der Kenntnis der einen

Komponente (z. B. Engl.) allein nicht verstehen lassen; vgl. den folgenden Text von Mk 1.1–3 in Tok Pisin (1978) mit *F 1–3*:

> Dispela em i gutnius bilong Jisas Krais, Pikinini Bilong God. Dispela gutnius em i kamap pastaim olsem profet Aisaia i raitim: ...
> maus bilong wanpela man i singaut, i spik, „Redim rot bilong Bikpela. Stretim ol rot bilong en."

11.1.5 Substrat

Nach dem Status der in Kontakt tretenden Sprachen läßt sich eine obere und eine niedere Sprache unterscheiden. Diese einfache Einteilung wird zwar komplizierten Mischungen (besonders wo mehr als zwei Sprachen beteiligt sind) nicht gerecht, erlaubt aber eine grobe Begründung der Tatsache und der besonderen Erscheinungsformen von Interferenz.

Häufige Ursache von Sprachmischung ist die Übernahme der Sprache L 2, der Sprache der politisch und kulturell Überlegenen, durch eine Sprechergruppe, die ihre eigene Sprache L 1 aufgibt. Dieser Prozeß kann sich verschieden schnell vollziehen, immer wird aber ein Teil der Strukturen von L 1 auf L 2 übertragen werden. Diese Einflüsse sind am auffälligsten im Wortschatz, sind aber oft viel tiefgreifender, wo Phonologie und Syntax betroffen sind *(= Substrat).*

Die Einflüsse der aufgegebenen Eroberersprache auf die 'niedere' Sprache werden dagegen als *Superstrat* bezeichnet (z. B. die germ. Sprachen in der Romania).

F 87 Läßt sich im BrE von einem keltischen, im AmE von einem indianischen Substrat sprechen?

11.1.6 Sprachmischung und Diachronie

Wo nicht die psychologischen Grundlagen der Sprachmischung oder andere Universalien untersucht werden, ist ihre Betrachtung auf *langue*-Ebene diachronisch/historisch: das System wird in seinen Zuständen vor und nach dem Kontakt verglichen. So sind die Feststellungen, daß der Phonemzuwachs durch /v, z/ weitgehend auf frz. Einfluß zurückzuführen ist, oder daß die Aufnahme von *orange* die Werte der Farbbezeichnungen verändert hat, diachronische. Auch eine Analyse, die bestimmte Distributionen (von Graphemen, Phonemen oder Morphemen) als für Lehnwörter typisch feststellt, setzt das Vorwissen der Entlehnung voraus.

11.1.7 Sprachmischung und literarische Übersetzung

Einflüsse fremder Sprachen sind in literarischen Übersetzungen besonders augenfällig, aber für das Sprachsystem nicht unbedingt signifikant. Einflüsse der Ausgangssprache auf den Text der Zielsprache (unübersetzt gelassene Vokabeln, syntaktische Muster, Bedeutungen) sind oft an die Stelle gebundene Vorkommen, evtl. Übersetzungsfehler, die nicht einmal im Idiolekt des Übersetzers einen Platz haben. Ihre Einflüsse auf das Sprachsystem werden häufig überschätzt, so Johnson 1755:

> The great pest of speech is frequency of translation. No book was ever turned from one language into another, without importing something of its native idiom ... (in Bolton 1966: 154).

11.2 Außersprachliche Bedingungen: England 700–1970

11.2.1 Das frühe Ae.

Die frühesten schriftlichen Zeugnisse des Ae. zeigen eine germ. Sprache mit geringen Beimischungen. Natürlich haben die Sprechergruppen der Vorstufen des Ae. vielfältigen Kontakt mit Nachbarsprachen (besonders Lat. und Kelt.) oder anderen germ. Dialekten gehabt und sind davon nicht unbeeinflußt geblieben. Die Geschichte dieser und der weiteren kulturellen und sprachlichen Berührungen ist in den Handbüchern (Baugh & Cable [4]1993, Brunner 1960, Strang 1970) so ausführlich gegeben, daß hier eine Skizze genügt.

11.2.2 Keltisch

Die Berührungen zwischen Engländern und Kelten waren von 450 an die der überlegenen Eroberer und der sich (geographisch und sozial) abkapselnden Unterlegenen. Allgemein vollzog sich in vorae. Zeit der Sprachwechsel der unterworfenen Kelten schnell und blieb ohne große Folgen für die Struktur des Engl. – nicht einmal die keltische Missionierung Nordenglands schlägt sich im Wortschatz der Kirche sichtlich nieder. In der späteren Zeit waren die sprachlichen Kontakte auf Grenzgebiete beschränkt. Bilingualismus größerer Gruppen und über längere Zeit hinweg gab es nur in Wales, Schottland und Irland. In Irland sind auch die stärksten Einflüsse (Interferenzen in Lexis und Syntax des Irischen Englisch) festzustellen.

11.2.3 Latein

Das Lat. begleitet das Engl. und seine Vorstufen zuerst als lebende Sprache, dann als tote Kultursprache. Bis zur Einführung des Christentums finden sich Einflüsse aus dem gesprochenen Lat. (VLat.) der spätrömischen Zivilisation im Wortschatz des Handels, Militärs, Bauwesens, Gartenbaus etc., die auf individuellen Sprachkontakten Zweisprachiger beruhen. Möglicherweise gab es geringe Berührung der germ. Eroberer mit Resten gesprochenen Lat. im Britannien des 5. Jh.

Ab 600 Einflüsse der Hochsprache: Die Auseinandersetzung mit dem

Lat. (mit wechselnden Perioden sprachlicher Eigenständigkeit oder ungehinderter Aufnahme von Lehnwörtern) läßt sich wie folgt zusammenfassen:

Frühae.: Missionssprache mit geringer Zahl von Lehnwörtern; starke Abhängigkeit von der lat. Syntax in übersetzten Texten.

Spätae.: Starke Zunahme von nichtangepaßten Lehnwörtern (Buchwörtern); daneben Ælfrics Bemühungen um eine ae. wissenschaftliche Terminologie. Größere Freiheit von der lat. Syntax (z. B. *WS*; bessere Übersetzer).

Me.: Weitgehende Vermischung des lat.-frz. Lehnguts, oft Übernahme von lat. Wörtern in frz. Form.

Fne.: Die Tatsache, daß das klassische Lat. als vorbildlich angesehen wird, führt zu verstärkter Neuaufnahme von Lehnwörtern, zu Angleichung frz. Lehnwörter in Ausdruck und Inhalt an das lat. Etymon und zu *bewußter* Übernahme lat. syntaktischer Muster.

Ne.: Zunehmend neolat. Terminologie der Wissenschaft und Technik.

Entsprechend seiner Herkunft ist der lat. Einfluß im engl. System diastratisch (Schulbildung), nach Sachbereichen (Kirche, Wissenschaft etc.) und nach Medium (geschrieben) sehr ungleich verteilt (vgl. *hard words*, 9.5.1).

11.2.4 Französisch

Von der normannischen Eroberung bis ins 14./15. Jh. ist das Agn. die Sprache der militärisch-politisch Überlegenen und in weiten Verwendungsbereichen (Verwaltung, Heer, Gericht; höfische Literatur) vorherrschend. Wesentliche Teile des vor 1066 durch das Ae. abgedeckten Bereiches übernimmt – wie auf dem Kontinent – das Lat.: Historiographie, Gesetze, Wissenschaft. Der Untergang des Agn. als Muttersprache (praktisch im 14. Jh.) ist im wesentlichen eine späte Folge der zahlenmäßigen Unterlegenheit der Normannen, u. a. aber auch durch das Abreißen der politischen Verbindung zum Mutterland bedingt. Mit der Blüte der zfrz. Kultur und ihrem literarischen Einfluß auf England wird das Agn. zudem als *Patois* empfunden: neue Wörter aus anderen Bereichen werden aufgenommen und früher aus dem Agn. entlehnte Formen an das Zfrz. angeglichen. Engländer, die im 14. Jh. Frz. lernen, lernen es als Buchsprache, und aus anderen Gründen als früher. Das Frz. bleibt bis heute erste Schulsprache und Bildungssprache in gewissen Schichten.

11.2.5 Skandinavische Sprachen

Die Einflüsse gehen auf die Siedlungen der Dänen und Norweger im *Danelaw* des 9.–11. Jh. zurück; sie sind also ursprünglich auf die östlichen und nördlicher: Dialekte beschränkt, wo der Anteil der Skandinavier zeitweilig bis zu 50 % betrug. Diese Siedler hielten wahrscheinlich über Generationen an ihren Sprachen fest, die sich jedoch im ständigen Verkehr mit den anglischen Nachbarn und durch die Verwendung des Ws. als Schriftsprache zu einer Mischsprache entwickelt hatten, bevor die Siedler zum – skandinavisch gefärbten – Anglisch übergingen.

Der Art des Sprachkontakts entsprechend sind die Einflüsse auf das Engl. sehr tiefgehend. Obwohl sie auf die ae. Zeit zurückgehen, werden sie für uns erst greifbar, als östliche Dialekte des Me. schriftlich überliefert sind. Von den ursprünglichen Siedlungsgebieten der Skandinavier breiten sich viele der entlehnten Elemente nach Süden, und damit oft in die spätere Standardsprache aus.

11.2.6 Übersicht

Trotz der Gefahr starker Vereinfachung sollen hier die Bedingungen der Sprachmischung im Lauf der engl. Sprachgeschichte in einer Tabelle dargestellt werden (Kontaktsituation: R = Rede, in der gesprochenen Sprache von Zweisprachigen; S = Schul-, Buch- und Bildungssprache; G = Kontakte in Grenzgebieten. Prestige: + Überlegenheit, – Unterlegenheit gegenüber dem Engl., K = kulturell, P = politisch):

	kelt.	lat.	skand.	frz.	andere
– 700	– P R	+ K R	–	–	–
– 1100	(G)	+ K S	– K R	–	–
– 1300		+ K (frz.		+ P R	
– 1400		Vermittl.)		+ K S	Holl.,It.,
– 1500		+ K S*		(S)	Span. ...
– 1600					(Handel,
– 1700					Reisen)
– 1800		+ K S		+ K S	
– 1900		S**			

S* Humanistenlatein, S** Neolatein

F 88 Im *LV*-Text *J* erscheinen u. a. folgende Lehnwörter: 12 *catel*, 13 *cuntre*, *wastide*, 16 *coueitide*, 17 *perische*. Sind sie einer bestimmten Schicht des frz. Einflusses zuzuweisen (Lautung, Erstbelege)? (Berndt 1960: 97–100)

F 89 Sind die in den *TY*-Texten *A–D* vorkommenden Wörter *dilygent, destroye, disciple, similitude, precious, vytayllis* aus dem Frz. oder dem Lat. entlehnt? Welche Kriterien stehen für die Einordnung zur Verfügung? (ODEE, S. vii f.)

F 90 In *LV* erscheinen die an. Lehnwörter *A 9 til, Á 13 take, B 25 reysiden* (vgl. *F 31*), *D 6 roote, D 48 f. cast, D 48 brenke, F 6 skyn*. Für welche ae. Wörter treten sie ein? Sind diese im Ne. ausgestorben oder in ihrer Bedeutung eingeschränkt?

11.3 Systematik des Lehnguts
(Gneuss 1955, Scheler 1973, Görlach 1978: 143–4)

Sprachmischung vollzieht sich auf den verschiedenen Ebenen des Systems und kann entsprechend isoliert betrachtet werden.

11.3.1 Schriftsysteme und Graphien

Der Einfluß verschiedener Systeme auf das Schreibsystem des Engl. ist in 4.4 skizziert worden. Mit der lat. Sprache kam das lat. Alphabet; der Wert der einzelnen Grapheme war durch die Verteilung im Lat. weitgehend bestimmt. Eine durchgreifende Umgestaltung des Systems erfolgte durch die agn. Schreiber, die ihre eigenen Konventionen auf das Me. übertrugen, besonders wo das heimische (ae.) System inadäquat war.

Auf einzelne Wörter wirkt fremder Einfluß besonders dort, wo etymologische Schreibung eingeführt wird, falls Schreibung und Lautung sich von dem Etymon entfernt hatten (4.4.4), so bei der Angleichung früherer Entlehnungen an das Lat./Gr. durch Grammatiker der Renaissance *(doubt, debt)*. In einigen Fällen paßte sich die Aussprache später der neuen Schreibung an *(perfect)*.

11.3.2 Phonologie

Die Einflüsse fremder Sprachen auf Lautsysteme und die lautliche Adaptation von Lehnwörtern sind sehr komplex. Wie bei allen geschlossenen Inventaren wird jedoch ein Phonemsystem meist durch Sprachkontakt nur wenig verändert. Drei Phoneme sind dem engl. System im wesentlichen durch das Frz. vermittelt worden: /z/, /v/ (gestützt durch die innerengl. Mischung, 5.3.2) und /ʒ/. Üblich ist jedoch die Anpassung von fremden Wörtern an das heimische System, besonders wo die Entlehnung aus der gesprochenen Sprache stammt, und zwar in Inventar *und* Distribution. Extreme Beispiele finden sich in außereuropäischen Sprachen (Quirk 1968: 27 f.): /futbol/ → japan. /futobōru/, /aiskriːm/ → japan. /aisukurimu/, /skruːdraivə/ → Haussa /sukurudireba/.

F 91 Welche Anpassung zeigen ae. *sealm* 'Psalm', *fers* 'Vers'; me. *daunsen* 'tanzen'; ne. *flummery* 'Auflauf', *hock* 'Weißwein'?

11.3.3 Morphologie: Flexion

Einflüsse auf die Flexion einer fremden Sprache sind allgemein selten und in der engl. Sprachgeschichte nicht zwingend nachzuweisen. Ob das -s der 3. Ps. Sg. Präs. durch das An. beeinflußt worden ist, bleibt offen.

Unter den Einflüssen auf die übrigen Morpheme muß zwischen offenen und geschlossenen Listen unterschieden werden. Während die Entlehnung von Elementen offener Listen *(Vokabeln)* die häufigste und augenfälligste Folge von Sprachkontakt ist, werden Elemente aus geschlossenen Listen seltener und gewöhnlich später betroffen, wie in me. *they, their, them* (Entlehnung aus dem An., gefördert durch Homonymenkonflikt der heimischen Formen, und anschließender Paradigmenausgleich). Ebenso werden Wortbildungsmorpheme weniger leicht entlehnt als Lexeme, sind aber *nach* der Entlehnung u. U. frei verwendbar, d. h. ohne Restriktionen kombinierbar *(-able; de-).*

Die übrigen Kategorien betreffen Einflüsse auf Wortrang und darüber. Sie sind am übersichtlichsten zu ordnen nach dem Rang des Einflusses (Wort, Syntagma, Satz) und nach dem Grad der Abhängigkeit (beim Wort zu ordnen als Lehnwort – Lehnübersetzung – Lehnübertragung – Lehnschöpfung – Lehnbedeutung). Nach Gneuss (1955: 3, aufbauend auf Betz) ergibt sich folgendes Schema:

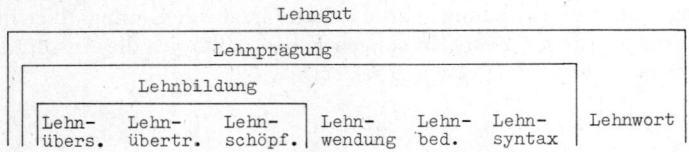

F 92 Läßt sich Gneuss' Schema auf die Lehnbeziehungen zwischen modernen Sprachen übertragen? (Carstensen 1968)

11.3.4 Lehnwort

Eine Wortform wird mit dem Inhalt aus einer fremden Sprache in die eigene übernommen, und zwar oft in engerer Bedeutung als in der Ausgangssprache. Eine Unterscheidung zwischen *Lehnwort* (auch Oberbegriff) und *Fremdwort* nach dem Grad der Integration und der Zugehörigkeit nach *langue* und *parole* (okkasionelle Verwendung) ist in Einzelfällen oft schwierig.

Eine *hybride Bildung* ist eine Zusammensetzung oder Ableitung aus Elementen verschiedener Sprachen; es ist zu unterscheiden, ob die Vokabel bei der Übernahme ein Morphem unübersetzt läßt oder ob sie Morpheme enthält, die schon früher entlehnt sind. Die beteiligten Morpheme sind nach offenen und geschlossenen Listen zu trennen: der Typ *faith + ful* ist jeweils früher belegt als der Typ *believ + able.*

Ein Sonderfall der Integration ist die *Volksetymologie* (7.5), die Remotivierung eines fremden Wortes.

11.3.5 Lehnbildung

Lehnbildung ist der Oberbegriff für eine Reihe von Möglichkeiten, fremde Komposita und Ableitungen mit heimischen Mitteln der Wortbildung wiederzugeben. Nach dem Grad der Abhängigkeit unterscheidet man:

Lehnübersetzung, die Morphem-für-Morphem-Übersetzung eines zusammengesetzten Zeichens: *F 1 gōd + spell (evangelium)*, vgl. *gutnius* (11.1.4); *H 1 ymbe + hwyrf + t (circuitus); H 7 frum + cenn + ed + an (primogenitum)*.

Lehnübertragung, eine freiere Teilübertragung, die sich möglicherweise stärker an heimischen Wortbildungsmustern orientiert: *A 1 tungol + wītega* (nach *astronomus?*); *A 12 leorn + ing + cniht (discipulus); F 21 reste + dæg (sabbatum*, hebr.); *F 21 ge + samn + ung (synagoga)*.

Lehnschöpfung, eine formal vom Ursprungswort unabhängige Neubildung: *G 14 cēp + setl (teloneum); F 4 *full + wīhan, ful + wīht (baptizare, baptismum)*.

Die Grenzen zwischen Lehnübersetzung und -übertragung sind fließend *(A 1 tungolwītega)*. Ob eine Lehnschöpfung vorliegt, hängt davon ab, ob die Vokabel schon vor dem Sprachkontakt vorhanden war, ein Nachweis, der sich in frühen Sprachstufen nur schwer führen läßt.

Interferenzen oberhalb des Wortranges lassen sich klassifizieren als *Lehnwendung* und *Lehnsyntax*.

11.3.6 Lehnwendung

Eine Lehnwendung ist die Nachbildung eines fremden Syntagma; ihr entspricht auf Wortrang die Lehnübersetzung (vgl. ne. *it goes without saying* nach frz. *ça va sans dire*).

11.3.7 Lehnsyntax

Die Nachbildung einer fremden syntaktischen Struktur: *D 6 ūp sprungenre sunnan (sole orto); F 31 hyre handa gegripenre (adprehensa manu eius); H 10 nelle gē ēow ādrǣdan, nyle ȝe drede (nolite timere)*.

Die Syntax des Engl. ist in verschiedenen Perioden besonders stark durch das Lat. beeinflußt worden. Die Tendenzen zur Hypotaxe und zu komplexen Sätzen wurden durch das lat. Vorbild in den germ. Sprachen zumindest sehr verstärkt. Ungeübtheit im periodischen Satzbau zeigt sich noch gelegentlich in ae. Originalprosa; auch im WS-Text kann es noch geschehen, daß bei schwieriger Konstruktion die ae. Syntax 'entgleist' *(F 7)*.

Wichtiger als die sklavisch von der Quelle abhängigen Vorkommen sind jedoch die Belege, die im Originaltext lat. Satzstrukturen nachbilden, wie oftmals in der Renaissance, als die lat. Syntax als die für alle Sprachen anzustrebende Norm betrachtet wurde.

Besonders in der Renaissance greifen die Einflüsse lat. Syntax auch weit über den Satz hinaus, wenn z. B. Abhandlungen streng nach den rhetorischen Verfahrenstechniken aufgebaut werden. Wegen der starken Abhängigkeit von der Quelle erlaubt die Untersuchung der engl. Bibelübersetzungen keine Rückschlüsse auf das engl. System der Textsyntax (8.1).

11.3.8 Lehnbedeutung

Die Bedeutungserweiterung eines Wortes unter dem Einfluß eines fremden Wortes. Die neu hinzukommende Bedeutung unterliegt innersprachlichen Gesetzen: sie kann also wieder aufgegeben werden, kann aber auch die ursprüngliche Bedeutung völlig verdrängen. Nach dem Grad der Deckung des Bedeutungsumfanges des fremden und heimischen Wortes lassen sich unterscheiden:

Analoge Lehnbedeutung: vor der Berührung war beiden wenigstens *eine* Bedeutung gemeinsam (Schema 1). Die Lehnbedeutung ist daher oft aus Übersetzungsfehlern entstanden, wo eine in einem anderen Kontext richtige Übersetzung übertragen wurde. In ae. Zeit gehen diese Lehnbedeutungen dagegen meist auf den bewußten Versuch zurück, fremde Vorstellungen mit heimischen Wörtern wiederzugeben, so z. B. in der frühen Missionssprache und daher auch noch im zentralen christlichen Wortschatz von *WS: F 3–5 drihten, bodian, syn, andettan.*

Substituierende Lehnbedeutung: ein heimisches Wort, dessen Bedeutungsbereich dem eines fremden nur nahekommt, übernimmt dessen Bedeutung (Schema 2). Das Verfahren läßt dem Übersetzer große Freiheit; die Ergebnisse sind oft sehr subjektiv: *H 2 dēma* 'Richter' → 'Statthalter' *(praeses).*

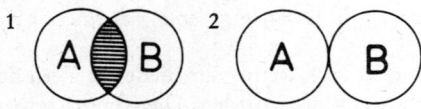

Verschmelzungen zweier Zeichen aus verschiedenen Sprachen lassen sich in den hier aufgeführten Kategorien nicht befriedigend beschreiben. So ergibt nach Identifizierung der Ausdrucksseiten (vgl. *A 12*) ae. *drēam* 'Jubel, Gesang' × an. *draumr* 'Traum' = me. *dreem* 'Traum'; ähnlich wohl die Mischung in me. *dwellen (D 32, F 10).*

F 93 Belegen Sie die Typen des Lehnguts aus dem *WS*-Text *H*.

F 94 Suchen Sie Beispiele für die Behauptung, daß die Bedeutung eines Lehnworts enger ist als die des Ursprungswortes in der fremden Sprache.

11.4 Die Haltung der Benutzer: Purismus

In der engl. Sprachgeschichte wechseln Epochen freimütiger Aufnahme von Lehnwörtern mit solchen, in denen weitgehend heimische Mittel zum Ausdruck der fremden Vorstellungen herangezogen wurden. So drückt die ae. Missionssprache, abgesehen von den fest eingebürgerten Wörtern wie *engel, cirice, dēofol* etc., fast den gesamten Gehalt der christlichen Lehre durch Lehnbedeutungen germ. Wörter und Lehnbildungen aus.

F 95 Läßt sich eine vorchristliche Bedeutung von *bless, God, sin* ermitteln, und wie läßt sich der sprachliche Aspekt der Bekehrungsgeschichte mit dem kulturgeschichtlichen vergleichen (Brief Gregors an Mellitus, den ersten Bischof von London, zitiert bei Beda I. 30)?

Die Benediktinerreform des 10. Jh. brachte eine starke Zunahme von Buchwörtern, die den Einstrom von Lehnwörtern im Me. sicherlich gefördert haben, als das Fehlen eines me. Standard bis ins späte 14. Jh. und das geringe Prestige des Engl. keinen Widerstand gegen Lehnwörter aufkommen ließen. Die starke Anpassung der frz. Lehnwörter an die me. Betonung und die Verbreitung der Lehnwörter zeigen an, daß ein Großteil im 13.–14. Jh. als voll eingebürgert gelten kann.

Der Streit um den Gebrauch von Fremdwörtern wird erst heftig in der Renaissance. Die Befürworter des Fremdworts behaupten, das Engl. sei zum Ausdruck bestimmter Inhalte nicht geeignet und der engl. Stil müsse durch *ornatus* der lat. Kunstprosa angenähert werden. Besonders die 'wohlklingenden', aber funktionslosen neuen Entlehnungen und latinisierten Neuprägungen wurden von den Widersachern als *inkhorn terms* verspottet. Außerdem mischt sich religiöser Gegensatz in das Problem, da die Protestanten den Katholiken vorwerfen, hundert Wörter der Bibel unübersetzt stehengelassen zu haben.

F 96 Geben Sie die Gründe an, weshalb auch die kritisierten Bibelübersetzungen des 16. Jh. einen geringen Anteil an Fremdwörtern (oder gar *inkhorn terms*) enthalten.

Erst das 18. Jh. mit seiner Furcht vor Sprachwandel und seinem Streben nach grammatischer Korrektheit nimmt wieder dezidiert für den Purismus Stellung, vgl. Johnson 1755:

Our language, for almost a century, has, by the concurrence of many causes, been gradually departing from its original *Teutonick* character, and deviating towards a *Gallick* structure and phraseology, from which it ought to be our endeavour to recal it ... (in Bolton 1966: 145).

... to stop the licence of translatours, whose idleness and ignorance, if it be suffered to proceed, will reduce us to babble a dialect of *France* (in Bolton 1966: 154).

Johnsons Purismus ist also einseitig und richtet sich nicht gegen Latinismen; diese sind sogar Kennzeichen seines Stils (*Johnsonese*), wie er besonders in einigen Definitionen seines Wörterbuchs erscheint:

COUGH — A convulsion of the lungs, vellicated by some sharp serosity

NETWORK — Anything reticulated or decussated, at equal distances with interstices between the intersections.

F 97 Ist Harwoods Bibelparaphrase *Johnsonese?*

Auch das 19. Jh. hatte seine Vertreter der Sprachreinheit, deren Tendenzen oft mit archaisierenden Hand in Hand gingen. Neben Morris (9.5.5) war es besonders G. M. Hopkins, dessen Diktion

is characterized by its Saxon and dialect words, its studied avoidance of the Latin vocabulary, prompted by theory and backed by a movement of linguistic Teutonizers (Wellek-Warren [4]1961: 180).

Diastratisch gegliedert, nimmt die Frequenz der Lehnwörter mit der Schulbildung zu. Dem entgegen steht jedoch bei einer auf Sprachreinheit ausgerichteten Schultradition die Vermeidung von nicht in die Schriftsprache aufgenommenen Lehnwörtern (dt. *Schose*) oder von solchen, die durch heimischen Ersatz verdrängt sind (dt. *Kondukteur*). Solche Lehnwörter überleben dann oft in 'niederen' Schichten (Dialekt, Soziolekt). Im Engl., das nie eine durchgreifende 'Reinigung' durchgemacht hat, ist diese Erscheinung bezeichnenderweise kaum zu finden.

11.5 Das Lehnwort: Transferenz und Integration

11.5.1 Gründe der Entlehnung
(Käsmann 1961)

Um die Gründe für die Entlehnung genau bestimmen zu können, müssen die historischen Bedingungen und die innersprachlichen Verhältnisse zur Zeit der Entlehnung bekannt sein. Diese Forderung ist nicht strikt einzuhalten; dennoch lassen sich Typen von Ursachen und Situationen finden, die die Übernahme zumindest begünstigen. Oft sind mehrere Ursachen gleichzeitig wirksam.

A Lücken des heimischen Wortschatzes

1 Das Wort wird mit dem neuen Inhalt (und der Sache) übernommen: *A 11 myrre, D 31 senep; F 21 sabat, synagoge.*

2 Für einen bekannten Inhalt ist keine Bezeichnung vorhanden: *D 32 plant.*

3 Für eine Inhaltsnuance ist der vorhandene Ausdruck unzureichend differenziert ('misericordia' s. u.).

B Vorausgehende Schwächung des einheimischen Wortschatzes

4 Der Inhalt wurde (versuchsweise) durch eine Vielzahl von Ausdrücken wiedergegeben: *E 15 leorningcniht* || *disciple.*

5 Der Inhalt wird durch einen Ausdruck wiedergegeben, der infolge von Homonymie, Polysemie, als Element einer unproduktiven Wortbildungsklasse gefährdet ist: *C 24 hilid* || *covered; C 25 hǣlan = heal, save; H 11 hǣlend* || *sàuyoure.*

6 Für einen gefühlsmäßig stark belasteten Ausdruck (einschließlich der Tabus) wird ein neutrales Wort benötigt.

C Assoziative Beziehungen

7 Entlehnung nach vorausgehender Aufnahme eines Wortes derselben Wortfamilie (Konsoziation): *D 49 iust (– justice;* vgl. *the judge, to judge, judgement).*

8 Die Entlehnung wird begünstigt durch ein vorhandenes einheimisches Wort, das in Ausdruck/Inhalt ähnlich ist: *læccan* × *catchen;* besonders häufig bei Übernahmen aus dem An.

9 Angleichungen: ein schon entlehntes Wort wird durch eine Neuentlehnung ersetzt/ in seiner Lautform und/oder Bedeutung angeglichen: *F 2 engel* || *aungel.*

D Besondere außersprachliche Gründe

10 Entlehnung für den Reim benötigter Wörter.

11 Nicht durch Sachzwang (sondern durch Mode, Prestige der Fremdsprache, Stilwert) motivierte Übernahmen.

12 Infolge von Ratlosigkeit oder Bequemlichkeit des Übersetzers stehengebliebene Wörter der Quelle (*parole*-Phänomen?): *H 10 euangelise EV.*

E Ursachen nicht (mehr?) festzustellen

13 Der große Rest unklarer Fälle könnte sicher unter einen weiter gefaßten Punkt 11. subsumiert werden, der aber dann selbst jede Aussagekraft verlöre.

Bei der Erforschung des Lehnguts sind die Stufen der Entlehnung und der Einbürgerung zu unterscheiden. Der der Entlehnung vorausgehende Sprachstand kann wichtige Hinweise auf die Gründe für die Entlehnung geben; die Entwicklung nach der Entlehnung (die Geschwindigkeit der Einbürgerung, der Bedeutungswandel) läßt u. U. Rückschlüsse auf die Stellung des Wortes im Gesamtwortschatz zu.

Die Erforschung der komplexen Gründe, die zur Aufnahme eines Lehnworts führen, erfordert umfangreiche Vorarbeiten. Deshalb kann hier eine Korpusuntersuchung nur an bereits behandeltem Material sinnvoll sein, wie anhand des kirchlichen Wortschatzes (Käsmann 1961).

F 98 Referieren Sie die Gründe für die Konstanz der Wiedergabe von *evangelium, peccatum, spiritus sanctus,* die Ersetzung durch ein anderes heimisches Wort bei *dominus* und die Aufnahme von Lehnwörtern bei *propheta, baptizare, baptismus, penitentia, remissio* in den Texten *F 1–6.*

In vielen Fällen erfolgte die Entlehnung ohne ersichtlichen Grund, und Lehnwort und heimisches Wort stehen eine Zeitlang gleichberechtigt und weitgehend synonym nebeneinander. So ergibt eine Sammlung der Ausdrücke für 'misericordia' (*E 14, F 41,* Lk 10.33): ae. *mildheortnes, milts* (in: *gemiltsian*); me. *mercy, reuthe*; me.-ne. *pity, compassion, sympathy.* Von diesen stehen me. die heimischen *milce, reuthe* (und *ore*) und die Lehnwörter *mercy, pity* so synonym nebeneinander, daß sich nicht wahrscheinlich machen läßt, daß die Lehnwörter eine Lücke füllten (vgl. Käsmann 1961: 135–47). Nicht einmal den Vorteil größerer Eindeutigkeit haben die neuen Wörter lange – auch sie müssen durch die Entlehnung speziellerer Termini (*compassion, sympathy* etc.) ergänzt werden:

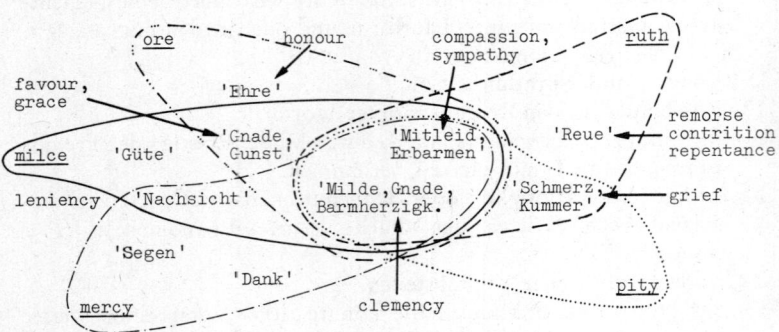

F 99 Welche Bedeutungen von *mercy* und *pity* haben sich im Engl. neu entwickelt und welche sind wieder aufgegeben worden (OED, Käsmann 1961)? Wie ist der Synonymenkonflikt im zentralen Bereich 'Mitleid, Barmherzigkeit' gelöst worden?

11.5.2 Der 'Nutzen' des Lehnworts

(Jespersen [10]1967: 120 ff., Baugh & Cable [4]1993: 182)

Aus den aufgeführten Gründen, die eine Entlehnung begünstigen, lassen sich die folgenden unter dem Stichwort 'Nutzen' zusammenstellen:

1 Lehnwörter dienen zur Bezeichnung fremder Gegenstände und Sachverhalte, für die heimische Umschreibungen umständlich oder mißverständlich wären;
2 sie füllen Lücken für bekannte, aber bisher nicht bezeichnete Inhalte;
3 sie erlauben eine feinere Differenzierung (Bedeutungsoppositionen innerhalb vorhandener Wortfelder oder als Stilvarianten);
4 sie dienen der Internationalität des Wortschatzes (Fachterminologie der Wissenschaft und Technik).

Besonders der dritte Punkt ist immer wieder als besondere Bereicherung der Ausdrucksfähigkeit der engl. Sprache begrüßt worden.

11.5.3 Hinderungsgründe gegen Entlehnung

Der Entlehnung stehen auch Gründe entgegen, die außersprachlich (Purismus, Nationalismus), aber im Fall des Einzelwortes auch innersprachlich sein können:
1 Das heimische Äquivalent gehört zum zentralen Wortschatz (Frequenz, Zeitpunkt des Erwerbs im Kindesalter).
2 Das Feld ist ausreichend dicht besetzt mit heimischen Vokabeln; die Aufnahme von Lehnwörtern ist in einem solchen Bereich oft nur vorübergehend (Mode).
3 Größere phonologische oder morphologische Strukturunterschiede machen eine Aufnahme unter leichter Anpassung unmöglich; das Bewußtsein der korrekten Form verhindert eine völlige Anpassung (so ist in neuerer Zeit kein engl. Wort mit /θ/ ins Dt. entlehnt worden – doch *thriller* im Prozeß der Einbürgerung?).

11.5.4 Lehnbeziehungen und Chronologie (vgl. 3.2)

Sprachgeschichte kann Kulturgeschichte sinnvoll ergänzen. Besonders Lehnbeziehungen in vorschriftsprachlichen Perioden geben oft Aufschlüsse für die andere Fragestellung.

So ist ae. *strǣt*, *strēt* 'Straße' nicht direkt aus dem lat. *strata (via)* entlehnt, sondern muß schon auf dem Kontinent übernommen worden sein, weil es die bei heimischen Wörtern regelmäßige Entwicklung von wg. /aː/ > ae. /æː, eː/ zeigt. Eine Datierung ist plausibel, wenn (wie im Beispiel *strǣt*)
1 die Lautentwicklung die angenommene Chronologie stützt,
2 der Zeitpunkt der Entlehnung kulturgeschichtlich wahrscheinlich ist (die Germanen lernten den Straßenbau ca. 100 v.–300 n. Chr. von den Römern kennen, Übernahme des Wortes ins Wg. ca. 400),
3 die Verbreitung in den Schwestersprachen nach Lautung und Bedeutung für die Entlehnung in die gemeinsame Muttersprache spricht.

F 100 *H 1, 3 WS* finden sich *cāsere* 'Kaiser' und *ceastre* 'Stadt'. Wann sind diese Wörter entlehnt worden (lautliche Indizien) und in welcher Bedeutung? Welche außersprachlichen Argumente stützen die angenommene Datierung?

F 101 Welcher zeitliche Unterschied besteht in der Entlehnung von ne. *oblige* und *machine; gentle, gentile* und *genteel?*

Außer Rückschlüssen auf den Zeitpunkt des Sprachkontakts läßt sich oft auch das Medium oder regionale/soziale Subsystem der Herkunftssprache genauer bestimmen. So sind die ae. Lehnwörter aus dem Lat. oft eindeutig vulgärlat. Herkunft (dann durch mündliche Vermittlung) oder als Buchentlehnungen zu bestimmen. Me. Lehnwörter aus dem Frz. lassen sich oft nach der Form als agn. (dann durch mündliche Entlehnung in England) oder zfrz. (dann oft Buchentlehnungen des 14.–15. Jh.) einordnen.

11.5.5 Doppelentlehnungen

Wörter können in verschiedenen Epochen oder aus verschiedenen Systemen mehrmals entlehnt werden, wenn sie in Ausdruck und Inhalt als nichtidentisch angesehen werden. Aus diesem Grund unterscheidet sich die zweite Entlehnung auch nicht von der Aufnahme eines 'neuen' Wortes. Als ne. Beispiele lassen sich anführen (zitiert in der ne. Form): lat. *uncia* → ae. *inch,* agn. → me. *ounce;* lat. *moneta* → ae. *mint,* agn. → me. *money;* agn. → me. *catch,* zfrz. → me. *chase.* Diese Neuentlehnungen sind zu unterscheiden von der Anpassung früher entlehnter Wörter als Folge eines neuen Sprachkontakts oder im Bestreben etymologischer Korrektheit.

F 102 Welche Bedeutungsunterschiede bestehen zwischen den zitierten Doppelentlehnungen? Bestimmen Sie Zeitpunkt der Übernahme und Bedeutung der auf lat. *discus* zurückgehenden Lehnwörter ne. *dish, disc, discus, desk, dais.*

11.5.6 Die Einbürgerung entlehnter Wörter

Als Einbürgerung (Integration) eines fremden Wortes wird der allmähliche Übergang vom okkasionellen Gebrauch in das System unter Anpassung an die Struktur der aufnehmenden Sprache bezeichnet. In vielen Fällen wird ein fremdes Wort zuerst in ein peripheres System der aufnehmenden Sprache eingegliedert und erst im Verlauf der diastratischen Ausbreitung voll angepaßt (ne./garaːʒ > gæridʒ/, *indices* > *indexes*); dieser Prozeß kann jedoch durch eine neue Ausrichtung am fremden Wort rückgängig gemacht werden.

Ein fremdes Wort bleibt dann oft schlecht integriert, wenn es Gegenstände und Sachverhalte einer fremden Kultur ausdrückt *(Exotismen)*. Die Fremdartigkeit wird oft durch ungewöhnliche (d. h. den Strukturen der aufnehmenden Sprache widersprechende) Grapheme/ Phoneme oder fremde Verwendung bewußt beibehalten oder wieder neu eingeführt. Die richtige Verwendung dieses halb angepaßten Wortes wird dann als Anzeichen der Beherrschung der Fremdsprache angesehen, d. h. als statusmarkierendes Merkmal.

Ein neues Wort wird in der gesprochenen Sprache oft von einer erklärenden Paraphrase begleitet. Aber auch im geschriebenen Text, besonders in Übersetzungen, ist die Methode der Einführung des Fremdwortes durch Koppelung mit seiner einheimischen Umschreibung geläufig. Diese Doppelungen sind Stilmerkmal des 15. Jh., stellen aber häufiger das bewußte Bemühen des Übersetzers dar, das fremde Wort zu erläutern, oder spiegeln seine Unsicherheit, ob der Übersetzungsversuch wirklich der Vorlage gerecht wird.

11.5.7 Richtung der Entlehnung

Nicht immer läßt sich die Wanderung eines Wortes oder anderer Einfluß einer Sprache auf die andere kulturgeschichtlich rekonstruieren. Wo ein Wort nicht oder nur unvollkommen integriert ist, ist die Richtung der Entlehnung aus der Unregelmäßigkeit direkt ablesbar. Ebenso zeigt aber auch die (nicht umkehrbare) Integration oft, aus welcher Sprache in welche ein Wort entlehnt wurde:

phonologisch: ae. *sealm* ← *psalmus* (wegen nicht in anderer Richtung zu interpretierender Anpassung),

morphologisch: *cherry, cherries* ← *cherise, Keks* ← *cake* + *s* (wegen 'falscher' Segmentierung),

Wortbildung: *method* ← gr. *met* + *hodós, oboe* ← *haut* + *bois* (Remotivierung in Form von Volksetymologie bleibt möglich, 7.5),

Bedeutung: *spirit* ← *spiritus* (Entlehnung zeigt engeren Bedeutungsumfang).

Weitere Kriterien, wie Konsoziation, syntaktische Kombinierbarkeit können hinzukommen, aber in jedem Fall sind die Ergebnisse einer derartigen Analyse durch philologische und kulturgeschichtliche Argumente zu stützen.

Paralleltexte

Die Weisen aus dem Morgenland

VU 1 cum ergo natus esset Iesus in Bethleem Iudaeae in diebus
Herodis regis ecce magi ab oriente venerunt Hierosolymam **2** dicentes
ubi est qui natus est rex Iudaeorum vidimus enim stellam eius in
oriente et venimus adorare eum **3** audiens autem Herodes rex turbatus
est et omnis Hierosolyma cum illo **4** et congregans omnes principes sacerdotum et scribas populi sciscitabatur ab eis ubi Christus nasceretur

WS 1 Eornustlice þa se Hælend acenned wæs on Iudeiscre Bethleem, on þæs cyninges dagum Herodes, þa comon þa tungolwitegan
fram eastdæle to Hierusalem, **2** and cwædon, Hwær ys se Iudea
Cyning þe acenned ys? Soðlice we gesawon hys steorran on eastdæle,
and we comon us him to geeadmedenne. **3** Ða Herodes þæt gehyrde,
ða wearð he gedrefed and eal Hierosolimwaru mid him. **4** And þa
gegaderode Herodes ealle ealdras þæra sacerda and folces writeras,
and axode hwær Crist acenned wære.

LV 1 Therfor whanne Jhesus was borun in Bethleem of Juda, in
the daies of king Eroude, lo! astromyenes camen fro the eest to Jerusalem, **2** and seiden, Where is he, that is borun king of Jewis? for we
han seyn his sterre in the eest, and we comen to worschipe him. **3** But
king Eroude herde, and was trublid, and al Jerusalem with hym.
4 And he gaderide to gidre alle the prynces of prestis, and scribis of
the puple, and enqueride of hem, where Crist shulde be borun.

TY 1 When Iesus was borne at Bethleem in Iury, in the tyme of
Herode the kynge. Beholde, there came wyse men from the eest to
Ierusalem **2** saynge: Where is he that is borne kynge of the Iues? We
have sene his starre in the eest, and are come to worship him. **3** When
Herode the kynge had herde thys, he was troubled, and all Ierusalem
with hym, **4** and he gathered all the chefe Prestes and Scribes of the
people, and axed of them where Christ shulde be borne.

NEB 1 Jesus was born at Bethlehem in Judaea during the reign of Herod. **2** After his birth astrologers from the east arrived in Jerusalem, asking, 'Where is the child who is born to be king of the Jews? We observed the rising of his star, and we have come to pay him homage.' **3** King Herod was greatly perturbed when he heard this; and so was the whole of Jerusalem. **4** He called a meeting of the chief priests and lawyers of the Jewish people, and put before them the question: 'Where is it that the Messiah is to be born?'

WS 1 eərnəstlitʃə θa: se hæ:lənd akennəd wæs on ju:de:iʃrə
betləəm on θæs kiniŋgəs dayəm he:rodəs, θa: ko:mən θa: tuŋgəlwitəyən fram æ:əstdæ:lə to: jerəzələm   2 and kwæ:dən, hwæ:r
is se ju:de:ə kiniŋg θə akennəd is. so:θlitʃə we: jəsa:wən his
steərrən on æ:əstdæ:lə and we: ko:mən him to: jæædme:dənə
3 θa: he:rodəs θæt jəhy:rdə, θa: wæərθ he: jədre:vəd and æəl
jerəzələmwarə mid him   4 and θa: jəgadərədə he:rodəs æəllə
æəldrəs θæ:rə sa:kərdə and folkəs wri:tərəs and aksədə hwæ:r
kri:st akennəd wæ:rə

LV 1 ðɛ:rfɔr Man dʒe:zus waz bɔ:rən ɪn betləəm ɔv dʒiudə
ɪn ðə dæɪəz ɔv kɪŋg ɛrɔd, lɔ: astrɔmɪənz ka:mən frɔ: ðə ɛ:st
tu dʒərusələm and sæɪdən   2 Mɛ:r ɪz he: ðat ɪz bɔ:rən kɪŋg
ɔv dʒɪuɪz, fɔr we: han sæɪn hɪz sterə ɪn ðə ɛ:st and we:
kumən tu wurʃip hɪm   3 but kɪŋg ɛrɔd he:rdə and waz trublɪd
and al dʒəru:sələm wɪð hɪm   4 and he:gadərɪd tugɪdrə alə ðə
prɪnsɪz ɔv pre:stɪz and skri:bɪz ɔv ðə pe:plə and ɪŋkwe:rɪd
ɔv hɛm Mɛ:r kri:st ʃuldə be: bɔ:rən

TY 1 Mɛn dʒi:zəs waz bɔrn at betləəm ɪn dʒɪurɪ ɪn ðə təɪm
əv hɛrəd ðə kɪŋg, bəhould ðɛ:r kæ:m wəɪz mɛn from ðə ɛ:st tu
dʒəruːsələm   2 sæɪɪŋg Mɛ:r ɪz hi: ðət ɪz bɔrn kɪŋg əv ðə
dʒɪuz. wi: həv si:n hɪz star ɪn ðə ɛ:st ənd ar kum tu wurʃip
hɪm   3 Mɛn hɛrəd ðə kɪŋg həd he:rd ðɪs, hi: waz trubləd ənd
aul dʒəruːsələm wɪð hɪm   4 ənd hi: gadərd aul ðə tʃi:f pri:sts
ənd skrəɪbz əv ðə pi:pl ənd akst ðɛm Mɛ:r krəɪst ʃud bi: bɔrn

VU 5 At illi dixerunt ei in Bethleem Iudaeae sic enim scriptum est
per prophetam **6** et tu Bethleem terra Iuda nequaquam minima es in
principibus Iuda ex te enim exiet dux qui reget populum meum Israhel
7 Tunc Herodes clam vocatis magis diligenter didicit ab eis tempus
stellae quae apparuit eis **8** et mittens illos in Bethleem dixit ite et
interrogate diligenter de puero et cum inveneritis renuntiate mihi ut et
ego veniens adorem eum

WS 5 Ðā sǣdon hī him, On Iudeiscere Bethlem; witodlīce þus ys
āwriten þurh þone wītegan, **6** And þū Bethleem, Iudea land, witodlīce
ne eart þū lǣst on Iuda ealdrum; of ðē forð gǣð sē heretoga sē þe
recð mīn folc Israhel. **7** Herodes þā clypode on sundersprǣce ðā
tungelwītegan, and befrān hī georne hwænne sē steorra him
ætēowde. **8** And hē āsende hī tō Bethlem, and ðus cwæð, Farað
and āxiað geornlīce be þām cilde; and þonne gē hyt gemētað, cȳþað
eft mē, þæt ic cume and mē tō him gebidde.

LV 5 And thei seiden to hym, In Bethleem of Juda; for so it is
writun bi a profete, **6** And thou, Bethleem, the lond of Juda, art not
the leest among the prynces of Juda; for of thee a duyk schal go out,
that schal gouerne my puple of Israel. **7** Thanne Eroude clepide pryueli
the astromyens, and lernyde bisili of hem the tyme of the sterre that
apperide to hem. **8** And he sente hem in to Bethleem, and seide, Go
ʒe, and axe ʒe bisili of the child, and whanne ʒee han foundun, telle
ʒe it to me, that Y also come, and worschipe hym.

TY 5 And they sayde vnto hym: at Bethleem in Iury. For thus it is
written by the Prophet. **6** And thou Bethleem in the londe of Iury,
art not the leest concernynge the Princes of Iuda. For out of the shall
come the captayne, that shall govern my people Israhel. **7** Then Herod
prevely called the wyse men, and dyligently enquyred of them, the
tyme of the starre that appered, **8** and sent them to Bethleem saynge:
Goo and searche dyligently for the chylde. And when ye have founde
hym, bringe me worde, that I maye come and worshippe hym also.

NEB 5 'At Bethlehem in Judaea', they replied; and they referred him to the prophecy which reads: **6** 'Bethlehem in the land of Judah, you are far from least in the eyes of the rulers of Judah; for out of you shall come a leader to be the shepherd of my people Israel.' **7** Herod next called the astrologers to meet him in private, and ascertained from them the time when the star had appeared. **8** He then sent them on to Bethlehem, and said, 'Go and make a careful inquiry for the child. When you have found him, report to me, so that I may go myself and pay him homage.'

WS 5 θɑː sæːdən hiː him, on juːdeːiʃrə betləəm. witədlitʃə
θus is awritən θurx θonə witəyən 6 and θuː betləəm juːdeːə
laːnd witədlitʃə nə æərt θuː læːst on juːdə æəldrəm. of θeː
forθ gæːθ se heretoyə se θə rekθ miːn folk izrɑəl 7 heːroː-
dəs θɑː klipədə on sundərspræːtʃə θɑː tuŋgəlwitəyən and befraːn
hiː jeərnə hwænnə se steərrə him æteːəudə 8 and heː ɑsendə
hiː toː betləəm and θus kwæθ, farəθ and aksiəθ jeərnlitʃə beː
θam tʃiːldə and θonnə jeː hit jəmeːtəθ kyːðəθ eft meː θæt itʃ
kumə and meː toː him jəbiddə

LV 5 and ðæi sæidən tu him, in betləəm ɔv dʒiudə. for sɔː
it iz writən biː ə profet 6 and ðuː betləəm ðə loːnd ɔv
dʒiudə art nɔt ðə lɛːst əmuŋ ðə prinsiz ɔv dʒiudə. for ɔv ðeː
ə diuk ʃal gɔː uːt ðat ʃal guvɛrn miː peːplə ɔv izrɑəl
7 and ðan ɛrɔd kleːpid priveli ðə astromiənz and lɛrnid
bizili ɔv hɛm ðə tiːmə ɔv ðə steːrə ðat apeːrid tu hɛm 8
and heː sɛntə hɛm intu betləəm and sæidə, gɔː jeː and aksə
jeː bizili ɔv ðə tʃiːld, and ʍan jeː han fuːndən, telə jeː
it tu meː ðat iː alsɔː kumə and wurʃip him

TY 5 ən ðæi sæid untu him at betləəm in dʒiuri. for ðus it
iz writən bəi ðə profət 6 ən ðʌu betləəm in ðə loːnd əv
dʒiuri art nɔt ðə lɛːst kɔnsɛrniŋ ðə prinsəz əv dʒiudə. for
ʌut əv ðiː ʃaul kum ðə kaptən ðət ʃaul guvərn məi piːpl izrɑəl
7 ðɛn hɛrəd preveli kauld ðə wəiz mɛn ən dilidʒentli iŋkwəird
əv ðɛm ðə təim əv ðə star ðət apeːrd 8 ən sɛnt ðɛm tu betləəm sæiiŋg, gɔː ən sɛːrtʃ dilidʒentli for ðə tʃəild, ənd ʍɛn
jiː həv fʌund him briŋ miː wurd ðət əi mæi kum ənd wurʃip him
aulsɔː

VU 9 qui cum audissent regem abierunt et ecce stella quam viderant in oriente antecedebat eos usque dum veniens staret supra ubi erat puer 10 videntes autem stellam gavisi sunt gaudio magno valde 11 et intrantes domum invenerunt puerum cum Maria matre eius et procidentes adoraverunt eum et apertis thesauris suis obtulerunt ei munera aurum tus et murram 12 et responso accepto in somnis ne redirent ad Herodem per aliam viam reversi sunt in regionem suam

WS 9 Đā hī þæt gebod gehȳrdon, þā fērdon hī; and sōþlīce sē steorra þe hī on ēastdǣle gesāwon him beforan fērde, oð hē stōd ofer þǣr þæt cild wæs. 10 Sōþlīce þā ðā tungelwītegan þone steorran gesāwon, fægenodon swȳðe myclum gefēan. 11 And gangende intō þām hūse hī gemētton þæt cild mid Marian hys mēder; and hī āðenedon hī, and hī tō him gebǣdon; and hī untȳndon hyra goldhordas, and him lāc brōhton, þæt wæs gold and rēcels and myrrе. 12 And hī āfēngon andsware on swefnum þæt hī eft tō Herode ne hwyrfdon; ac hī on ōðerne weg on hyra rīce fērdon.

LV 9 And whanne thei hadden herd the kyng, thei wenten forth. And lo! the sterre, that thei siȝen in the eest, wente bifore hem, til it cam, and stood aboue, where the child was. 10 And thei siȝen the sterre, and ioyeden with a ful greet ioye. 11 And thei entriden in to the hous, and founden the child with Marie, his modir; and thei felden doun, and worschipiden him. And whanne thei hadden openyd her tresouris, thei offryden to hym ȝiftis, gold, encense, and myrre. 12 And whanne thei hadden take an aunswere in sleep, that thei schulden not turne aȝen to Eroude, thei turneden aȝen bi anothir weie in to her cuntrey.

TY 9 When they had heard the kynge, they departed: and lo the starre which they sawe in the eeste, went before them, tyll it came and stode over the place where the chylde was. 10 When they sawe the starre, they were marvelously glad: 11 and went into the house, and found the chylde with Mary hys mother, and kneled doune and worshipped hym, and opened their treasures, and offred vnto hym gyftes, gold, franckynsence and myrre. 12 And after they were warned of God in a dreame, that they shuld not go ageyne to Herod, they retourned into their awne countre another waye.

NEB 9 They set out at the king's bidding; and the star which they had seen at its rising went ahead of them until it stopped above the place where the child lay. **10** At the sight of the star they were overjoyed. **11** Entering the house, they saw the child with Mary his mother, and bowed to the ground in homage to him; then they opened their treasures and offered him gifts: gold, frankincense, and myrrh. **12** And being warned in a dream not to go back to Herod, they returned home another way.

WS 9 θα: hi: θæt ɹəbod ɹəhy:rdən θα: fe:rdən hi:, and so:θ-
liitʃe se stεεrrə θə hi: on æ:əstdæ:lə ɹəsa:wən him bəforən
fe:rdə, oθ he: sto:d ovər θæ:r θæt tʃi:ld wæs 10 so:θlitʃe
θα: θα: tuŋgəlwitəyən θonə stεərrən ɹəsa:wən, θα: fæɹənədən
swi:ðə mykləm ɹəfæ:ən 11 and gaŋgəndə into: θam hu:zə hi:
ɹəmettən θæt tʃi:ld mid ma:riən his me:dər and hi: aθenədən
hi: and hi: to: him ɹəbæ:dən, and hi: unty:ndən hirə goldhor-
dəs and him la:k broxtən, θæt wæs go:ld and re:tʃəls and mirrə
12 and hi: afe:ŋgən antswarə on swevnəm θæt hi: eft to: he:-
rode nə hwyrvdən, ak hi: on oðərnə weɹ on hirə ri:tʃə fe:rdən

LV 9 and ʍæɪ ðæɪ hadən he:rd ðə kɪŋg, ðæɪ wεntən forθ.
and lɔ:, ðə stεrə ðat ðæɪ si:ən ɪn ðə ε:st wεntə bɪfɔ:rə
hεm, tɪl ɪt kam and sto:d əbuvə ʍε:r ðə tʃi:ld waz
10 and ðæɪ si:ən ðə stεrə and dʒɔɹədən wɪð ə ful grε:t dʒɔɪə
11 and ðæɪ εntrɪdən ɪntu ðə hu:s and fu:ndən ðə tʃi:ld wɪð
ma:rɪ hɪz mo:dɪr, and ðæɪ fεldən du:n and wurʃɪpɪdən hɪm.
and ʍæɪ ðæɪ hadən ɔ:pənɪd hεr trε:zɪurɪz, ðæɪ ofrɪdən tu hɪm
ɹɪftɪz, go:ld ɪnsεns and mɪrə 12 and ʍæɪ ðæɪ hadən ta:k
aunswər ɪn sle:p ðat ðæɪ ʃuldən nɔt turnə əɹe:n tu εrɔd,
ðæɪ turnədən əɹe:n bi: əno:ðər wæɪə ɪntu hεr kuntrɪ

TY 9 ʍεn ðæɪ həd hε:rd ðə kɪŋg ðæɪ dəpartəd, ənd lɔ: ðə star
ʍɪtʃ ðæɪ sau ɪn ðə ε:st wεnt bəfɔ:r ðεm tɪl ɪt kæ:m ən stu:d
ɔ:vər ðə plæ:s ʍε:r ðə tʃɪɪld waz 10 ʍεn ðæɪ sau ðə star
ðæɪ wε:r marvəluslɪ glad 11 ənd wεnt ɪntu ðə hʌus ənd fʌund
ðə tʃɪɪld wɪð mæ:rɪ hɪz mu:ðər ən kni:ld dʌun ənd wurʃɪpt hɪm
ənd ɔ:pənd ðεr trε:zɪərz ənd ofrəd untu hɪm gɪfts, gu:ld
fraŋkɪnsεns ənd mɪr 12 ənd aftər ðæɪ wε:r warnd əv gɔd ɪn
ə drε:m ðət ðæɪ ʃud nɔt gɔ: əgæɪn tu hεrəd, ðæɪ rəturnd ɪntu
ðεr aun kuntrɪ ənuðər wæɪ

VU 13 qui cum recessissent ecce angelus Domini apparuit in somnis
Ioseph dicens surge et accipe puerum et matrem eius et fuge in
Aegyptum et esto ibi usque dum dicam tibi futurum est enim ut
Herodes quaerat puerum ad perdendum eum **14** qui consurgens accepit
puerum et matrem eius nocte et recessit in Aegyptum **15** et erat ibi
usque ad obitum Herodis ut adimpleretur quod dictum est a Domino
per prophetam dicentem ex Aegypto vocavi filium meum **16** tunc
Herodes videns quoniam inlusus esset a magis iratus est valde et mittens occidit omnes pueros qui erant in Bethleem et in omnibus finibus
eius . . . ●

WS 13 Þā hī þā fērdon, þā ætȳwde Drihtnes engel Iosepe on
swefnum, and þus cwæð, Ārīs and nim þæt cild and his mōdor, and
flēoh on Egypta land, and bēo þær oð þæt ic ðē secge; tōweard ys
þæt Herodes sēcð þæt cild tō forspillenne. **14** Hē ārās þā and nam
þæt cild and his mōdor on niht, and fērde on Egyptum; **15** and
wæs þær oð Herodes forðsīð: þæt wǣre gefylled þæt ðe fram
Drihtne gecweden wæs þurh ðone wītegan, Of Egyptum ic mīnne
sunu geclypode. **16** Ðā wæs Herodes swȳðe gebolgen, for þām þe
hē bepæht wæs fram þām tungelwītegum, and hē āsende þā and
ofslōh ealle þā cild þe on Bethleem wǣron and on eallum hire ge-
mǣrum . . . ●

LV 13 And whanne thei weren goon, lo! the aungel of the Lord
apperide to Joseph in sleep, and seide, Rise vp, and take the child and
his modir, and fle in to Egipt, and be thou there, til that I seie to
thee; for it is to come, that Eroude seke the child, to destrie hym.
14 And Joseph roos, and took the child and his modir bi nyȝt, and
wente in to Egipt, **15** and he was there to the deeth of Eroude; that
it shulde be fulfillid, that was seid of the Lord bi the profete, seiynge,
Fro Egipt Y haue clepid my sone. **16** Thanne Eroude seynge that he
was disseyued of the astromyens, was ful wrooth; and he sente, and
slowe alle the children, that weren in Bethleem, and in alle the coostis
therof . . . ●

TY 13 When they were departed: beholde the angell of the Lorde
appered to Ioseph in dreame sayinge: aryse, and take the chylde and
his mother, and flye into Egypte, and abyde there tyll I brynge the
worde. For Herod wyll seke the chylde to destroye hym. **14** Then he
arose, and toke the chylde and his mother by night, and departed into
Egypte, **15** and was there vnto the deeth of Herod, to fulfill that
which was spoken of the Lorde, by the Prophet which sayeth, out of
Egypte haue I called my sonne. **16** Then Herod perceavynge that he

was moocked of the wyse men, was excedynge wroth, and sent forth and slue all the chyldren that were in Bethleem, and in all the costes thereof . . . ●

NEB 13 After they had gone, an angel of the Lord appeared to Joseph in a dream, and said to him, 'Rise up, take the child and his mother and escape with them to Egypt, and stay there until I tell you; for Herod is going to search for the child to do away with him.' **14** So Joseph rose from sleep, and taking mother and child by night he went away with them to Egypt, **15** and there he stayed till Herod's death. This was to fulfil what the Lord had declared through the prophet: 'I called my son out of Egypt.' **16** When Herod saw how the astrologers had tricked him he fell into a passion, and gave orders for the massacre of all children in Bethlehem and its neighbourhood . . . ●

WS 13 θa: hi: θa: fe:rdən θa:æty:udə driçtnəs eŋgəl jo:zepə
on swevnəm and θus kwæθ, ari:s and nim θæt tʃi:ld and his
mo:dər and fle:əx on e:giptə la:nd and be:ə θæ:r oθ θæt itʃ
θe: sedʒə. towæərd is θæt he:rodəs se:kθ θæt tʃi:ld to: for-
spillənə   14   he: ara:s θa: and nam θæt tʃi:ld and his mo:dər
on niçt and fe:rdə on e:giptəm   15   and wæs θæ:r oθ he:rodəs
forθsi:θ. θæt wæ:rə jəfylləd θæt θə fram driçtnə jəkwedən wæs
θurx θonə witəyən, of e:giptəm itʃ mi:nə sunə jəklipədə
16   θa: wæs he:rodəs swi:ðə jəbolyən forθamθə he:bəpæçt wæs
fram θam tuŋgəlwitəyən, and he: asendə θa: and ofslo:x æellə
θa: tʃi:ld θə on betləəm wæ:rən and on æelləm hirə jəmæ:rəm

LV 13   and Man ðæɪ wɛ:rən gɔ:n, lɔ: ðə aundʒəl ɔv ðə lɔ:rd
əpɛ:rɪd tu dʒɔ:zəf ɪn sle:p and sæɪdə, ri:s up and ta:k ðə
tʃi:ld and hɪz mo:dɪr and fle: ɪntu e:dʒɪpt, and be: ðu:
ðɛ:r tɪl ðat i: sæɪə tu ðe:. fɔr ɪt ɪz tu kumə ðat ɛrɔd se:kə
ðə tʃi:ld tu dəstri:ə hɪm   14   and dʒɔ:zəf rɔ:s and to:k ðə
tʃi:ld and hɪz mo:dɪr bi: ni:çt and wɛntə ɪntu e:dʒɪpt
15   and he: waz ðɛ:r tu ðə dɛ:θ ɔv ɛrɔd, ðat ɪt ʃuldə be:
fulfɪlɪd ðat waz sæɪd ɔv ðə lɔ:rd bi:ðə prɔfət sæɪɪŋg, frɔ:
e:dʒɪpt i: havə klɛ:prɪd mi: sunə   16   ðan ɛrɔd se:ɪŋg ðat
he: waz disɛ:vəd ɔv ðə aʂtrɔmɪənz waz ful wrɔ:θ, and he:
sɛntə and slu:ə alə ðə tʃildrən ðat wɛ:rən ɪn bɛtləəm and
ɪn alə ðə kɔ:stɪz ðɛ:rɔv

VU 20 vulpes foveas habent et volucres caeli tabernacula Filius autem hominis non habet ubi caput reclinet **21** alius autem de discipulis eius ait illi Domine permitte me primum ire et sepelire patrem meum **22** Iesus autem ait illi sequere me et dimitte mortuos sepelire mortuos suos **23** Et ascendente eo in navicula secuti sunt eum discipuli eius **24** et ecce motus magnus factus est in mari ita ut navicula operiretur fluctibus ipse vero dormiebat

WS 20 Foxas habbað holu, and heofenan fuglas nest; sōþlīce mannes Sunu næfð hwær hē hys hēafod āhylde. **21** Ðā cwæð tō him ōþer of hys leornincgnihtum, Drihten, ālyfe mē ærest tō farenne and bebyrigean mīnne fæder. **22** Þā cwæð sē Hǣlend tō him, Fylig mē, and lǣt dēade bebyrigean hyra dēadan. **23** And hē āstāh on scyp, and hys leornincgcnyhtas hym fyligdon. **24** Ðā wearð mycel styrung geworden on þǣre sǣ, swā þæt þæt scyp wearð ofergoten mid ȳþum; witodlīce hē slēp.

LV 20 Foxis han dennes, and briddis of heuene han nestis, but mannus sone hath not where he schal reste his heed. **21** Anothir of his disciplis seide to him, Lord, suffre me to go first, and birie my fader. **22** But Jhesus seide to hym, Sue thou me, and lete deed men birie her deede men. **23** And whanne he was goon vp in to a litil schip, his disciplis sueden hym. **24** And loo! a greet stiring was maad in the see, so that the schip was hilid with wawes; but he slepte.

TY 20 the foxes have holes, and the bryddes of the ayer have nestes, but the sonne of the man hath not wheron to rest his heede. **21** A nothre that was one of hys disciples sayd vnto hym: master, suffre me fyrst, to go and burye my father. **22** But Iesus sayd vnto him: folowe me, and let the deed burie their deed. **23** And he entred in to a shyppe, and his disciples folowed him. **24** And beholde there arose a greate tempest in the see, in so moche that the shippe was covered with waves, and he was a slepe.

NEB 20 'Foxes have their holes, the birds their roosts; but the Son of Man has nowhere to lay his head.' **21** Another man, one of his disciples, said to him, 'Lord, let me go and bury my father first.' **22** Jesus replied, 'Follow me, and leave the dead to bury their dead.' **23** Jesus then got into the boat, and his disciples followed. **24** All at once a great storm arose on the lake, till the waves were breaking right over the boat; but he went on sleeping.

WS 20 foksəs habbəθ holə and heəvənən fuɣləs nest. soːθlitʃə
mannəs sunə næfθ hwæːr heː his hæːəvəd ahyːldə   21 θaː kwæθ
toː him oːðər of his leərniŋkniçtəm, driçtən alyːvə meː æːrəst
toː farənə and bəbyrijən miːnə fædər   22 θaː kwæθ se hæːlənd
toːhim, fylij meː and læːt dæːədə bəbyrijən hirə dæːədən
23 and heː astaːx on ʃip and his leərniŋkniçtəs fylidən
24 θaː wæərθ mytʃəl styruŋg jəwordən on θæːrə sæː, swaː θæt
θæt ʃip wæərθ overgotən mid yːðəm. witədlitʃə heː sleːp

LV 20 foksɪz han dɛnɪz and brɪdɪz ɔv hɛvən han nɛstɪz,
but manəz sunə ha nɔt ʍɛːr heː ʃal rɛstə hɪz hɛːd
21 ənoːðər ɔv hɪz dɪsiːplɪz sæɪdə tu hɪm, lɔːrd sufrə meː
tu gɔː fɪrst and bɪrɪ miː fadər   22 but dʒeːzus sæɪdə tu
hɪm, sɪuə ðuː meː and lɛːt dɛːd mɛn bɪrɪ hɛr dɛːdə mɛn
23 and ʍan heː waz gɔːn up ɪntu ə lɪttɪl ʃɪp hɪz dɪsiːplɪz
sɪudən hɪm   24 and lɔː, ə grɛːt stɪrɪŋg waz maːd ɪn ðə sɛː,
soː ðat ðə ʃɪp waz hɪlɪd wɪð waːvəz, but heː slɛptə

TY 20 ðə foksəz hæːv hɔːlz ən ðə brɪdz əv ðə æɪr hæːv nɛsts,
but ðə sun əv ðə man ha nɔt ʍɛːrɔn tu rɛst hɪz hɛːd
21 ənuðər ðət waz wun əv hɪz dɪsəɪplz sæɪd untu hɪm, mæɪstər
sufər miː fɪrst tu gɔː ənd bɛrɪ məɪ fadər   21 but dʒiːzəs
sæɪd untu hɪm, fɔlɔuɪ miː ənd lɛt ðə dɛːd bɛrɪ ðæɪr dɛːd
23 ənd hiː ɛntrəd ɪntu ə ʃɪp ənd hɪz dɪsəɪplz fɔlɔuɪd hɪm
24 ənd bəhɔuld, ðɛːr ərɔːz ə grɛːt tɛmpəst ɪn ðə sɛː, ɪn soː
mutʃ ðət ðə ʃɪp waz kuvərd wɪð wæːvəz ənd hiː waz əsliːp

VU 25 et accesserunt et suscitaverunt eum dicentes Domine salva nos perimus 26 et dicit eis quid timidi estis modicae fidei tunc surgens imperavit ventis et mari et facta est tranquillitas magna ●

20 et ecce mulier quae sanguinis fluxum patiebatur duodecim annis accessit retro et tetigit fimbriam vestimenti eius 21 dicebat enim intra se si tetigero tantum vestimentum eius salva ero

WS 25 And hig genēalǣhton, and hȳ āwehton hyne, þus cweðende, Drihten, hǣle ūs, wē mōton forwurþan. 26 Ðā cwæð hē tō him, Tō hwī synt gē forhte, gē lȳtles gelēafan? Ðā ārās hē, and bebēad þām winde and ðǣre sǣ and ðǣr wearð geworden mycel smyltnes. ●

20 And þā ān wīf þe þolode blōdryne twelf gēar genēalǣhte wiðæftan, and æthrān hys rēafes fnæd; 21 hēo cwæð sōðlīce on hyre mōde, For ān ic bēo hāl, gyf ic hys rēafes æthrīne.

LV 25 And hise disciplis camen to hym, and reysiden hym, and seiden, Lord, saue vs; we perischen. 26 And Jhesus seide to hem, What ben ȝe of litil feith agaste? Thanne he roos, and comaundide to the wyndis and the see, and a greet pesibilnesse was maad. ●

20 And lo! a womman, that hadde the blodi flux twelue ȝere, neiȝede bihynde, and touchide the hem of his cloth. 21 For sche seide with ynne hir self, ȝif Y touche oonli the cloth of hym, Y schal be saaf.

TY 25 And his disciples came vn to him, and awoke hym sayinge: master save vs, we perishe. 26 And he sayd vnto them: why are ye fearfull, o ye of lytell faithe? Then he arose, and rebuked the wyndes and the see, and ther folowed a greate calme. ●

20 And beholde, a woman which was diseased with an yssue of bloude. xii. yeres, came behynde hym and toched the hem of hys vesture. 21 For she sayd in her silfe: yf I maye toche but even his vesture only, I shalbe safe.

NEB 25 So they came and woke him up, crying: 'Save us, Lord; we are sinking!' **26** 'Why are you such cowards?' he said; 'how little faith you have!' Then he stood up and rebuked the wind and the sea, and there was a dead calm. ●

20 Then a woman who had suffered from haemorrhages for twelve years came up from behind, and touched the edge of his cloak; **21** for she said to herself, 'If I can only touch his cloak, I shall be cured.'

WS 25 and hi: jənæəlæçtən and hi: aweçtən hinə θus kweðəndə, driçtən hæ:lə us, we: mo:tən forwurðən   26   θa: kwæθ he: to: him, to: hwi: sint je: forçtə, je: litləs jəlæ:əven. θa: ara:s he: and bəbæ:əd θam wi:ndə and θæ:rə sæ: and θæ:r wæərθ jə-wordən mytʃəl smyltnəs

20 and θa: a:n wi:f θə θolədə blo:drynə twelf jæ:ər jənæəlæçtə wiθæftən and æthra:n his ræ:əves fnæd   21   he:ə kwæθ so:θlitʃə on hirə mo:də, for a:n itʃ be:ə ha:! jif itʃ his ræ:əves æthri:nə

LV 25 and hızə dısi:plız ka:mən tu hım and ræızıdən hım and sæıdən, lo:rd sa:və us, we: perıʃən   26   and dʒe:zus sæıdə tu hem, ʍat be:n je: ɔv lıtıl fæıθ əgastə. ðan he: rɔ:s and kɔmaundıd tu ðə wi:ndız and ðə sæ:, and ə gre:t pe:sıbılnəs waz ma:d

20 and lɔ: ə wuman ðat hadə ðə blo:dı fluks twelvə je:r næıjəl bıhi:ndə and tutʃıd ðə hem ɔv hız klo:θ   21   for ʃe: sæıdə wıðinə hır self, jıf i: tutʃə ɔ:nlı ðə klo:θ ɔv hım i: ʃal be: sa:f

TY 25 ənd hız disəıplz kæ:m untu hım ənd əwo:k hım sæııŋg, mastər sæ:v us wi: perıʃ   26   ənd hi: sæıd untu ðem, ʍəı ar ji: fe:rful, ɔ: ji: əv lıtıl fæıθ. ðen hi:ərɔ:z ənd rəbıukt ðə wındz ən ðə se:, ən ðe:r foloud ə gre:t kaulm

20 ənd bəhould, ə wumən ʍıtʃ waz dıze:zd wıð ən ısıu əv blu:d twelv je:rz kæ:m bəheınd hım ən tutʃ ðə hem əv hız vestjər 21 for ʃi: sæıd ın hər sılf, ıf əı mæı tutʃ but i:vən hız vestjər ɔ:nlı, əı ʃaul bi: sæ:f

VU 22 at Iesus conversus et videns eam dixit confide filia fides tua
te salvam fecit et salva facta est mulier ex illa hora **23** et cum venisset
Iesus in domum principis et vidisset tibicines et turbam tumultuantem
24 dicebat recedite non est enim mortua puella sed dormit et deri-
debant eum **25** et cum eiecta esset turba intravit et tenuit manum eius
et surrexit puella **26** et exiit fama haec in universam terram illam ●

WS 22 And sē Hǣlend bewende hyne and hig geseah, and cwæð,
Gelȳf, dohtor; þīn gelēafa þē gehǣlde. And þæt wīf wæs gehǣled
on þǣre tīde. **23** And þā sē Hǣlend cōm intō þæs ealdres healle,
and geseah hwistleras, and hlȳdende menigeb, **24** hē cwæð, Gāð
heonun; nys þys mæden dēad sōðlīce, ac hēo slæpð. And hig tæl-
don hyne. **25** And þā hē þā menigeb ūt ādrāf, hē gēeode in, and
nam hyre hand; and þæt mæden ālās. **26** And þēs hlīsa sprang ofer
eall þæt land. ●

LV 22 And Jhesus turnede, and say hir, and seide, Douȝtir, haue
thou trist; thi feith hath maad thee saaf. And the womman was hool
fro that our. **23** And whanne Jhesus cam in to the hous of the prince,
and say mynstrallis, and the puple makynge noise, **24** he seide, Go ȝe
a wei, for the damysel is not deed, but slepith. And thei scornyden
hym. **25** And whanne the folc was put out, he wente in, and helde hir
hond; and the damysel roos. **26** And this fame wente out in to al that
loond. ●

TY 22 Then Iesus tourned him about, and behelde her sayinge:
Doughter be of good conforte, thy faith hath made the safe. And she
was made whole even that same houre. **23** And when Iesus came into
the rulers housse, and sawe the minstrels and the people raginge, **24** he
sayde vnto them: Get you hence, for the mayde is not deed, but
slepeth. And they laughed hym to scorne. **25** Assone as the people
were put forthe, he went in and toke her by the hond, and the mayde
arose. **26** And this was noysed through out all that lande. ●

NEB 22 But Jesus turned and saw her, and said, 'Take heart, my daughter; your faith has cured you.' And from that moment she recovered. **23** When Jesus arrived at the president's house and saw the flute-players and the general commotion, **24** he said, 'Be off! The girl is not dead: she is asleep'; and they only laughed at him. **25** But, when everyone had been turned out, he went into the room and took the girl by the hand, and she got up. **26** This story became the talk of all the country round. ●

WS 22 and se hæːlənd bəwendə hinə and hiː jəsæəx and kwæθ, jəlyːf doxtər, θiːn jəlæːəvə θeː jəhæːldə. and θæt wiːf wæs jəhæːləd on θæːrə tiːdə 23 and θaː se hæːlənd koːm intoː θæs æəldrəs hæəllə and jəsæəx hwistlərəs and hlyːdəndə menijə 24 heː kwæθ, gaːθ heənən. nis θis mæːdən dæːəd soːθlitʃə, ak heːə slæːpθ. and hiː tæːldən hinə. 25 and θaː heː θaː menijə uːt adraːf heː jeeːədə in and nam hirə haːnd and θæt mæːdən araːs 26 and θeːs hliːzə spraŋg over æəl θæt laːnd

LV 22 and dʒeːzus turnəd and sæɪ hɪr and sæidə, douxtɪr havə ðuː trɪst, ðiː fæɪθ haθ maːd ðeː saːf. and ðə wuman waz hɔːl froː ðat uːr 23 and Man dʒeːzus kam ɪntu ðə huːs ɔv ðə prɪns and sæɪ mɪnstrəlɪz and ðə peːplə maːkɪŋ nɔɪzə 24 heː sæidə, goː je: əwæɪ, fɔr ðə damɪzel ɪz nɔt dɛːd but sleːpɪð. and ðæɪ skɔrnɪdən hɪm 25 and Man ðə fɔlk waz put uːt, heː wɛntə ɪn and heːldə hɪr hɔːnd, and ðə damɪzel rɔːs 26 and ðɪs faːmə wɛntə uːt ɪntu al ðat lɔːnd

TY 22 ðɛn dʒiːzəs turnd hɪm əbʌut ənd bəhɛld hər sæɪɪŋg, dauxtər biː əv guːd kumfɔrt, ðəɪ fæɪθ haθ mæːd ðiː sæːf. ənd ʃiː waz mæːd hɔːl iːvən ðet sæːm ʌur 23 ən Mɛn dʒiːzəs kæːm ɪntu ðə rɪulərz hʌus ən sau ðə mɪnstrəlz ən ðə piːpl ræːdʒɪŋg 24 hiː sæɪd untu ðɛm, gɛt juː hɛns, fɔr ðə mæɪd ɪz nɔt dɛːd but sliːpəð. ənd ðæɪ laft hɪm tu skɔrn 25 əz suːn əz ðə piːpl wɛːr put fɔrθ, hiː wɛnt ɪn ən tuːk hər bəɪ ðə hɔːnd ən ðə mæɪd əroːz 26 ən ðɪs waz nɔɪzd θruː ʌut aul ðət land

VU 3 et locutus est eis multa in parabolis dicens ecce exiit qui seminat seminare **4** et dum seminat quaedam ceciderunt secus viam et venerunt volucres et comederunt ea **5** alia autem ceciderunt in petrosa ubi non habebat terram multam et continuo exorta sunt quia non habebant altitudinem terrae **6** sole autem orto aestuaverunt et quia non habebant radicem aruerunt **7** alia autem ceciderunt in spinas et creverunt spinae et suffocaverunt ea **8** alia vero ceciderunt in terram bonam et dabant fructum aliud centesimum aliud sexagesimum aliud tricesimum ●

WS 3 And hē spræc tō hym fela on bigspellum, cweþende, Sōþlīce ūt ēode sē sædere hys sæd tō sāwenne. **4** And þā þā hē sēow, sume hig fēollon wiþ weg; and fuglas comun, and æton þā. **5** Sōþlīce sume fēollon on stænihte, þær hyt næfde mycle eorþan; and hrædlīce ūp sprungon, for þām þe hig næfdon þære eorþan dȳpan. **6** Sōþlīce ūp sprungenre sunnan, hig ādrūwudon and forscruncon, for þām þe hig næfdon wyrtrum. **7** Sōþlīce sume fēollon on þornas; and þā þornas wēoxon, and furþrysmudon þā. **8** Sume sōþlīce fēollon on gōde eorþan, and sealdon wæstm, sum hundfealdne, sum sixtigfealdne, sum þrittigfealdne. ●

LV 3 And he spac to hem many thingis in parablis, and seide, Lo! he that sowith, ȝede out to sowe his seed. **4** And while he sowith, summe seedis felden bisidis the weie, and briddis of the eir camen, and eeten hem. **5** But othere seedis felden in to stony places, where thei hadden not myche erthe; and anoon thei sprongen vp, for thei hadden not depnesse of erthe. **6** But whanne the sonne was risun, thei swaliden, and for thei hadden not roote, thei drieden vp. **7** And other seedis felden among thornes; and thornes woxen vp, and strangeleden hem. **8** But othere seedis felden in to good lond, and ȝauen fruyt; summe an hundrid foold, an othir sixti foold, an othir thritti foold. ●

TY 3 And he spake many thynges to them in similitudes, sayinge: Beholde, the sower went forth to sowe. 4 And as he sowed, some fell by the wayes syde, and the fowlles came and devoured it vp. 5 Some fell apon stony grounde where it had not moche erth, and a nonne it spronge vp, because it had no depth of erth: 6 and when the sunne was vp, it cauht heet, and for lake of rotynge wyddred awaye. 7 Some fell amonge thornes, and the thornes spronge vp and chooked it. 8 Parte fell in good ground, and brought forth good frute: some anhundred fold, some sixtie fold, some thyrty folde. ●

Cheke 3 And he spaak unto yem much in biwordes and said. On a tijm yᵉ souer went forth to soow, 4 and whil he was in soowíng summ fel bi yᵉ wais sijd, and yᵉ birds cam and devoured it. 5 and somm fel in stooni places, wheer it had not much earth, and it cam up bi and bi, becaus it had no depth in th'earth, 6 and when yᵉ sonn was risen it was burnt up, and bicause it had no root it dried up... 8 Oyer fel in yᵉ good ground, and ielded fruit, summ an hunderd, sum threescoor, sum thurtí.

NEB 3 He spoke to them in parables, at some length. He said: 'A sower went out to sow. 4 And as he sowed, some seed fell along the footpath; and the birds came and ate it up. 5 Some seed fell on rocky ground, where it had little soil, and it sprouted quickly because it had no depth of earth; 6 but when the sun rose the young corn was scorched, and as it had no root it withered away. 7 Some seed fell among thistles; and the thistles shot up, and choked the corn. 8 And some of the seed fell into good soil, where it bore fruit, yielding a hundredfold or, it might be, sixtyfold or thirtyfold. ●

VU 31 Aliam parabolam proposuit eis dicens simile est regnum caelorum grano sinapis quod accipiens homo seminavit in agro suo **32** quod minimum quidem est omnibus seminibus cum autem creverit maius est omnibus holeribus et fit arbor ita ut volucres caeli veniant et habitent in ramis eius **33** Aliam parabolam locutus est eis simile est regnum caelorum fermento quod acceptum mulier abscondit in farinae satis tribus donec fermentatum est totum ●

44 simile est regnum caelorum thesauro abscondito in agro quem qui invenit homo abscondit et prae gaudio illius vadit et vendit universa quae habet et emit agrum illum

WS 31 Hē rehte him þā gȳt ōþer bigspel þus cweþende, Heofena rīce is geworden gelīc senepes corne þāt sēow sē man on hys æcre. **32** Þæt is ealra sǣda lǣst; sōþlīce þonne hit wyxþ, hit is ealra wyrta mǣst, and hit wyrþ trēow, swā þæt heofnan fuhlas cumaþ and eardiaþ on his bōgum. **33** Hē spræc tō him ōþer bigspel and þus cwæð, Heofena rīce is gelīc þām beorman þone þæt wīf onfēng and behȳdde on þrīm gemetum melwes, oð hē wæs eall ahafen. ●

44 Heofena rīce is gelīc gehȳddum goldhorde on þām æcere; þone behȳt sē man þe hyne fint; and for his blysse gæð and sylþ eall þæt hē āh, and gebigþ þone æcer.

LV 31 Another parable Jhesus puttide forth to hem, and seide, The kyngdom of heuenes is lijk to a corn of seneuey, which a man took, and sewe in his feeld. **32** Which is the leeste of alle seedis, but whanne it hath woxen, it is the moste of all wortis, and is maad a tre; so that briddis of the eir comen, and dwellen in the bowis therof. **33** Another parable Jhesus spac to hem, The kyngdom of heuenes is lijk to sour douȝ, which a womman took, and hidde in thre mesuris of mele, til it were alle sowrid. ●

44 The kyngdom of heuenes is lijk to tresour hid in a feld, which a man that fyndith, hidith; and for ioye of it he goith, and sillith alle thingis that he hath, and bieth thilk feeld.

TY 31 Another parable he put forthe vnto them sayinge. The kyngdome of heven is lyke vnto a grayne of mustard seed, which a man taketh and soweth in his felde, **32** which is the leest of all seedes. But when it is groune, it is the greatest amonge yerbes, and it is a tree: so that the bryddes of the ayer come and bylde in the braunches of it. **33** Another similitude sayde he to them. The kyngdome of heven is lyke vnto leven which a woman taketh and hydeth in. iii. peckes of meele, tyll all be levended. ●

44 Agayne the kyngdome of heven is lyke vnto treasure hidde in the felde, the which a man fyndeth and hideth: and for ioy therof goeth and selleth all that he hath, and byeth that felde.

RSV 31 Another parable he put before them, saying, 'The kingdom of heaven is like a grain of mustard seed which a man took and sowed in his field; **32** it is the smallest of all seeds, but when it has grown it is the greatest of shrubs and becomes a tree, so that the birds of the air come and make nests in its branches.' **33** He told them another parable. 'The kingdom of heaven is like leaven which a woman took and hid in three measures of meal, till it was all leavened.' ●

44 'The kingdom of heaven is like treasure hidden in a field, which a man found and covered up; then in his joy he goes and sells all that he has and buys that field.

NEB 31 And this is another parable that he put before them: 'The kingdom of Heaven is like a mustard-seed, which a man took and sowed in his field. **32** As a seed, mustard is smaller than any other; but when it has grown it is bigger than any garden-plant; it becomes a tree, big enough for the birds to come and roost among its branches.' **33** He told them also this parable: 'The kingdom of Heaven is like yeast, which a woman took and mixed with half a hundredweight of flour till it was all leavened.' ●

44 'The kingdom of Heaven is like treasure lying buried in a field. The man who found it, buried it again; and for sheer joy went and sold everything he had, and bought that field.

VU 45 iterum simile est regnum caelorum homini negotiatori quae-
renti bonas margaritas **46** inventa autem una pretiosa margarita abiit
et vendidit omnia quae habuit et emit eam **47** iterum simile est regnum
caelorum sagenae missae in mare et ex omni genere congreganti
48 quam cum impleta esset educentes et secus litus sedentes elegerunt
bonos in vasa malos autem foras miserunt **49** sic erit in consummatione
saeculi exibunt angeli et separabunt malos de medio iustorum **50** et
mittent eos in caminum ignis ibi erit fletus et stridor dentium ●

WS 45 Eft is heofenʼa rīċe gelīc þām mangerʼe þe sōhtʼe þæt gōde
meregrot; **46** þā hē fundʼe þæt ān dēorwyrðʼe meregrot, þā ēodʼe hē
and sealdʼe eall þæt hē āhtʼe, and bohtʼe þæt meregrot. **47** Eft is heofenʼa rīċe gelīc āsendʼum nettʼe on þā sǣ, and of ælcʼum fisccynnʼe
gadrigendʼum; **48** þā hī þā þæt nett ūpp ātugʼon, and sǣtʼon be þām
strandʼe, þā gecurbn hig þā gōdʼan on hyra fatʼu; þā yflʼan hig āwur-
pʼon ūt. **49** Swā byþ on þisʼse woruldʼe endʼungʼe; þā englʼas farʼað,
and āsyndrʼiað þā yfelʼan of þǣra gōdʼra midlenʼe, **50** and āworpʼað
hig on þæs fȳrʼes ofen; þǣr byð wōp and tōðʼa gristbitung. ●

LV 45 Eftsoone the kyngdom of heuenes is lijk to a marchaunt, that
sechith good margaritis; **46** but whanne he hath foundun o precious
margarite, he wente, and selde alle thingis that he hadde, and bouȝte
it. **47** Eft the kyngdom of heuenes is lijk to a nette cast into the see,
and that gaderith to gidere of al kynde of fisschis; **48** which whanne
it was ful, thei drowen vp, and seten bi the brenke, and chesen the
goode in to her vessels, but the yuel thei kesten out. **49** So it schal be
in the endyng of the world. Aungels schulen go out, and schulen departe yuel men fro the myddil of iuste men. **50** And thei shulen sende
hem in to the chymnei of fier; ther shal be weping and gryntyng of
teeth. ●

TY 45 Agayne the kyngdome of heven is lyke vnto a marchaunt that seketh good pearles, **46** which when he had founde one precious pearle, went and solde all that he had, and bought it. **47** Agayne the kyngdome of heven is lyke vnto a neet cast into the see, that gadereth of all kynds of fysshes: **48** which when it is full, men drawe to londe, and sitte and gadre the good in to vessels, and cast the bad awaye. **49** So shall it be at the ende of the worlde. The angels shall come oute, and sever the bad from the good, **50** and shall cast them in to a furnes of fyre: there shalbe waylinge and gnasshynge of teth. ●

RSV 45 'Again, the kingdom of heaven is like a merchant in search of fine pearls, **46** who, on finding one pearl of great value, went and sold all that he had and bought it. **47** 'Again, the kingdom of heaven is like a net which was thrown into the sea and gathered fish of every kind; **48** when it was full, men drew it ashore and sat down and sorted the good into vessels but threw away the bad. **49** So it will be at the close of the age. The angels will come out and separate the evil from the righteous, **50** and throw them into the furnace of fire; there men will weep and gnash their teeth. ●

NEB 45 'Here is another picture of the kingdom of Heaven. A merchant looking out for fine pearls **46** found one of very special value; so he went and sold everything he had, and bought it. **47** 'Again the kingdom of Heaven is like a net let down into the sea, where fish of every kind were caught in it. **48** When it was full, it was dragged ashore. Then the men sat down and collected the good fish into pails and threw the worthless away. **49** That is how it will be at the end of time. The angels will go forth, and they will separate the wicked from the good, **50** and throw them into the blazing furnace, the place of wailing and grinding of teeth. ●

VU 13 Quod cum audisset Iesus secessit inde in navicula in locum desertum seorsum et cum audissent turbae secutae sunt eum pedestres de civitatibus **14** et exiens vidit turbam multam et misertus est eius et curavit languidos eorum **15** Vespere autem facto accesserunt ad eum discipuli eius dicentes desertus est locus et hora iam praeteriit dimitte turbas ut euntes in castella emant sibi escas **16** Iesus autem dixit eis non habent necesse ire date illis vos manducare

WS 13 Đā sē Hǣlend þæt gehȳrde, þā fērde hē þanon onsundron on ānum scype; and þā þā gangendan mænigeo þæt gehȳrdon, hig fyligdon him of þām burgum. **14** And þā hē þanon fērde, hē geseh mycele mænigu; and hē him gemiltsode, and gehǣlde þā untruman. **15** Sōðlīce þā hyt wæs æfen geworden, him tō genēalæhton hys leorningcnihtas, and him tō cwædon, Đēos stōw ys wēste, and tīma is forð āgān; forlæt þās mænegeo þæt hī faron intō þās burga and him mete bicgean. **16** Þā cwæð sē Hǣlend tō him, Nabbað hī nēode tō farenne; sylle gē him etan.

LV 13 And whanne Jhesus hadde herd this thing, he wente fro thennus in a boot, in to desert place bisides. And whanne the puple hadde herd, thei folewiden hym on her feet fro citees. **14** And Jhesus ȝede out, and sai a greet puple, and hadde reuthe on hem, and heelide the sike men of hem. **15** But whanne the euentid was com, hise disciplis camen to him, and seiden, The place is desert, and the tyme is now passid; lat the puple go in to townes, to bye hem mete. **16** Jhesus seide to hem, Thei han not nede to go; ȝyue ȝe hem sumwhat to ete.

TY 13 When Iesus hearde that, he departed thence by shippe in to a desert place out of the waye. And when the people had hearde ther of, they folowed him a fote out of their cities. **14** And Iesus went forth and sawe moche people, and his herte did melte vpon them, and he healed of them those that were sicke. **15** When even was come, his disciples came to him sayinge. This is a deserte place, and the daye is spent: let the people departe, that they maye go in to the tounes, and bye them vytayllis. **16** But Iesus sayde vnto them. They have no neade to go awaye. Geve ye them to eate.

Cheke 13 Jesus heering y͘ⁱˢ went from ẏens in a boot himself aloon into á wildernes. yᵉ pepil heering y͘ⁱˢ cām and folowed him out of yᵉ citees on foot. **14** Jesus cōming forth and seing great resort ẏeer piteed ẏem and healed ẏeer diseased. **15** And when it was som thing laat, his discipils cam vnto him and said, This is á wild place, and yᵉ tijm is wel goon, let ẏis resort go now, yᵗ yᵉⁱ maí go into villages and bi ẏemselves sōm meat. **16** ẏei have no need said Christ to ẏem to go awaí. Giue yow ẏem sūm meat.

AV 13 When Iesus heard of it, he departed thence by ship, into a boat to a lonely place apart. But when the crowds heard it, they followed him on foote, out of the cities. **14** And Iesus went forth, and saw a great multitude, and was mooued with compassion toward them, and he healed their sicke. **15** And when it was euening, his Disciples came to him, saying, This is a desert place, and the time is now past; send the multitude away, that they may goe into the villages, and buy themselues victuals. **16** But Iesus said vnto them, They neede not depart; giue yee them to eate.

RSV 13 Now when Jesus heard this, he withdrew from there in a boat to a lonely place apart. But when the crowds heard it, they followed him on foot from the towns. **14** As he went ashore he saw a great throng; and he had compassion on them, and healed their sick. **15** When it was evening, the disciples came to him and said, 'This is a lonely place, and the day is now over; send the crowds away to go into the villages und buy food for themselves.' **16** Jesus said, 'They need not go away; you give them something to eat.'

NEB 13 When he heard what had happened Jesus withdrew privately by boat to a lonely place; but people heard of it, and came after him in crowds by land from the towns. **14** When he came ashore, he saw a great crowd; his heart went out to them, and he cured those of them who were sick. **15** When it grew late the disciples came up to him and said, 'This is a lonely place, and the day has gone; send the people off to the villages to buy themselves food.' **16** He answered, 'There is no need for them to go; give them something to eat yourselves.'

VU 17 responderunt ei non habemus hic nisi quinque panes et duos pisces **18** qui ait eis adferte illos mihi huc **19** et cum iussisset turbam discumbere supra faenum acceptis quinque panibus et duobus piscibus aspiciens in caelum benedixit et fregit et dedit discipulis panes discipuli autem turbis **20** et manducaverunt omnes et saturati sunt et tulerunt reliquias duodecim cofinos fragmentorum plenos **21** manducantium autem fuit numerus quinque milia virorum exceptis mulieribus et parvulis ●

WS 17 Þā andswarodun hig, Wē nabbað hēr būtun fīf hlāfas and twēgen fixas. **18** Þā cwæð sē Hǣlend, Bringaþ mē hider þā. **19** And þā hē hēt þā menegu ofer þæt gærs hī sittan; and hē nam þā fīf hlāfas and twēgen fixas, and beseah on þone heofon, and blētsiende bræc þā hlāfas, and sealde his leorningcnihtum, and hī þām folce. **20** And hī ǣton ealle and wǣron gefyllede; and hī nāmon þā lāfa, twelf wylian fulle þǣra gebrytsena. **21** Sōþlīce þǣra etendra getæl wæs fīf þūsenda wera, būtan wīfum and cildum. ●

LV 17 Thei answeriden, We han not heere, but fyue looues and twei fischis. **18** And he seide to hem, Brynge ȝe hem hidur to me. **19** And whanne he hadde comaundid the puple to sitte to meete on the heye, he took fyue looues and twei fischis, and he bihelde in to heuene, and blesside, and brak, and ȝaf to hise disciplis; and the disciplis ȝauen to the puple. **20** And alle eten, and weren fulfillid. And thei tooken the relifs of brokun gobetis, twelue cofynes ful. **21** And the noumbre of men that eten was fyue thousynde of men, outakun wymmen and lytle children. ●

TY 17 Then sayde they vnto him: we have here but v. loves and two fysshes. **18** And he sayde: bringe them hyther to me. **19** And he commaunded the people to syt downe on the grasse: and toke the. v. loves, and the. ii. fysshes and loked vp to heven and blessed, and brake and gave the loves to his disciples, and the disciples gave them to the people. **20** And they dyd all eate, and were suffised. And they gadered vp of the gobbetes that remayned xii. basketes full. **21** And they that ate, werein nombre about. v. M. men, besyde wemen and chyldren. ●

Cheke 17 We have noẏing heer said ẏei, but five looues and ij
fisches. **18** Bringe ẏem hiẏer to me saith he. **19** And he cōmanded yᵉ
Companí to be set down on yᵉ grass, and yᵉⁿ he took yᵉ 5 looues
and ij fisches, and looking vp to heauen did blesse and breek and gav
yᵉ Looues to his discipils, and yᵉⁱ to yᵉ resort yᵉᵉʳ. **20** And al did eat
and weer filled. and yᵉ rēnant of yᵉ broken meat was xij bascketts-
ful. **21** The eaters weer in number v thousand beside women, and
chíldern. ●

AV 17 And they say vnto him, We haue heere but fiue loaues, and
two fishes. **18** He said, Bring them hither to me. **19** And hee commanded the multitude to sit downe on the grasse, & tooke the fiue
loaues, and the two fishes, and looking vp to heauen, hee blessed, and
brake, and gaue the loaues to his Disciples, and the Disciples to the
multitude. **20** And they did all eat, & were filled: and they tooke vp
of the fragments that remained twelue baskets full. **21** And they that
had eaten, were about fiue thousand men, beside women and children. ●

RSV 17 They said to him, 'We have only five loaves here and two
fish.' **18** And he said, 'Bring them here to me.' **19** Then he ordered the
crowds to sit down on the grass; and taking the five loaves and the
two fish he looked up to heaven, and blessed, and broke and gave the
loaves to the disciples, and the disciples gave them to the crowds.
20 And they all ate and were satisfied. And they took up twelve baskets
full of the broken pieces left over. **21** And those who ate were about
five thousand men, besides women and children. ●

NEB 17 'All we have here', they said, 'is five loaves and two
fishes.' **18** 'Let me have them', he replied. **19** So he told the people to
sit down on the grass; then, taking the five loaves and the two fishes,
he looked up to heaven, said the blessing, broke the loaves, and gave
them to the disciples; and the disciples gave them to the people.
20 They all ate to their hearts' content; and the scraps left over,
which they picked up, were enough to fill twelve great baskets.
21 Some five thousand men shared in this meal, to say nothing of
women and children. ●

ERẏS GODspellẏSANGẏN HÆLYN 1

der cristes godes runa. Spa appitten is onþær 2

pitezanbec isaiam. nu ic arende minne engel

be foran þin þe aniȝyne. Sege zeappað þinne peȝ

be foran de clẏpiende stefn onþā pestene ȝe ȝeap 3

piað dpihtnes peȝ. dod juhte his ridas; Johannes 4

pæs onpestene fulliȝende ꝧbodiende dædbote ful

piht onsynna forȝysenesse. ꝧwhi ferde eall iu 5

deisc iuce. ꝧealle hierorolima papie. ꝧpæron ffā

hiȝefullode. on iordanes flode hẏra sẏnna and

detenne; And iohannes pæs ȝeseiyd mid oluendes 6

hæpū. ꝧfellen ȝyidel pæs ymbe his lendenu. ꝧȝærs

tapan ꝧpudu hunīȝ he æt. ꝧhe bodude ꝧȝepæd. stien 7

ȝisa cynid æftersme. þærne com ic þyside þic his sceo

na þpanȝa buȝende unenyæte. Ic fulliȝe eop ompæ 8

tere. he eop fullad onhalȝū ȝaste. ꝧondā daȝū com 9

re hælend ffā nazapeth galilee ꝧpæs ȝe fullod

on iordane ffā iohanne. ꝧsona ofdā pætere heȝe 10

reah opene heofonas. ꝧhaliȝne ȝast spa culfpan

astiȝende ꝧonhi punīȝende. ꝧpapæs stefn ofheo 11

fenū ȝepopden. þueapt min ȝelufoda runu onþe

ic ȝelicode; And sona ȝast hine onpestin ȝe nydde. 12

ꝧhe onpestene pæs feopestiȝ daȝa ꝧfeopestiȝ 13

nihtu. ꝧhe pæs ffā satane ȝecosnod. ꝧhe mid pild

MS Corpus Christi College Cambridge 140, fol. 46ʳ:
Mk 1.1-13 = *F1-13 WS*, ca. 1000–1050

Here bigynney ye gospel of Mark.

He bigynnyng of ye gospel of 1
ihu crist ye sone of god as it is 2
writti in ysaie ye phete, lo y sen
de myn aungel bifor yi face: yat
schal make yi weie redi bifor ye
ye vois of a crier in desert. ma 3
ke ze redi ye weie of ye lord: ma
ke ze hise payyis rizt. ioon was in desert baptisynge, 4
and prchynge ye baptym of penaunce in to remissi
oun of synnes and al ye cuntre of iude wente out 5
to hym: ꝉ alle men of ierusale and yei weren bapti
sid of hym in ye flom iordan: ꝉ knoulechiden her sy
nes, and ioon was clopid wiy yeeris of camels: and 6
a gurdul of skyn was aboute hise leendis ꝉ he ete ho
ny cunkis and wilde hony ꝉ prchide and seide a strong 7
yan y schal come aftir me: ꝉ v am not worpi to kne
le doun and vnlace his schoone v haue baptisid zou 8
in watir but he schal baptise zou in ye hooli goost.
And it was don in yo daies, ihc cam fro nazareth 9
of galilee: and was baptisid of ioon in iordan, ꝉ ano 10
on he wente up of ye watir. and saue heuenes opened.
and ye hooli goost cominge doun as a culuer: ꝉ diwel
lynge in hym, ꝉ a vois was maad fro heuenes y[u] art 11
my loued sone in yee y am plesid. And anoon ye spi 12
rit puttide hym fory in to deseert ꝉ he was in deseert 13
fourti daies ꝉ fourti niztis: ꝉ was temptid of saba
nas, and he was wiy veestis: ꝉ aungels mynistriden

MS B. M. Royal 1 C.viii, fol. 309ʳ:
Mk 1.1-13 = *F1-13 LV*, ca. 1420

VU 1 Initium evangelii Iesu Christi Filii Dei **2** sicut scriptum est in
Esaia propheta ecce mitto angelum meum ante faciem tuam qui prae-
parabit viam tuam **3** Vox clamantis in deserto parate viam Domini
rectas facite semitas eius **4** Fuit Iohannes in deserto baptizans et
praedicans baptismum paenitentiae in remissionem peccatorum **5** et
egrediebatur ad illum omnis Iudaeae regio et Hierosolymitae universi
et baptizabantur ab illo in Iordane flumine confitentes peccata sua
6 et erat Iohannes vestitus pilis cameli et zona pellicia circa lumbos
eius et lucustas et mel silvestre edebat **7** et praedicabat dicens Venit
fortior me post me cuius non sum dignus procumbens solvere corrigiam
calciamentorum eius

WS 1 Hēr ys gōdspellys angyn Hǣlyndes Crīstes, Godes Suna.
2 Swā āwriten is on þæs wītegan bēc Isaiam, Nū ic āsende mīnne
engel beforan þīnre ansȳne, sē gegearwað þīnne weg beforan ðē;
3 clypiendes stefn on þām wēstene, Gegearwiað Drihtnes weg, dōð
rihte his sīðas. **4** Iohannes wæs on wēstene fulligende, and bodiende
dǣdbōte fulwiht on synna forgyfenesse. **5** And tō him fērde eall
Iudeisc rīce, and ealle Hierosolima ware, and wǣron fram him ge-
fullode on Iordanes flōde, hyra synna andettende. **6** And Iohannes
wæs gescrȳd mid oluendes hǣrum, and fellen gyrdel wæs ymbe
his lendenu, and gærstapan and wudu hunig hē ǣt. **7** And hē bodude and cwæð, Strengra cymð æfter mē, þæs ne eom ic wyrðe
þæt ic his sceōna þwanga būgende uncnytte.

LV 1 The bigynnyng of the gospel of Jhesu Crist, the sone of God.
2 As it is writun in Ysaie, the prophete, Lo! Y sende myn aungel
bifor thi face, that schal make thi weie redi bifor thee. **3** The vois
of a crier in desert, Make ȝe redi the weie of the Lord, make ȝe hise
paththis riȝt. **4** Joon was in desert baptisynge, and prechynge the
baptym of penaunce, in to remissioun of synnes. **5** And al the cuntre
of Judee wente out to hym, and alle men of Jerusalem; and thei
weren baptisid of hym in the flom Jordan, and knoulechiden her
synnes. **6** And Joon was clothid with heeris of camels, and a girdil
of skyn was about hise leendis; and he ete hony soukis, and wilde
hony, **7** and prechide, and seide, A stronger than Y schal come aftir
me, and Y am not worthi to knele doun, and vnlace his schoone.

AV 1 The beginning of the Gospel of Iesus Christ, the Sonne of God, **2** As it is written in the Prophets, Behold, I send my messenger before thy face, which shall prepare thy way before thee. **3** The voice of one crying in the wildernesse, Prepare ye the way of the Lord, make his paths straight. **4** Iohn did baptize in the wildernesse, and preach the baptisme of repentance, for the remission of sinnes. **5** And there went out vnto him all the land of Iudea, and they of Ierusalem, and were all baptized of him in the riuer of Iordane, cōfessing their sinnes. **6** And Iohn was clothed with camels haire, and with a girdle of a skin about his loines: and he did eat locusts and wilde honie, **7** And preached, saying, There commeth one mightier then I after me, the latchet of whose shooes I am not worthy to stoupe downe, and vnloose.

RSV 1 The beginning of the gospel of Jesus Christ, the Son of God. **2** As it is written in Isaiah the prophet, 'Behold, I send my messenger before thy face, who shall prepare thy way; **3** the voice of one crying in the wilderness: Prepare the way of the Lord, make his paths straight—' **4** John the baptizer appeared in the wilderness, preaching a baptism of repentance for the forgiveness of sins. **5** And there went out to him all the country of Judea, and all the people of Jerusalem; and they were baptized by him in the river Jordan, confessing their sins. **6** Now John was clothed with camel's hair, and had a leather girdle around his waist, and ate locusts and wild honey. **7** And he preached, saying, 'After me comes he who is mightier than I, the thong of whose sandals I am not worthy to stoop down and untie.

NEB 1 Here begins the Gospel of Jesus Christ the Son of God. **2** In the prophet Isaiah it stands written: 'Here is my herald whom I send on ahead of you, and he will prepare your way. **3** A voice crying aloud in the wilderness, "Prepare a way for the Lord; clear a straight path for him."' **4** And so it was that John the Baptist appeared in the wilderness proclaiming a baptism in token of repentance, for the forgiveness of sins; **5** and they flocked to him from the whole Judaean country-side and the city of Jerusalem, and were baptized by him in the River Jordan, confessing their sins. **6** John was dressed in a rough coat of camel's hair, with a leather belt round his waist, and he fed on locusts and wild honey. **7** His proclamation ran: 'After me comes one who is mightier than I. I am not fit to unfasten his shoes.

VU 8 ego baptizavi vos aqua ille vero baptizabit vos Spiritu Sancto
9 Et factum est in diebus illis venit Iesus a Nazareth Galilaeae et
baptizatus est in Iordane ab Iohanne 10 et statim ascendens de aqua
vidit apertos caelos et Spiritum tamquam columbam descendentem et
manentem in ipso 11 et vox facta est de caelis tu es Filius meus dilectus
in te conplacui 12 Et statim Spiritus expellit eum in desertum 13 et
erat in deserto quadraginta diebus et quadraginta noctibus et tempta-
batur a Satana Eratque cum bestiis et angeli ministrabant illi 14 Postquam autem traditus est Iohannes venit Iesus in Galilaeam Praedicans
evangelium regni Dei

WS 8 Ic fullige ēow on wætere; hē ēow fullað on Hālgum Gāste.
9 And on ðām dagum cōm sē Hǣlend fram Nazareth Galilēe, and
wæs gefullod on Iordane fram Iohanne. 10 And sōna of ðām wætere
hē geseah opene heofonas, and Hāligne Gāst swā culfran āstīgende
and on him wunigende; 11 and þā wæs stefn of heofenum geworden, Þū eart mīn gelufoda Sunu, on þē ic gelīcode. 12 And sōna
Gāst hine on wēsten genȳdde. 13 And hē on wēstene wæs fēowertig daga and fēowertig nihta; and hē wæs fram Satane gecostnod;
and hē mid wilddēorum wæs; and him englas þēnodon. 14 Syððan
Iohannes geseald wæs, cōm sē Hǣlend on Galileam, Godes rīces gōdspell bodigende,

LV 8 Y haue baptisid ȝou in watir, but he schal baptise ȝou in the
Hooli Goost. 9 And it was don in tho daies, Jhesus cam fro Nazareth
of Galilee, and was baptisid of Joon in Jordan. 10 And anoon he
wente up of the watir, and saye heuenes opened, and the Hooli Goost
comynge doun as a culuer, and dwellynge in hym. 11 And a vois was
maad fro heuenes, Thou art my loued sone, in thee Y am plesid. 12 And
anoon the Spirit puttide hym forth in to deseert. 13 And he was in
deseert fourti daies and fourti nyȝtis, and was temptid of Sathanas,
and he was with beestis, and aungels mynystriden to hym. 14 But
aftir that Joon was takun, Jhesus cam in to Galilee, and prechide
the gospel of the kyngdoom of God,

AV 8 I indeed haue baptized you with water: but hee shall baptize you with the holy Ghost. **9** And it came to passe in those daies, that Iesus came from Nazareth of Galilee, and was baptized of Iohn in Iordane. **10** And straightway comming vp out of the water, hee saw the heauens opened, and the Spirit like a doue descending vpon him. **11** And there came a voice from heauen, saying, Thou art my beloued Sonne, in whom I am well pleased. **12** And immediately the Spirit driueth him into the wildernesse. **13** And he was there in the wildernesse fourtie daies tempted of Satan, and was with the wildbeasts, and the Angels ministred vnto him. **14** Now after that Iohn was put in prison, Iesus came into Galilee, preaching the Gospell of the kingdome of God,

RSV 8 I have baptized you with water; but he will baptize you with the Holy Spirit.' **9** In those days Jesus came from Nazareth of Galilee and was baptized by John in the Jordan. **10** And when he came up out of the water, immediately he saw the heavens opened and the Spirit descending upon him like a dove; **11** and a voice came from heaven, 'Thou art my beloved Son; with thee I am well pleased.' **12** The Spirit immediately drove him out into the wilderness. **13** And he was in the wilderness forty days, tempted by Satan; and he was with the wild beasts; and the angels ministered to him. **14** Now after John was arrested, Jesus came into Galilee, preaching the gospel of God,

NEB 8 I have baptized you with water; he will baptize you with the Holy Spirit.' **9** It happened at this time that Jesus came from Nazareth in Galilee and was baptized in the Jordan by John. **10** At the moment when he came up out of the water, he saw the heavens torn open and the Spirit, like a dove, descending upon him. **11** And a voice spoke from heaven: 'Thou art my Son, my Beloved; on thee my favour rests.' **12** Thereupon the Spirit sent him away into the wilderness, **13** and there he remained for forty days tempted by Satan. He was among the wild beasts; and the angels waited on him. **14** After John had been arrested, Jesus came into Galilee proclaiming the Gospel of God:

VU 15 et dicens quoniam impletum est tempus et adpropinquavit regnum Dei paenitemini et credite evangelio **16** et praeteriens secus mare Galilaeae vidit Simonem et Andream fratrem eius mittentes retia in mare erant enim piscatores **17** Et dixit eis Iesus venite post me et faciam vos fieri piscatores hominum **18** et protinus relictis retibus secuti sunt eum **19** Et progressus inde pusillum vidit Iacobum Zebedaei et Iohannem fratrem eius et ipsos in navi conponentes retia **20** et statim vocavit illos et relicto patre suo Zebedaeo in navi cum mercennariis secuti sunt eum **21** Et ingrediuntur Capharnaum et statim sabbatis ingressus synagogam docebat eos

WS 15 and þus cweðende, Witodlīce tīd is gefylled, and heofena rīce genēalǣcð; dōð dǣdbōte, and gelȳfað þām gōdspelle. **16** And þā hē fērde wið þā Galileiscan sǣ, hē geseah Simonem and Andreám his brōðor hyra nett on þā sǣ lǣtende; sōðlīce hī wǣron fisceras. **17** And þā cwæð sē Hǣlend, Cumað æfter mē, and ic dō inc þæt gyt bēóð sāwla onfónde. **18** And hī þā hrædlīce him fyligdon, and forlēton heora net. **19** And ðanon hwōn āgāh hē geseah Iacobum Zebedei, and Iohannes his brōðor, and hī on heora scype heora nett lōgodon. **20** And hē hī sōna clypode; and hī heora fæder Zebedeo on scipe forlēton mid hȳrlingum, **21** and fērdon tō Cafarnaum. And sōna resteðagum hē lǣrde hī, on gesamnunge in gangende.

LV 15 and seide, That the tyme is fulfillid, and the kyngdoom of God schal come nyȝ; do ȝe penaunce, and bileue ȝe to the gospel. **16** And as he passide bisidis the see of Galilee, he say Symount, and Andrew, his brother, castynge her nettis in to the see; for thei weren fisscheris. **17** And Jhesus seide to hem, Come ȝe aftir me; Y schal make ȝou to be maad fisscheris of men. **18** And anoon thei leften the nettis, and sueden hym. **19** And he ȝede forth fro thennus a litil, and siȝ James of Zebedee, and Joon, his brother, in a boot makynge nettis. **20** And anoon he clepide hem; and thei leften Zebedee, her fadir, in the boot with hiryd seruauntis, and thei suweden hym. **21** And thei entriden in to Capharnaum, and anoon in the sabatys he ȝede in to a synagoge, and tauȝte hem.

AV 15 And saying, The time is fulfilled, and the kingdome of God is at hand: repent ye, and beleeue the Gospell. 16 Now as he walked by the Sea of Galilee, he saw Simon, and Andrew his brother, casting a net into the Sea (for they were fishers.) 17 And Iesus said vnto them, Come ye after me; and I will make you to become fishers of men. 18 And straightway they forsooke their nets, and followed him. 19 And when hee had gone a little further thence, hee saw Iames the sonne of Zebedee, and Iohn his brother, who also were in the ship mending their nets. 20 And straightway he called them: and they left their father Zebedee in the ship with the hired seruants, and went after him. 21 And they went into Capernaum, and straightway on the Sabbath day he entred into the Synagogue, and taught.

RSV 15 and saying, 'The time is fulfilled, and the kingdom of God is at hand; repent, and believe in the gospel.' 16 And passing along by the Sea of Galilee, he saw Simon and Andrew the brother of Simon casting a net in the sea; for they were fishermen. 17 And Jesus said to them, 'Follow me and I will make you become fishers of men.' 18 And immediately they left their nets and followed him. 19 And going on a little farther, he saw James the son of Zeb'edee and John his brother, who were in their boat mending the nets. 20 And immediately he called them; and they left their father Zeb'edee in the boat with the hired servants, and followed him. 21 And they went into Capernaum; and immediately on the sabbath he entered the synagogue and taught.

NEB 15 'The time has come; the kingdom of God is upon you; repent, and believe the Gospel.' 16 Jesus was walking by the Sea of Galilee when he saw Simon and his brother Andrew on the lake at work with a casting-net; for they were fishermen. 17 Jesus said to them, 'Come with me, and I will make you fishers of men.' 18 And at once they left their nets and followed him. 19 When he had gone a little further he saw James son of Zebedee and his brother John, who were in the boat overhauling their nets. 20 He called them; and, leaving their father Zebedee in the boat with the hired men, they went off to follow him. 21 They came to Capernaum, and on the Sabbath he went to synagogue and began to teach.

VU 22 Et stupebant super doctrina eius erat enim docens eos quasi potestatem habens et non sicut scribae **23** Et erat in synagoga eorum homo in spiritu inmundo et exclamavit **24** dicens quid nobis et tibi Iesu Nazarene venisti perdere nos scio qui sis Sanctus Dei **25** et comminatus est ei Iesus dicens obmutesce et exi de homine **26** et discerpens eum spiritus inmundus et exclamans voce magna exivit ab eo **27** et mirati sunt omnes ita ut conquirerent inter se dicentes quidnam est hoc quae doctrina haec nova quia in potestate et spiritibus inmundis imperat et oboediunt ei **28** et processit rumor eius statim in omnem regionem Galilaeae **29** Et protinus egredientes de synagoga venerunt in domum Simonis et Andreae cum Iacobo et Iohanne

WS 22 And hī wundredon be his lāre; sōðlīce hē wæs hī lærende swā sē þe anweald hæfð, næs swā bōceras. **23** And on heora gesamnunge wæs sum man on unclænum gāste; and hē hrȳmde, **24** and cwæð, Ealā Nazareniscca Hælend, hwæt is ūs and þē? cōm ðū ūs tō forspillanne? Ic wāt þū eart Godes Hālga. **25** Ðā cīdde sē Hælend him, and cwæð, Ādumba, and gā of þisum men. **26** And sē unclæna gāst, hine slītende and mycelre stefne clypiende, him of ēode. **27** Pā wundredon hī ealle swā þæt hī betwux him cwædon, Hwæt ys þis? hwæt is þeos nīwe lār, þæt hē on anwealde unclænum gāstum bebȳt, and hī hȳrsumiað him? **28** And sōna fērde his hlīsa tō Galilea rīce. **29** Hrædlīce of hyra gesamnunge hī cōmon on Simonis and Andreas hūs mid Iacobe and Iohanne.

LV 22 And thei wondriden on his teching; for he tauȝte hem, as he that hadde power, and not as scribis. **23** And in the synagoge of hem was a man in an vnclene spirit, and he criede out, **24** and seide, What to vs and to thee, thou Jhesu of Nazareth? hast thou come to distrie vs? Y woot that thou art the hooli of God. **25** And Jhesus thretenede hym, and seide, Wex doumbe, and go out of the man. **26** And the vnclene spirit debreidynge hym, and criynge with greet vois, wente out fro hym. **27** And alle men wondriden, so that thei souȝten with ynne hem silf, and seiden, What thing is this? what newe doctrine is this? for in power he comaundith to vnclene spiritis, and thei obeyen to hym. **28** And the fame of hym wente forth anoon in to al the cuntree of Galilee. **29** And anoon thei ȝeden out of the synagoge, and camen into the hous of Symount and of Andrewe, with James and Joon.

AV 22 And they were astonished at his doctrine: for hee taught them as one that had authority, and not as the Scribes. **23** And there was in their Synagogue a man with an vncleane spirit, and he cried

out, 24 Saying, Let vs alone, what haue we to doe with thee, thou
Iesus of Nazareth? Art thou come to destroy vs? I know thee who
thou art, the holy One of God. 25 And Iesus rebuked him, saying,
Hold thy peace, and come out of him. 26 And when the vncleane
spirit had torne him, and cried with a lowd voice, he came out of him.
27 And they were all amased, insomuch that they questioned among
themselues, saying, What thing is this? What new doctrine is this?
For with authoritie commandeth he euen the vncleane spirits, and
they doe obey him. 28 And immediatly his fame spread abroad
throughout al the region round about Galilee. 29 And forthwith,
when they were come out of the Synagogue, they entered into the
house of Simon, and Andrew, with Iames and Iohn.

RSV 22 And they were astonished at his teaching, for he taught
them as one who had authority, and not as the scribes. 23 And immediately there was in their synagogue a man with an unclean spirit;
24 and he cried out, 'What have you to do with us, Jesus of Nazareth?
Have you come to destroy us? I know who you are, the Holy One of
God.' 25 But Jesus rebuked him, saying, 'Be silent, and come out of
him!' 26 And the unclean spirit, convulsing him and crying with a
loud voice, came out of him. 27 And they were all amazed, so that
they questioned among themselves, saying, 'What is this? A new teaching! With authority he commands even the unclean spirits, and they
obey him.' 28 And at once his fame spread everywhere throughout
all the surrounding region of Galilee. 29 And immediately he left the
synagogue, and entered the house of Simon and Andrew, with James
and John.

NEB 22 The people were astounded at his teaching, for, unlike the
doctors of the law, he taught with a note of authority. 23 Now there
was a man in the synagogue possessed by an unclean spirit. 24 He
shrieked: 'What do you want with us, Jesus of Nazareth? Have you
come to destroy us? I know who you are—the Holy One of God.'
25 Jesus rebuked him: 'Be silent', he said, 'and come out of him.'
26 And the unclean spirit threw the man into convulsions and with a
loud cry left him. 27 They were all dumbfounded and began to ask
one another, 'What is this? A new kind of teaching! He speaks with
authority. When he gives orders, even the unclean spirits submit.'
28 The news spread rapidly, and he was soon spoken of all over the
district of Galilee. 29 On leaving the synagogue they went straight to
the house of Simon and Andrew; and James and John went with
them.

VU 30 decumbebat autem socrus Simonis febricitans et statim dicunt ei de illa 31 et accedens elevavit eam adprehensa manu eius et continuo dimisit eam febris et ministrabat eis 32 vespere autem facto cum occidisset sol adferebant ad eum omnes male habentes et daemonia habentes 33 et erat omnis civitas congregata ad ianuam 34 et curavit multos qui vexabantur variis languoribus et daemonia multa eiciebat Et non sinebat loqui ea quoniam sciebant eum 35 Et diluculo valde surgens egressus abiit in desertum locum ibique orabat 36 et persecutus est eum Simon et qui cum illo erant 37 et cum invenissent eum dixerunt ei quia omnes quaerunt te

WS 30 Sōðlīce þā sæt Simonis swegr hriðigende; and hī him be hyre sǣdon. 31 And gehēalǣcende hē hī ūp āhōf, hyre handa gegripenre; and hrædlīce sē fēfor hī forlēt, and hēo þēnbde him. 32 Sōðlīce þā hit wæs ǣfen geworden, þā sunne tō setle ēode, hī brōhton tō him ealle þā unhālan and þā ðe wōde wǣron; 33 and eall sēo burhwaru wæs gegaderod tō þǣre dura. 34 And hē manega gehǣlde þe missenlicum ādlum gedrehte wǣron, and manega dēofolsēochyssa hē ūt ādrāf, and hī sprecan ne lēt, for þām hī wiston þæt hē Crīst wæs. 35 And swiðe ǣr ārīsende, hē fērde on wēste stōwe, and hine þār gebæd. 36 And him fyligde Simon, and þā ðe mid him wǣron. 37 And þā hī hine gemētton, hī sǣdon him, Eall þis folc ðē sēcð.

LV 30 And the modir of Symountis wijf lay sijk in fyueris; and anoon thei seien to hym of hyr. 31 And he cam nyȝ, and areride hir, and whanne he hadde take hir hoond, anoon the feuer lefte hir, and sche seruede hem. 32 But whanne the euentid was come, and the sonne was gon doun, thei brouȝten to hym alle that weren of male ese, and hem that hadden fendis. 33 And al the citee was gaderid at the ȝate. 34 And he heelide many, that hadden dyuerse sijknessis, and he castide out many feendis, and he suffride hem not to speke, for thei knewen hym. 35 And he roos ful eerli, and ȝede out, and wente in to a desert place, and preiede there. 36 And Symount suede hym, and thei that weren with hym. 37 And whanne thei hadden founde hym, thei seiden to hym, That alle men seken thee.

AV 30 But Simons wiues mother lay sicke of a feuer: and anone they tell him of her. **31** And he came and tooke her by the hand, and lift her vp, and immediately the feuer left her, and she ministred vnto them. **32** And at euen, when the Sunne did set, they brought vnto him all that were diseased, and them that were possessed with diuels: **33** And all the citie was gathered together at the doore. **34** And he healed many that were sicke of diuers diseases, and cast out many deuils, and suffered not the deuils to speake, because they knew him. **35** And in the morning, rising vp a great while before day, hee went out, and departed into a solitarie place, and there prayed. **36** And Simon, and they that were with him, followed after him: **39** And when they had found him, they said vnto him, All men seek for thee.

RSV 30 Now Simon's mother-in-law lay sick with a fever, and immediately they told him of her. **31** And he came and took her by the hand and lifted her up, and the fever left her; and she served them. **32** That evening, at sundown, they brought to him all who were sick or possessed with demons. **33** And the whole city was gathered together about the door. **34** And he healed many who were sick with various diseases, and cast out many demons; and he would not permit the demons to speak, because they knew him. **35** And in the morning, a great while before day, he rose and went out to a lonely place, and there he prayed. **36** And Simon and those who were with him followed him, **37** and they found him and said to him, 'Every one is searching for you.'

NEB 30 Simon's mother-in-law was ill in bed with fever. They told him about her at once. **31** He came forward, took her by the hand, and helped her to her feet. The fever left her and she waited upon them. **32** That evening after sunset they brought to him all who were ill or possessed by devils; **33** and the whole town was there, gathered at the door. **34** He healed many who suffered from various diseases, and drove out many devils. He would not let the devils speak, because they knew who he was. **35** Very early next morning he got up and went out. He went away to a lonely spot and remained there in prayer. **36** But Simon and his companions searched him out, found him, and said, 'They are all looking for you.'

VU 38 et ait illis eamus in proximos vicos et civitates ut et ibi praedicem ad hoc enim veni **39** et erat praedicans in synagogis eorum et omni Galilaea et daemonia eiciens **40** Et venit ad eum leprosus deprecans eum et genu flexo dixit si vis potes me mundare **41** Iesus autem misertus eius extendit manum suam et tangens eum ait illi volo mundare **42** et cum dixisset statim discessit ab eo lepra et mundatus est **43** et comminatus ei statim eiecit illum   **44** et dicit ei vide nemini dixeris sed vade ostende te principi sacerdotum et offer pro emundatione tua quae praecepit Moses in testimonium illis

WS 38 Pā cwæð hē, Fare wē on gehende tūnas and ceastra þæt ic ðār bodige; witodlīce tō ðām ic cōm. **39** And hē wæs bodigende on heora gesamnungum and ealre Galilea, and dēofolsēochessa ūt ādrīfende. **40** And tō him cōm sum hrēofla, hine biddende, and gebīgedum cnēowum, him tō cwæþ, Drihten, gif þū wilt, ðū miht geclænsian mē. **41** Sōðlīce sē Hǣlend him gemiltsbde, and his hand aþenbde, and hine æthrīnende þus cwæð, Ic wylle; bēo ðū geclænsod. **42** And þā hē ðus cwæð, sōna sēo hrēofnys him fram gewāt, and hē wæs geclænsod. **43** And sōna hē bēad him, **44** and cwæð, Warna þæt ðū hit nānum men ne secge; ac gā, and ætȳw ðē þāra sācerda ealdre, and bring for ðīnre clænsunga þæt Moyses bebēad, him on gewitnesse.

LV 38 And he seide to hem, Go we in to the next townes and citees, that Y preche also there, for her to Y cam. **39** And he prechide in the synagogis of hem, and in al Galilee, and castide out feendis. **40** And a leprouse man cam to hym, and bisouȝte, and knelide, and seide, If thou wolt, thou maist clense me. **41** And Jhesus hadde mercy on hym, and streiȝte out his hoond, and towchyde hym, and seide to hym, I wole, be thou maad cleene. **42** And whanne he hadde seide this, anoon the lepre partyde awey fro hym, and he was clensyd. **43** And Jhesus thretenede hym, and anoon Jhesus putte hym out, **44** and seyde to hym, Se thou, seye to no man; but go, schewe thee to the pryncys of prestys, and offre for thi clensynge in to wytnessyng to hem, tho thingis that Moyses bad.

AV 38 And he said vnto them, Let vs goe into yᵉ next townes, that I may preach there also: for therefore came I foorth. **39** And he preached in their Synagogues throughout all Galilee, and cast out deuils. **40** And there came a leper to him, beseeching him, and kneeling downe to him, and saying vnto him, If thou wilt, thou canst make me cleane. **41** And Iesus mooued with compassion, put foorth his hand, and touched him, and saith vnto him, I will, be thou cleane. **42** And assoone as he had spoken, immediately the leprosie departed from him, and he was cleansed. **43** And he straitly charged him, and forthwith sent him away, **44** And saith vnto him, See thou say nothing to any man: but goe thy way, shew thy selfe to the Priest, and offer for thy clensing those things which Moses commanded, for a testimony vnto them.

RSV 38 And he said to them, 'Let us go on to the next towns, that I may preach there also; for that is why I came out.' **39** And he went throughout all Galilee, preaching in their synagogues and casting out demons. **40** And a leper came to him beseeching him, and kneeling said to him, 'If you will, you can make me clean.' **41** Moved with pity, he stretched out his hand and touched him, and said to him, 'I will; be clean.' **42** And immediately the leprosy left him, and he was made clean. **43** And he sternly charged him, and sent him away at once, **44** and said to him, 'See that you say nothing to any one; but go, show yourself to the priest, and offer for your cleansing what Moses commanded, for a proof to the people.'

NEB 38 He answered, 'Let us move on to the country towns in the neighbourhood; I have to proclaim my message there also; that is what I came out to do.' **39** So all through Galilee he went, preaching in the synagogues and casting out the devils. **40** Once he was approached by a leper, who knelt before him begging his help. 'If only you will,' said the man, 'you can cleanse me.' **41** In warm indignation Jesus stretched out his hand, touched him, and said, 'Indeed I will; be clean again.' **42** The leprosy left him immediately, and he was clean. **43** Then he dismissed him with this stern warning: **44** 'Be sure you say nothing to anybody. Go and show yourself to the priest, and make the offering laid down by Moses for your cleansing; that will certify the cure.'

VU 45 At ille egressus coepit praedicare et diffamare sermonem ita ut iam non posset manifeste in civitatem introire sed foris in desertis locis esse et conveniebant ad eum undique ●

1 Et iterum intravit Capharnaum post dies **2** et auditum est quod in domo esset et convenerunt multi ita ut non caperet neque ad ianuam et loquebatur eis verbum **3** et venerunt ferentes ad eum paralyticum qui a quattuor portabatur **4** et cum non possent offerre eum illi prae turba nudaverunt tectum ubi erat et patefacientes submiserunt grabattum in quo paralyticus iacebat **5** cum vidisset autem Iesus fidem illorum ait paralytico fili dimittuntur tibi peccata

WS 45 And hē þā ūt gangende ongan bodian and wīdmærsian þā spræce, swā þæt hē ne mihte openlīce on þā ceastre gān, ac bēon ūte on wēstum stōwum; and hī æghwanon tō him cōmon. ●

1 And eft æfter dagum hē ēode intō Cafarnaum; and hit wæs gehȳred þæt hē wæs on hūse. **2** And manega tōgædere cōmon; and hē tō heom spræc. **3** And hī cōmon ānne laman tō him berende, þone fēower men bǣron. **4** And þā hī ne mihton hine in bringan for þǣre mænigu, hī openodon þone hrōf þār sē Hǣlend wæs; and hī þā in asendan þæt bed þe sē lama on læg. **5** Sōðlīce ðā sē Hǣlend geseah heora gelēafan, hē cwæð tō þām laman, Sunu, þē synt þīne synna forgyfene.

LV 45 And he ȝede out, and bigan to preche, and publische the word, so that now he myȝte not go opynli in to the citee, but be withoutforth in desert placis; and thei camen to hym on alle sidis. ●

1 And eft he entride in to Cafarnaum, aftir eiȝte daies. **2** And it was herd, that he was in an hous, and many camen to gidir, so that thei miȝten not be in the hous, ne at the ȝate. And he spak to hem the word. **3** And there camen to hym men that brouȝten a man sijk in palesie, which was borun of foure. **4** And whanne thei myȝten not brynge hym to Jhesu for the puple, thei vnhileden the roof where he was, and openede it, and thei leten doun the bed in which the sijk man in palesie laye. **5** And whanne Jhesus hadde seyn the feith of hem, he seide to the sijk man in palesie. Sone, thi synnes ben forȝouun to thee.

AV 45 But he went out, and beganne to publish it much, and to blase abroad the matter: insomuch that Iesus could no more openly enter into the citie, but was without in desert places: and they came to him from euery quarter. ●

1 And againe hee entred into Capernaum after some dayes, and it was noysed that he was in the house. 2 And straightway many were gathered together, insomuch that there was no roome to receiue them, no not so much as about the doore: and he preached the word vnto them. 3 And they come vnto him, bringing one sicke of the palsie, which was borne of foure. 4 And when they could not come nigh vnto him for preasse, they vncouered the roofe where he was: and when they had broken it vp, they let downe the bed wherin the sick of the palsie lay. 5 When Iesus saw their faith, hee said vnto the sicke of the palsie, Sonne, thy sinnes be forgiuen thee.

RSV 45 But he went out and began to talk freely about it, and to spread the news, so that Jesus could no longer openly enter a town, but was out in the country; and people came to him from every quarter. ●

1 And when he returned to Capernaum after some days, it was reported that he was at home. 2 And many were gathered together, so that there was no longer room for them, not even about the door; and he was preaching the word to them. 3 And they came, bringing to him a paralytic carried by four men. 4 And when they could not get near him because of the crowd, they removed the roof above him; and when they had made an opening, they let down the pallet on which the paralytic lay. 5 And when Jesus saw their faith, he said to the paralytic, 'My son, your sins are forgiven.'

NEB 45 But the man went out and made the whole story public; he spread it far and wide, until Jesus could no longer show himself in any town, but stayed outside in the open country. Even so, people kept coming to him from all quarters. ●

1 When after some days he returned to Capernaum, the news went round that he was at home; 2 and such a crowd collected that the space in front of the door was not big enough to hold them. And while he was proclaiming the message to them, 3 a man was brought who was paralysed. 4 Four men were carrying him, but because of the crowd they could not get him near. So they opened up the roof over the place where Jesus was, and when they had broken through they lowered the stretcher on which the paralysed man was lying. 5 When Jesus saw their faith, he said to the paralysed man, 'My son, your sins are forgiven.'

VU 6 erant autem illic quidam de scribis sedentes et cogitantes in cordibus suis 7 quid hic sic loquitur blasphemat quis potest dimittere peccata nisi solus Deus 8 quo statim cognito Iesus spiritu suo quia sic cogitarent intra se dicit illis quid ista cogitatis in cordibus vestris 9 quid est facilius dicere paralytico dimittuntur tibi peccata an dicere surge et tolle grabattum tuum et ambula 10 ut autem sciatis quia potestatem habet Filius hominis in terra dimittendi peccata ait paralytico 11 tibi dico surge tolle grabattum tuum et vade in domum tuam 12 et statim ille surrexit et sublato grabatto abiit coram omnibus ita ut admirarentur omnes et honorificarent Deum dicentes quia numquam sic vidimus

WS 6 Pār wǽron sume of ðām bōcerum sittende, and on heora heortum þencende, 7 Hwī spycð þēs þus? hē dysegað; hwā mæg synna forgyfan būton God āna? 8 Đā sē Hǽlend þæt on his gāste oncnēow, þæt hī swā betwux him þōhton, hē cwæð tō him, Hwī ðence gē þās ðing on ēowrum heortan? 9 Hwæðer is ēðre tō secgenne tō þām laman, Þē synd ðine synna forgyfene; hwæðer þe cweðan, Ārīs, nim ðīn bed, and gā? 10 Þæt gē sōðlīce witon þæt mannes Sunu hæfð anweald on eorðan synna tō forgyfanne, hē cwæð tō þām laman, 11 Þē ic secge, Ārīs, nim þīn bed, and gā tō þīnum hūse. 12 And hē sōna ātās, and beforan him eallum eode, swā þæt ealle wundredon, and þus cwǽdon, Nǽfre wē ǽr þyllic ne gesāwon.

LV 6 But there weren summe of the scribis sittynge, and thenkynge in her hertis, 7 What spekith he thus? He blasfemeth; who may forȝyue synnes, but God aloone? 8 And whanne Jhesus hadde knowe this bi the Hooli Goost, that thei thouȝten so with ynne hem silf, he seith to hem, What thenken ȝe these thingis in ȝoure hertis? 9 What is liȝter to seie to the sijk man in palesie, Synnes ben forȝouun to thee, or to seie, Ryse, take thi bed, and walke? 10 But that ȝe wite that mannus sone hath power in erthe to forȝyue synnes, he seide to the sijk man in palesie, 11 Y seie to thee, ryse vp, take thi bed, and go in to thin hous. 12 And anoon he roos vp, and whanne he hadde take the bed, he wente bifor alle men, so that alle men wondriden, and onoureden God, and seiden, For we seien neuer so.

AV 6 But there were certaine of the Scribes sitting there, and reasoning in their hearts, **7** Why doeth this man thus speake blasphemies? Who can forgiue sinnes but God onely? **8** And immediatly, when Iesus perceiued in his Spirit, that they so reasoned within themselues, he said vnto them, Why reason ye these things in your hearts? **9** Whether is it easier to say to the sicke of the palsie, Thy sinnes be forgiuen thee: or to say, Arise, and take vp thy bed and walke? **10** But that yee may know that the Sonne of man hath power on earth to forgiue sinnes, (Hee saith to the sicke of the palsie,) **11** I say vnto thee, Arise, & take vp thy bed, & goe thy way into thine house. **12** And immediatly he arose, tooke vp the bed, and went foorth before them all, insomuch that they were all amazed, and glorified God, saying, Wee neuer saw it on this fashion.

RSV 6 Now some of the scribes were sitting there, questioning in their hearts, **7** "Why does this man speak thus? It is blasphemy! Who can forgive sins but God alone?" **8** And immediately Jesus, perceiving in his spirit that they thus questioned within themselves, said to them, "Why do you question thus in your hearts? **9** Which is easier, to say to the paralytic, 'Your sins are forgiven,' or to say, 'Rise, take up your pallet and walk'? **10** But that you may know that the Son of man has authority on earth to forgive sins"—he said to the paralytic—**11** "I say to you, rise, take up your pallet and go home." **12** And he rose, and immediately took up the pallet and went out before them all; so that they were all amazed and glorified God, saying, "We never saw anything like this!"

NEB 6 Now there were some lawyers sitting there and they thought to themselves, **7** 'Why does the fellow talk like that? This is blasphemy! Who but God alone can forgive sins?' **8** Jesus knew in his own mind that this was what they were thinking, and said to them: 'Why do you harbour thoughts like these? **9** Is it easier to say to this paralysed man, "Your sins are forgiven", or to say, "Stand up, take your bed, and walk"? **10** But to convince you that the Son of Man has the right on earth to forgive sins'—he turned to the paralysed man —**11** 'I say to you, stand up, take your bed, and go home.' **12** And he got up, and at once took his stretcher and went out in full view of them all, so that they were astounded and praised God. 'Never before', they said, 'have we seen the like.'

187

VU 13 Et egressus est rursus ad mare omnisque turba veniebat ad eum et docebat eos **14** et cum praeteriret vidit Levin Alphei sedentem ad teloneum et ait illi sequere me et surgens secutus est eum **15** Et factum est cum accumberet in domo illius multi publicani et peccatores simul discumbebant cum Iesu et discipulis eius erant enim multi qui et sequebantur eum **16** et scribae et Pharisaei videntes quia manducaret cum peccatoribus et publicanis dicebant discipulis eius quare cum publicanis et peccatoribus manducat et bibit magister vester **17** Hoc audito Iesus ait illis non necesse habent sani medicum sed qui male habent non enim veni vocare iustos sed peccatores ●

WS 13 Eft hē ūt ēode tō ðære sǣ; and eall sēo menigeo him tō cōm, and hē hī lǣrde. **14** And þā hē forð ēode, hē geseah Leuin Alphei sittende æt his cēpsetle, and hē cwæð tō him, Folga mē. Þā ārās hē, and folgode him. **15** And hit gewearð, þā hē sæt on his hūse, þæt manega mānfulle sǣton mid þām Hǣlende and his leorningcnihtum; sōðlīce manega þā ðe him fyligdon wǣron **16** bōceras and Farisei; and cwǣdon, Witodlīce hē ytt mid mānfullum and synfullum. And hī cwǣdon tō his leorningcnihtum, Hwī ytt ēower Lāreow and drincð mid mānfullum and synfullum? **17** Þā sē Hǣlend þis gehȳrde, hē sǣde him, Ne beþurfon nā ðā hālan lǣces, ac ðā þe untrume synt; ne cōm ic nā þæt ic clypode rihtwīse, ac synfulle. ●

LV 13 And he wente out eftsoone to the see, and al the puple cam to hym; and he tauȝte hem. **14** And whanne he passide, he saiȝ Leuy of Alfei sittyng at the tolbothe, and he seide to hym, Sue me. And he roos, and suede hym. **15** And it was doon, whanne he sat at the mete in his hous, many pupplicans and synful men saten togidere at the mete with Jhesu and hise disciplis; for there weren many that folewiden hym. **16** And scribis and Farisees seynge, that he eet with pupplicans and synful men, seiden to hise disciplis, Whi etith and drynkith ȝoure maystir with pupplicans and synneris? **17** Whanne this was herd, Jhesus seide to hem, Hoole men han no nede to a leche, but thei that ben yuel at eese; for Y cam not to clepe iust men, but synneris. ●

AV 13 And he went foorth againe by the sea side, and all the multitude resorted vnto him, and he taught them. **14** And as he passed by, he saw Leui the son of Alpheus sitting at the receit of Custome, and said vnto him, Follow me. And he arose, and followed him. **15** And it came to passe, that as Iesus sate at meate in his house, many Publicanes and sinners sate also together with Iesus and his disciples: for there were many, & they followed him. **16** And when the Scribes and Pharisees saw him eate with Publicanes and sinners, they said vnto his disciples, How is it that hee eateth and drinketh with Publicanes and sinners? **17** When Iesus heard it, he saith vnto them, They that are whole, haue no need of the Physition, but they that are sicke: I came not to call the righteous, but sinners to repentance.

RSV 13 He went out again beside the sea; and all the crowd gathered about him, and he taught them. **14** And as he passed on, he saw Levi the son of Alphaeus sitting at the tax office, and he said to him, 'Follow me.' And he rose and followed him. **15** And as he sat at table in his house, many tax collectors and sinners were sitting with Jesus and his disciples; for there were many who followed him. **16** And the scribes of the Pharisees, when they saw that he was eating with sinners and tax collectors, said to his disciples, 'Why does he eat with tax collectors and sinners?' **17** And when Jesus heard it, he said to them, 'Those who are well have no need of a physician, but those who are sick; I came not to call the righteous, but sinners.'

NEB 13 Once more he went away to the lake-side. All the crowd came to him, and he taught them there. **14** As he went along, he saw Levi son of Alphaeus at his seat in the custom-house, and said to him, 'Follow me'; and Levi rose and followed him. **15** When Jesus was at table in his house, many bad characters–tax-gatherers and others– were seated with him and his disciples; for there were many who followed him. **16** Some doctors of the law who were Pharisees noticed him eating in this bad company, and said to his disciples, 'He eats with tax-gatherers and sinners!' **17** Jesus heard it and said to them, 'It is not the healthy that need a doctor, but the sick; I did not come to invite virtuous people, but sinners.'

VU 1 factum est autem in diebus illis exiit edictum a Caesare Augusto ut describeretur universus orbis **2** haec descriptio prima facta est praeside Syriae Cyrino **3** et ibant omnes ut profiterentur singuli in suam civitatem **4** ascendit autem et Ioseph a Galilaea de civitate Nazareth in Iudaeam civitatem David quae vocatur Bethleem eo quod esset de domo et familia David **5** ut profiteretur cum Maria desponsata sibi uxore praegnate.

WS 1 Sōþlīce on þām dagum wæs geworden gebod fram þām cāsere Augusto, þæt eall ymbehwyrft wære tōmearcod. Þēos tōmearcodnes wæs ǣryst geworden fram þām dēman Syrige Cirino. **3** And ealle hig ēodon, and syndrige fērdon on hyra ceastre. **4** Ðā fērde Iosep fram Galilea of þǣre ceastre Nazareth on Iudeisce ceastre Dauides, sēo is genemned Bethleem, for þām þe hē wæs of Dauides hūse and hīrede; **5** þæt hē fērde mid Marian þe him beweddod wæs, and wæs geēacnod.

LV 1 And it was don in tho daies, a maundement wente out fro the emperour August, that al the world schulde be discryued. **2** This firste discryuyng was maad of Cyryn, iustice of Sirie. **3** And alle men wenten to make professioun, ech in to his owne citee. **4** And Joseph wente vp fro Galilee, fro the citee Nazareth, in to Judee, in to a citee of Dauid, that is clepid Bethleem, for that he was of the hous and of the meyne of Dauid, **5** that he schulde knouleche with Marie, his wijf, that was weddid to hym, and was greet with child.

TY 1 And it chaunced in thoose dayes: that ther went oute a commaundment from Auguste the Emperour, that all the woorlde shuld be taxed. **2** And this taxynge was the fyrst and executed when Syrenius was leftenaunt in Syria. **3** And every man went vnto his awne citie to be taxed. **4** And Ioseph also ascended from Galile, oute of a cite called Nazareth, into Iurie: vnto the cite of David which is called Bethleem, because he was of the housse and linage of David, **5** to be taxed with Mary his spoused wyfe which was with chylde.

AV **1** And it came to passe in those dayes, that there went out a decree from Cesar Augustus, that all the world should be taxed. **2** (And this taxing was first made whē Cyrenius was gouernor of Syria) **3** And all went to bee taxed, euery one into his owne citie. **4** And Ioseph also wēt vp frō Galilee, out of the citie of Nazareth, into Iudea, vnto the citie of Dauid, which is called Bethlehem, (because he was of the house and linage of Dauid,) **5** To be taxed with Mary his espoused wife, being great with child.

HA **1** About that time an edict was publiſhed by Auguſtus Cæſar that a general cenſus ſhould be made throughout the whole extent of Judea. **2** This was the firſt cenſus–and was executed by Quirinius the præfect of Syria. **3** In conſequence of this edict all repaired to the towns to which they reſpectively belonged, in order to be enrolled in the public regiſter. **4** Among others Joſeph went from Nazareth, a town in Galilee, to Bethlehem the place of David's Nativity, as he was a deſcendent from that prince, **5** to be enrolled along with Mary to whom he had been eſpouſed–and who was then far advanced in her pregnancy.

RSV **1** In those days a decree went out from Caesar Augustus that all the world should be enrolled. **2** This was the first enrollment, when Quirinius was governor of Syria. **3** And all went to be enrolled, each to his own city. **4** And Joseph also went up from Galilee, from the city of Nazareth, to Judea, to the city of David, which is called Bethlehem, because he was of the house and lineage of David, **5** to be enrolled with Mary, his betrothed, who was with child.

NEB **1** In those days a decree was issued by the Emperor Augustus for a registration to be made throughout the Roman world. **2** This was the first registration of its kind; it took place when Quirinius was governor of Syria. **3** For this purpose everyone made his way to his own town; **4** and so Joseph went up to Judaea from the town of Nazareth in Galilee, **5** to register at the city of David, called Bethlehem, because he was of the house of David by descent; and with him went Mary who was betrothed to him.

VU 6 factum est autem cum essent ibi impleti sunt dies ut pareret **7** et peperit filium suum primogenitum et pannis eum involvit et reclinavit eum in praesepio quia non erat eis locus in diversorio **8** et pastores erant in regione eadem vigilantes et custodientes vigilias noctis supra gregem suum **9** et ecce angelus Domini stetit iuxta illos et claritas Dei circumfulsit illos et timuerunt timore magno **10** et dixit illis angelus nolite timere ecce enim evangelizo vobis gaudium magnum quod erit omni populo

WS 6 Sōþlīce wæs geworden þā hī þār wǣron, hire dagas wǣron gefyllede þæt hēo cende. **7** And hēo cende hyre frumcennedan sunu, and hine mid cildclāþum bewand, und hine on binne ālēde, for þām þe hig næfdon rūm on cumena hūse. **8** And hyrdas wǣron on þām ylcan rīce waciende, and nihtwæccan healdende ofer heora heorda. **9** Pā stōd Drihtnes engel wiþ hig, and Godes beorhtnes him ymbe sceān; and hī him mycelum ege ādrēdon. **10** And sē engel him tō cwæð, Nelle gē ēow ādrǣdan; sōþlīce nū ic ēow bodie mycelhe gefēan, sē bið eallum folce;

LV 6 And it was don, while thei weren there, the daies weren fulfillid, that sche schulde bere child. **7** and sche bare hir first borun sone, and wlappide hym in clothis, and leide hym in a cratche, for ther was no place to hym in no chaumbir. **8** And scheepherdis weren in the same cuntre, wakynge and kepynge the watchis of the nyȝt on her flok. **9** And lo! the aungel of the Lord stood bisidis hem, and the cleernesse of God schinede aboute hem; and thei dredden with greet drede. **10** And the aungel seide to hem, Nyle ȝe drede; for lo! Y preche to ȝou a greet ioye, that schal be to al puple.

TY 6 And it fortuned whyll they were there, her tyme was come that she shuld be delyvered. **7** And she brought forth her fyrst begotten sonne, and wrapped him in swadlynge cloothes, and layed him in a manger, because ther was no roume for them within in the ynne. **8** And ther were in the same region shepherdes abydinge in the felde and watching their flocke by nyght. **9** and loo: the angell of the lorde stode harde by them, and the brightnes of the lorde shone rounde aboute them, and they were soore afrayed. **10** But the angell sayd vnto them: Be not afrayed. For beholde, I bringe you tydinges of greate ioye that shal come to all the people:

AV 6 And so it was, that while they were there, the dayes were accomplished that she should be deliuered. **7** And she brought foorth her first borne sonne, and wrapped him in swadling clothes, and laid

him in a manger, because there was no roome for them in the Inne.
8 And there were in the same countrey shepheards abiding in yᵉ field,
keeping watch ouer their flocke by night. 9 And loe, the Angel of the
Lord came vpon them, and the glory of the Lord shone round about
them, and they were sore afraid. 10 And the Angel said vnto them,
Feare not: For behold, I bring you good tidings of great ioy, which
shall be to all people.

HA 6 During their continuance here, the time of her delivery approached, 7 and ſhe brought forth a ſon—whom ſhe ſwathed—but was
obliged to repoſit him in a manger—being unable to procure accom-
modation in the inn, by reaſon of the vaſt concourſe of people, with
which the town at that time was crowded. 8 It happened that there
were in the adjacent fields a company of ſhepherds, employing the
hour of night in guarding their reſpective flocks. 9 But behold! while
they were thus occupied—a moſt glorious and inexpreſſible ſplendour
inſtantaneouſly ſurrounded them—and they ſaw a bright heavenly
form approach—which filled them with the laſt conſternation. 10 The
angel then addreſſed himſelf to them and ſaid—'Diſpel your terrors—
for I am commiſſioned to report to you a moſt joyful and tranſport-
ing event, in which the whole world is intereſted!

RSV 6 And while they were there, the time came for her to be
delivered 7 And she gave birth to her first-born son and wrapped him
in swaddling cloths, and laid him in a manger, because there was no
place for them in the inn. 8 And in that region there were shepherds
out in the field, keeping watch over their flock by night. 9 And an
angel of the Lord appeared to them, and the glory of the Lord shone
around them, and they were filled with fear. 10 And the angel said to
them, 'Be not afraid; for behold, I bring you good news of a great
joy which will come to all the people;

NEB 6 She was expecting a child, and while they were there the
time came for her baby to be born 7 and she gave birth to a son, her
firstborn. She wrapped him in his swaddling clothes, and laid him in a
manger, because there was no room for them to lodge in the house.
8 Now in this same district there were shepherds out in the fields,
keeping watch through the night over their flock, 9 when suddenly
there stood before them an angel of the Lord, and the splendour of the
Lord shone round them. They were terror-stricken, 10 but the angel
said, 'Do not be afraid; I have good news for you: there is great joy
coming to the whole people.

VU 11 quia natus est vobis hodie salvator qui est Christus Dominus in civitate David **12** et hoc vobis signum invenietis infantem pannis involutum et positum in praesepio **13** et subito facta est cum angelo multitudo militiae caelestis laudantium Deum et dicentium **14** gloria in altissimis Deo et in terra pax in hominibus bonae voluntatis **15** et factum est ut discesserunt ab eis angeli in caelum pastores loquebantur ad invicem transeamus usque Bethleem et videamus hoc verbum quod factum est quod fecit Dominus et ostendit nobis

WS 11 for þām tō dæg ēow ys Hǣlend ācenned, sē is Drihten Crīst, on Dauides ceastre. **12** And þis tācen ēow byð: Gē gemētað ān cild hræglum bewunden, and on binne ālēd. **13** And þā wæs fǣringa geworden mid þām engle mycelnes heofonlīces werydes, God heriendra and þus cweþendra, **14** Gode sȳ wuldor on hēahnesse, and on eorðan sybb mannum gōdes willan. **15** And hit wæs geworden þā ðā englas tō heofene fērdon, þā hyrdas him betwȳnan sprǣcon and cwǣdon, Utun faran tō Bethleem, and gesēon þæt word þe geworden is, þæt Drihten ūs ætȳwde.

LV 11 For a sauyoure is borun to dai to ȝou, that is Crist the Lord, in the citee of Dauid. **12** And this is a tokene to ȝou; ȝe schulen fynde a ȝong child wlappid in clothis, and leid in a cratche. **13** And sudenli ther was maad with the aungel a multitude of heuenli knyȝthod, heriynge God, and seiynge, **14** Glorie be in the hiȝeste thingis to God, and in erthe pees be to men of good wille. **15** And it was don, as the aungelis passiden awei fro hem in to heuene, the scheephirdis spaken togider, and seiden, Go we ouer to Bethleem, and se we this word that is maad, which the Lord hath maad, and schewide to vs.

TY 11 for vnto you is borne this daye in the cite of David, a saueoure which is Christ the lorde. **12** And take this for a signe: ye shall fynde the chylde swadled and layed in a manger. **13** And streight waye ther was with the angell a multitude of hevenly sowdiers, laudynge God and sayinge: **14** Glory to God an hye, and peace on the erth: and vnto men reioysynge. **15** And it fortuned, assone as the angels were gone awaye from them in to heven, the shepherdes sayd one to another: let vs goo even vnto Bethleem, and se this thynge that is hapened which the Lorde hath shewed vnto vs.

AV 11 For vnto you is borne this day, in the citie of Dauid, a Sauiour, which is Christ the Lord. **12** And this shall be a signe vnto you; yee shall find the babe wrapped in swadling clothes lying in a manger. **13** And suddenly there was with the Angel a multitude of the heauenly hoste praising God, and saying, **14** Glory to God in the highest, and on earth peace, good wil towards men. **15** And it came to passe, as the Angels were gone away from them into heauen, the shepheards said one to another, Let vs now goe euen vnto Bethlehem, and see this thing which is come to passe, which the Lord hath made knowen vnto vs.

HA 11 For this very day, in the city of David, the Saviour—the great Meſſiah—is born! **12** By theſe tokens you may eaſily diſtinguiſh the illuſtrious babe—You will find him ſwathed, and depoſited in a manger.' **13** The angel ended—and was inſtantly joined by myriads of celeſtial ſpirits, who celebrated the divine benignity in the moſt ſublime and rapturous ſtrains—repeating, **14** 'O let the higheſt angelic orders hymn the praiſe of God! O what happineſs hath now bleſſed the world! O what ineffable benevolence is now expreſſed towards men! **15** Soon as the heavenly choir diſappeared, the ſhepherds ſaid one to another—Let us immediately go to Bethlehem, and be eye-wit-neſſes of this grand event, which God hath been pleaſed in this ſignal manner to communicate to us.

RSV 11 for to you is born this day in the city of David a Savior, who is Christ the Lord. **12** And this will be a sign for you: you will find a babe wrapped in swaddling cloths and lying in a manger.' **13** And suddenly there was with the angel a multitude of the heavenly host praising God and saying, **14** 'Glory to God in the highest, and on earth peace among men with whom he is pleased!' **15** When the angels went away from them into heaven, the shepherds said to one another, 'Let us go over to Bethlehem and see this thing that has happened, which the Lord has made known to us.'

NEB 11 Today in the city of David a deliverer has been born to you—the Messiah, the Lord. **12** And this is your sign: you will find a baby lying wrapped in his swaddling clothes, in a manger.' **13** All at once there was with the angel a great company of the heavenly host, singing the praises of God: **14** 'Glory to God in highest heaven, and on earth his peace for men on whom his favour rests.' **15** After the angels had left them and gone into heaven the shepherds said to one an-other, 'Come, we must go straight to Bethlehem and see this thing that has happened, which the Lord has made known to us.'

VU 16 et venerunt festinantes et invenerunt Mariam et Ioseph et infantem positum in praesepio **17** videntes autem cognoverunt de verbo quod dictum erat illis de puero hoc **18** et omnes qui audierunt mirati sunt et de his quae dicta erant a pastoribus ad ipsos **19** Maria autem conservabat omnia verba haec conferens in corde suo **20** et reversi sunt pastores glorificantes et laudantes Deum in omnibus quae audierant et viderant sicut dictum est ad illos ●

WS 16 And hig efstende cōmon, and gemētton Marian and Iosep, and þæt cild on binne ālēd. **17** Þā hī þæt gesāwon, þā oncnēowon hig be þām worde þe him gesǣd wæs be þām cilde. **18** And ealle þā ðe gehȳrdon wundredon be þām þe him þā hyrdas sǣdon. **19** Maria gehēold ealle þās word, on hyre heortan smēagende. **20** Ðā gewendon hām þā hyrdas, God wuldriende and heriende on eallum þām ðe hī gehȳrdon and gesāwon, swā tō him gecweden wæs. ●

LV 16 And thei hiȝynge camen, and founden Marie and Joseph, and the ȝong child leid in a cratche. **17** And thei seynge, knewen of the word that was seid to hem of this child. **18** And alle men that herden wondriden, and of these thingis that weren seid to hem of the scheephirdis. **19** But Marie kepte alle these wordis, berynge togider in hir herte. **20** And the scheepherdis turneden aȝen, glorifyinge and heriynge God in alle thingis that thei hadden herd and seyn, as it was seid to hem. ●

TY 16 And they cam with haste, and founde Mary and Ioseph and the babe layde in a manger. **17** And when they had sene it, they publisshed a brode the sayinge which was tolde them of that chylde. **18** And all that hearde it, wondred at those thinges which were tolde them of the shepherdes. **19** But Mary kept all thoose sayinges, and pondered them in hyr hert. **20** And the shepherdes retourned, praysinge and laudinge God for all that they had herde and sene, evyn as it was told vnto them. ●

AV 16 And they came with haste, and found Mary and Ioseph, and the babe lying in a manger. **17** And when they had seene it, they made knowen abroad the saying, which was told them, concerning this child. **18** And all they that heard it, wondered at those things, which were tolde them by the shepheards. **19** But Mary kept all these things, and pondered them in her heart. **20** And the shepheards returned, glorifying & praising God for all the things that they had heard and seene, as it was told vnto them. ●

HA 16 Accordingly they all haſted with rapid and impatient ſteps to the town–where they ſoon found Mary and Joſeph anxiouſly watching over the infant, which was lying in a manger. **17** Soon as they had ſeen the infant, they publickly reported every circumſtance which the angel had recounted to them concerning the child. **18** and all, who heard the account which theſe ſhepherds gave of that amazing ſcene of which they had been ſpectators, were filled with extreme aſtoniſhment. **19** But Mary in ſilent reflection revolved the ſhepherds' words in her mind–comparing this recent event with former tranſactions of a ſimilar miraculous nature. **20** The ſhepherds, after having publiſhed a detail of the viſion, returned–celebrating with great emotion the praiſes of God for the great event they had ſeen, and for his condeſcenſion in informing them of it in ſo illuſtrious a manner. ●

RSV 16 And they went with haste, and found Mary and Joseph, and the babe lying in a manger. **17** And when they saw it they made known the saying which had been told them concerning this child; **18** and all who heard it wondered at what the shepherds told them. **19** But Mary kept all these things, pondering them in her heart. **20** And the shepherds returned, glorifying and praising God for all they had heard and seen, as it had been told them. ●

NEB 16 So they went with all speed and found their way to Mary and Joseph; and the baby was lying in the manger. **17** When they saw him, they recounted what they had been told about this child; **18** and all who heard were astonished at what the shepherds said. **19** But Mary treasured up all these things and pondered over them. **20** Meanwhile the shepherds returned glorifying and praising God for what they had heard and seen; it had all happened as they had been told. ●

VU 11 Ait autem homo quidam habuit duos filios **12** et dixit adulescentior ex illis patri pater da mihi portionem substantiae quae me contingit et divisit illis substantiam **13** et non post multos dies congregatis omnibus adulescentior filius peregre profectus est in regionem longinquam et ibi dissipavit substantiam suam vivendo luxuriose **14** et postquam omnia consummasset facta est fames valida in regione illa et ipse coepit egere **15** et abiit et adhesit uni civium regionis illius et misit illum in villam suam ut pasceret porcos **16** et cupiebat implere ventrem suum de siliquis quas porci manducabant et nemo illi dabat **17** in se autem reversus dixit quanti mercennarii patris mei abundant panibus ego autem hic fame pereo **18** surgam et ibo ad patrem meum et dicam illi pater peccavi in caelum et coram te **19** et iam non sum dignus vocari filius tuus fac me sicut unum de mercennariis tuis **20** et surgens venit ad patrem suum cum autem adhuc longe esset vidit illum pater ipsius et misericordia motus est et adcurrens cecidit supra collum eius et osculatus est illum **21** dixitque ei filius pater peccavi in caelum et coram te iam non sum dignus vocari filius tuus **22** dixit autem pater ad servos suos cito proferte stolam primam et induite illum et date anulum in manum eius et calciamenta in pedes **23** et adducite vitulum saginatum et occidite et manducemus et epulemur **24** quia hic filius meus mortuus erat et revixit perierat et inventus est et coeperunt epulari **25** erat autem filius eius senior in agro et cum veniret et adpropinquaret domui audivit symphoniam et chorum **26** et vocavit unum de servis et interrogavit quae haec essent **27** isque dixit illi frater tuus venit et occidit pater tuus vitulum saginatum quia salvum illum recepit **28** indignatus est autem et nolebat introire pater ergo illius egressus coepit rogare illum **29** at ille respondens dixit patri suo ecce tot annis servio tibi et numquam mandatum tuum praeterii et numquam dedisti mihi hedum ut cum amicis meis epularer **30** sed postquam filius tuus hic qui devoravit substantiam suam cum meretricibus venit occidisti illi vitulum saginatum **31** at ipse dixit illi fili tu semper mecum es et omnia mea tua sunt **32** epulari autem et gaudere oportebat quia frater tuus hic mortuus erat et revixit perierat et inventus est ●

WS 11 Hē cwæð, Sōðlīce sum man hæfde twēgen suna. 12 Þā cwæð sē gingra tō his fæder, Fæder, syle mē mīnne dǣl mīnre ǣhte þe mē tō gebyreþ. Þā dǣlde hē him his ǣhte. 13 Ðā æfter fēawum dagum ealle his þing gegaderude sē gingra sunu, and fērde wræclīce on feorlen rīce, and forspilde þār his ǣhta, lybbende on his gǣlsan. 14 Ðā hē hig hæfde ealle āmyrrede, þā wearð mycel hunger on þām rīce, and hē wearð wǣdla. 15 Þā fērde hē and folgude ānum burhsittendan men þæs rīces; ða sende hē hine tō his tūne þæt hē hēolde his swȳn. 16 Ðā gewilnode hē his wambe gefyllan of þām bēancoddum þe ða swȳn ǣton; and him man ne sealde. 17 Þā beþōhte hē hine, and cwæð, Ealā, hū fela hȳrlinga on mīnes fæder hūse hlāf genōhne habbað; and ic hēr on hungre forwurðe! 18 Ic ārīse, and ic fare tō mīnum fæder, and ic secge him, Ealā fæder, ic syngode on heofenas and beforan þē; 19 nū ic ne eom wyrðe þæt ic bēo þīn sunu nemned; dō mē swā ānne of þīnum hȳrlingum. 20 And hē ārās þā, and cōm tō his fæder. And þā gȳt þā hē wæs feorr his fæder, hē hyne geseah, and wearð mid mildheortnesse āstyrod, and agēn hine arn, and hine beclypte, and cyste hine. 21 Ðā cwæð his sunu, Fæder, ic syngude on heofon and beforan ðē; nū ic ne eom wyrþe þæt ic þīn sunu bēo genemned. 22 Ðā cwæþ sē fæder tō his þēowum, Bringað raðe þone sēlestan gegyrelan and scrȳdað hyne, and syllað him hring on his hand and gescȳ tō his fōtum; 23 and bringað ān fætt styric and ofslēað, and utun etan and gewistfullian; 24 for þām þes mīn sunu wæs dēad, and hē geedcucude; hē forwearð, and hē is gemēt. Ðā ongunnon hig gewistlǣcan. 25 Sōðlīce hys yldra sunu wæs on æcere; and hē cōm, and þā hē þām hūse genēalǣhte, hē gehȳrde þone swēg and þæt weryd. 26 Þā clypode hē ānne þēow, and āxode hine hwæt þæt wǣre. 27 Ðā cwæð hē, Þīn brōðor cōm; and þīn fæder ofslōh ān fætt celf, for þām þe hē hyne hālne onfēng. 28 Ðā bealh hē hine, and nolde in gān. Þā ēode his fæder ūt, and ongan hine biddan. 29 Ðā cwæþ hē his fæder andswarigende, Efne swā fela gēara ic þē þēowude, and ic nǣfre þīn bebod ne forgȳmde; and ne sealdest þū mē nǣfre ān ticcen þæt ic mid mīnum frēondum gewistfullude; 30 ac syððan þēs þīn sunu cōm þe hys spēde mid myltystrum āmyrde, þū ofslōge him fætt celf. 31 Ðā cwæþ hē, Sunu, þū eart symle mid mē, and ealle mīne þing synt þīne; 32 þē gebyrede gewistfullian and geblissian, for þām þes þīn brōðor wæs dēad, and hē geedcucede; hē forwearð, and hē is gemēt. ●

EV **11** Forsothe he seith, Sum man hadde tweye sones; **12** and the ȝongere
seide to the fadir, Fadir, ȝyue to me the porcioun of substaunce, ethir catel,
that byfallith to me. And the fadir departide to him the substaunce. **13** And
not aftir manye dayes, alle thingis gederid to gidre, the ȝongere sone wente in
pilgrymage in to a fer cuntree; and there he wastide his substaunce in
lyuynge leccherously. **14** And aftir that he hadde endid alle thingis, a strong
hungir was maad in that cuntree, and he bigan to haue nede. **15** And he
wente, and cleuyde to oon of the citeseyns of that cuntree. And he sente him
in to his toun, that he schulde feede hoggis. **16** And he coueitide to fille his
wombe of the coddis whiche the hoggis eeten, and no man ȝaf to him.
17 Sothli he turned aȝen in to him silf, seyde, Hou many hirid men in my
fadir hous, han plente of looues; forsothe I perische here thurȝ hungir. **18** I
schal ryse, and I schal go to my fadir, and I schal seie to him, Fadir, I haue
synned aȝens heuene, and bifore thee; **19** now I am not worthi to be clepid
thi sone, make me as oon of thi hyrid men. **20** And he rysinge cam to his
fadir. Sothli whanne he was ȝit fer, his fadir syȝ him, and he was stirid by
mercy. And he rennynge to, felde on his necke, and kiste him. **21** And the
sone seyde to him, Fadir, I haue synned aȝens heuene, and bifore thee; and
now I am not worthi to be clepid thi sone. **22** Forsoth the fadir seyde to his
seruauntis, Soone bringe ȝe forth the firste stoole, and clothe ȝe him, and
ȝyue ȝe a ring in his hond, and schoon in to the feet; **23** and brynge ȝe a
calf maad fat, and sle ȝe, and ete we, and plenteuously ete we. **24** For this
my sone was deed, and hath lyued aȝen; he perischide, and is founden. And
alle bigunnen to eat plenteuously. **25** Forsoth his eldere sone was in the
feeld; and whanne he cam, and neiȝede to the hous, he herde a symphonye
and a crowde. **26** And he clepide oon of the seruauntis, and axide, what
thingis thes weren. **27** And he seide to him, Thi brodir is comen, and thi
fadir hath slayn a fat calf, for he receyuede him saf. **28** Forsoth he was
wroth, and wolde not entre. Therfore his fadir gon out, bigan to preie him.
29 And he answeringe to his fadir, seide, Lo! so manye ȝeeris I serue to thee,
and I brak neuere thi comaundement; thou hast neuere ȝouun a kyde to me,
that I schulde ete largely with my frendis. **30** But aftir that this thi sone,
which deuouride his substaunce with hooris, cam, thou hast slayn to him a fat
calf. **31** And he seide to him, Sone, thou ert euere with me, and alle myne
thingis ben thyne. **32** Forsothe it bihofte to ete plenteuously, and for to ioye;
for this thi brother was deed, and lyuede aȝeyn; he peryschide, and he is
founden. ●

LV 11 And he seide, A man hadde twei sones; 12 and the ȝonger of hem seide to the fadir, Fadir, ȝyue me the porcioun of catel, that fallith to me. And he departide to hem the catel. 13 And not aftir many daies, whanne alle thingis weren gederid togider, the ȝonger sone wente forth in pilgrymage in to a fer cuntre; and there he wastide hise goodis in lyuynge lecherously. 14 And aftir that he hadde endid alle thingis, a strong hungre was maad in that cuntre, and he bigan to haue nede. 15 And he wente, and drouȝ hym to oon of the citeseyns of that cuntre. And he sente hym in to his toun, to fede swyn. 16 And he coueitide to fille his wombe of the coddis that the hoggis eeten, and no man ȝaf hym. 17 And he turnede aȝen to hym silf, and seide, Hou many hirid men in my fadir hous han plente of looues; and Y perische here thorouȝ hungir. 18 Y schal rise vp, and go to my fadir, and Y schal seie to hym, Fadir, Y haue synned in to heuene, and bifor thee; 19 and now Y am not worthi to be clepid thi sone, make me as oon of thin hirid men. 20 And he roos vp, and cam to his fadir. And whanne he was ȝit afer, his fadir saiȝ hym, and was stirrid bi mercy. And he ran, and fel on his necke, and kisside hym. 21 And the sone seide to hym, Fadir, Y haue synned in to heuene, and bifor thee; and now Y am not worthi to be clepid thi sone. 22 And the fadir seide to hise seruauntis, Swithe brynge ȝe forth the firste stoole, and clothe ȝe hym, and ȝyue ȝe a ryng in his hoond, and schoon on hise feet; 23 and brynge ȝe a fat calf, and sle ȝe, and ete we, and make we feeste. 24 For this my sone was deed, and hath lyued aȝen; he perischid, and is foundun. And alle men bigunnen to ete. 25 But his eldere sone was in the feeld; and whanne he cam, and neiȝede to the hous, he herde a symfonye and a croude. 26 And he clepide oon of the seruauntis, and axide, what these thingis weren. 27 And he seide to hym, Thi brother is comun, and thi fadir slewe a fat calf, for he resseyuede hym saaf. 28 And he was wrooth, and wolde not come in. Therfor his fadir wente out, and bigan to preye hym. 29 And he answerde to his fadir, and seide, Lo! so many ȝeeris Y serue thee, and Y neuer brak thi comaundement; and thou neuer ȝaf to me a kidde, that Y with my freendis schulde haue ete. 30 But aftir that this thi sone, that hath deuourid his substaunce with horis, cam, thou hast slayn to hym a fat calf. 31 And he seide to hym, Sone, thou art euer more with me, and alle my thingis ben thine. 32 But it bihofte for to make feeste, and to haue ioye; for this thi brother was deed, and lyuede aȝen; he perischide, and is foundun. ●

Nisbet 11 And he saide, A man had ij sonnis: **12** And the yonngare of thame said to the fader, Fader, geue me the portionn of substance that fallis to me. And he departit to thame the substance. **13** And nocht mony dais eftire, quhen al thingis war gaderit togiddire, the yonngar sonn went furth in pilgrimage into a ferr cuntree, and thare he waistit his gudis in leving licherouslie. **14** And eftir that he had endit al thingis, a stark hungire was made in that cuntree; and he began to haue need. **15** And he went and drew him to aan of the citezenis of that cuntre; and he send him into his tovn to fede swyne. **16** And he couatit to fill his wambe of the coddis that the hoggis ete: and na man gave to him. **17** And he turnit agane into him self, and said, How mony hyretmen in my fadris hous has plentee of laaues, and I peryse here throu hungir. **18** I sal ryse up and ga to my fadere, and I sal say to him, Fader, I haue synnyt into heuen und before thee, **19** And now I am nocht worthie to be callit thi sonn: mak me as aan of thi hyret men. **20** And he rase up, and com to his fader. And quhen he was yit on fer, his fadere saw him, and was mouet be mercy, and he ran, and fell on his neck, and kissit him. **21** And the sonn said to him, Fader, I haue synnyt into heuen, and before thee, and now I am nocht worthie to be callit thi sonn. **22** And the fadere said to his seruandis, Suythe bring ye furthe the first stole, and cleithe ye him; and geue ye a ryng in his hand, and schoon on his feet; **23** And bring ye a fat calf, and sla ye; and ete we, and mak we feest: **24** For this my sonn was deid, and has leeuet agane; he peryset, and is fundin. And almen began to ete. **25** Bot his eldar sonn was in the feeld; and quhen he com and nerit to the hous, he herde a symphony and a croude. **26** And he callit aan of the seruandis, and askit quhat thir thingis war. **27** And he said to him, Thy bruther is cummin; and thi fadere has slayn a fat calf, for he resauet him saaf. **28** And he was wrathe, and wald nocht cum in. Tharfor his fadere yede furthe, and began to pray him. **29** And he ansuerd to his fadere, and said, Lo, sa mony yeris I serue thee, and I brak neuir thi comandment; and thou neuir gaue to me a kidde, that I with my freendis suld haue eten. **30** Bot eftir that this thi sonn, that has destroyit his substance with huris com, thou has slayn to him a fat calf. **31** And he said to him, Sonn, thou art euirmaire with me, and al my thingis are thin. **32** Bot it behuvit to mak feest and to haue ioy: for this thi bruther was deid, and leevit agane; he periset, and was fundin. ●

TY 11 And he sayde: a certayne man had two sonnes, 12 and the yonger of them sayde to his father: father geve me my parte of the goodes that to me belongeth. And he devided vnto them his substaunce. 13 And not longe after, the yonger sonne gaddered all that he had to gedder, and toke his iorney into a farre countre, and theare he wasted his goodes with royetous lyvinge. 14 And when he had spent all that he had, ther rose a greate derth thorow out all that same londe, and he began to lacke. 15 And he went and clave to a citesyn of that same countre, which sent him to his felde, to kepe his swyne. 16 And he wold fayne have filled his bely with the coddes that the swyne ate: and noo man gave him. 17 Then he came to him selfe and sayde: how many hyred servauntes at my fathers, have breed ynough, and I dye for honger. 18 I will aryse, and goo to my father and will saye vnto him: father, I have synned agaynst heven and before the, 19 and am no moare worthy to be called thy sonne, make me as one of thy hyred servauntes. 20 And he arose and went to his father. And when he was yet agreate waye of, his father sawe him and had compassion, and ran and fell on his necke, and kyssed him. 21 And the sonne sayd vnto him: father, I have synned agaynst heven, and in thy sight, and am no moare worthy to be called thy sonne. 22 But his father sayde to his servauntes: bringe forth that best garment and put it on him, and put a rynge on his honde, and showes on his fete. 23 And bringe hidder that fatted caulfe, and kyll him, and let vs eate and be mery: 24 for this my sonne was deed, and is alyve agayne, he was loste, and is now founde. And they began to be merye. 25 The elder brother was in the felde, and when he cam and drewe nye to the housse, he herde minstrelcy and daunsynge, 26 and called one of his servauntes, and axed what thoose thinges meante. 27 And he sayd vnto him: thy brother is come, and thy father had kylled the fatted caulfe, because he hath receaved him safe and sounde. 28 And he was angry, and wolde not goo in. Then came his father out, and entreated him. 29 He answered and sayde to his father: Loo these many yeares have I done the service, nether brake at eny tyme thy commaundment, and yet gavest thou me never soo moche as a kyd to make mery with my lovers: 30 but assone as this thy sonne was come, which hath devoured thy goodes with harlootes, thou haste for his pleasure kylled the fatted caulfe. 31 And he sayd vnto him: Sonne, thou wast ever with me, and all that I have, is thyne: 32 it was mete that we shuld make mery and be glad: for this thy brother was deed, and is a lyve agayne: and was loste, and is founde. ●

RH **11** And he said, A certaine man had tvvo sonnes: **12** and the yonger of them said to his father, Father, giue me the portion of substance that belongeth to me. And he deuided vnto them the substance. **13** And not many daies after the yonger sonne gathering al his things together vvent from home into a farre countrie: and there he vvasted his substance, liuing riotously. **14** And after he had spent al, there fel a sore famine in that countrie, and he began to be in neede. **15** And he vvent, and cleaued to one of the citizens of that countrie. And he sent him into his farme to feede svvine. **16** And he vvould faine haue filled his bellie of the huskes that the svvine did eate: and no bodie gaue vnto him. **17** And returning to him self he said, Hovv many of my fathers hirelings haue aboundance of bread: and I here perish for famine? **18** I vvil arise, and vvil goe to my father, and say to him, Father, I haue sinned against heauen and before thee: **19** I am not novv vvorthie to be called thy sonne: make me as one of thy hirelings. **20** And rising vp he came to his father. And vvhen he vvas yet farre of, his father savv him, and vvas moued vvith mercie, and running to him fel vpon his necke, and kissed him. **21** And his sonne said to him, Father, I haue sinned against heauen and before thee, I am not novv vvorthie to be called thy sonne. **22** And the father said to his seruants, Quickely bring forth the first stole, and doe it on him, and put a ring vpon his hand, and shoes vpon his feete: **23** and bring the fatted calfe, and kil it, and let vs eate, and make merie: **24** because this my sonne vvas dead and is reuiued: vvas lost, and is found. And they began to make merie. **25** But his elder sonne vvas in the field, and vvhen he came and drevv nigh to the house, he heard musicke and dauncing: **26** and he called one of the seruants, and asked vvhat these thinges should be. **27** And he said to him, Thy brother is come, and thy father hath killed the fatted calfe, because he hath receiued him safe. **28** But he had indignation, and vvould not goe in. His father therfore going forth began to desire him. **29** But he ansvvering said to his father, Behold, so many yeres doe I serue thee, and I neuer transgressed thy commaundement, and thou didst neuer giue me a kidde to make merie vvith my frendes: **30** but after that thy sonne, this that hath deuoured his substance vvith whoores, is come, thou hast killed for him the fatted calfe. **31** But he said to him, Sonne, thou art alvvaies vvith me, and al my things are thine. **32** But it behoued vs to make merie and be glad, because this thy brother vvas dead, and is reuiued, vvas lost, and is found. ●

AV 11 And hee said, A certaine man had two sonnes: 12 And the yonger of them said to his father, Father, giue me the portion of goods that falleth to me. And he diuided vnto them his liuing. 13 And not many dayes after, the yonger sonne gathered al together, and tooke his iourney into a farre countrey, and there wasted his substance with riotous liuing. 14 And when he had spent all, there arose a mighty famine in that land, and he beganne to be in want. 15 And he went and ioyned himselfe to a citizen of that countrey, and he sent him into his fields to feed swine. 16 And he would faine haue filled his belly with the huskes that the swine did eate: & no man gaue vnto him. 17 And when he came to himselfe, he said, How many hired seruants of my fathers haue bread inough and to spare, and I perish with hunger? 18 I will arise and goe to my father, and will say vnto him, Father, I haue sinned against heauen and before thee. 19 And am no more worthy to be called thy sonne: make me as one of thy hired seruants. 20 And he arose and came to his father. But when he was yet a great way off, his father saw him, and had compassion, and ranne, and fell on his necke, and kissed him. 21 And the sonne said vnto him, Father, I haue sinned against heauen, and in thy sight, and am no more worthy to be called thy sonne. 22 But the father saide to his seruants, Bring foorth the best robe, and put it on him, and put a ring on his hand, and shooes on his feete. 23 And bring hither the fatted calfe, and kill it, and let vs eate and be merrie. 24 For this my sonne was dead, and is aliue againe; hee was lost, & is found. And they began to be merie. 25 Now his elder sonne was in the field, and as he came and drew nigh to the house, he heard musicke & dauncing, 26 And he called one of the seruants, and asked what these things meant. 27 And he said vnto him, Thy brother is come, and thy father hath killed the fatted calfe, because he hath receiued him safe and sound. 28 And he was angry, and would not goe in: therefore came his father out, and intreated him. 29 And he answering said to his father, Loe, these many yeeres doe I serue thee, neither transgressed I at any time thy commandement, and yet thou neuer gauest mee a kid, that I might make merry with my friends: 30 But as soone as this thy sonne was come which hath deuoured thy liuing with harlots, thou hast killed for him the fatted calfe. 31 And he said vnto him, Sonne, thou art euer with me, and all that I haue is thine. 32 It was meete that we should make merry, and be glad: for this thy brother was dead, and is aliue againe: and was lost, and is found. ●

HA **11** A Gentleman of a splendid family and opulent fortune had two sons. **12** One day the younger approached his father, and begged him in the most importunate and soothing terms to make a partition of his effects betwixt himself and his elder brother–The indulgent father, overcome by his blandishments, immediately divided all his fortunes betwixt them. **13** A few days after, the younger brother converted all the estates that had been thus assigned him into ready money–left his native soil, and settled in a foreign country–where, by a course of debauchery, profligacy, and every expensive and fashionable amusement and dissipation, in a very short time, he squandered it all away. **14** As soon as he had dissipated his fortune, and was now reduced to extreme indigence–a terrible famine visited the country in which he resided, and raged with such dire and universal devestation, that he was in want even of the common necessaries of life. **15** Finding himself now destitute of bread, and having nothing to eat to satisfy a raging appetite–he went to an opulent citizen, and begged him in the most supplicant terms that he would employ him in any menial drudgery–The gentleman hired him, and sent him into his fields to feed swine. **16** Here he was so dreadfully tormented with hunger, that he envied even the swine which he saw them greedily devour–and would willingly have allayed with these the dire sensations he felt–but none of his fellow-servants would permit him. **17** But reflection, which his vices had kept so long in a profound sleep, now awoke–He now began to review the past scenes of his life, and all the plenty and happiness in which he had once lived now rushed into his mind–What a vast number of servants, said he, hath my father, who riot in superfluous abundance and affluence, while I am emaciated and dying with hunger. **18** I am determined to go to my dear aged parent, and try to excite his tenderness and compassion for me–I will kneel before him, and accost him in these penitent and pathetic terms–Best of parents! I acknowledge myself an ungrateful creature to heaven and to you! **19** I have rendered myself, by a long course of many shameful vices, unworthy of the name of your child!–Condescend to hire me into your family in the capacity of the meanest slave. **20** Having formed this resolution, he travelled towards home, without cloaths, and without shoes–with all the haste, that a body pining with hunger, and exhausted by fatigue could make–When he was now come within sight of home, his father saw him at a distance–knew him–and was subdued at once with paternal tenderness and pity–He rushed to meet him with swift and impatient steps–folded him in his arms–imprinted a thousand ardent kisses on his lips–the tears straying down his venerable cheeks, and the big passions, that struggled in his breast, choaking his utterance. **21** After some time the son said–Best and kindest of parents! I have been guilty of the blackest ingratitude both to God and to you!–I am unworthy ever to be called your child! **22** His father without making any reply to these words, called his servants, saying, Bring hither immediately a complete suit of the best apparel I have in the house– **23** And do you fetch the fat calf from the stall, and kill it–for we will devote this day to festivity and joy. **24** For this is my son!–He, whose death I have so long and bitterly deplored, is yet alive!—Him, whom I believed had miserably perished, I have now recovered! –A most splendid entertainment was accordingly prepared–and every heart was dilated with transport on this happy occasion. **25** In the mean time, while they were thus joyfully celebrating his return–the elder brother was absent in the fields—On his coming home in the evening, when he approached the house, he heard the whole dome resound with vocal and instrumental music, and dancing. **26** He called one of the servants, and asked him the meaning of this unexpected scene. **27** The servant said, Your brother, Sir, is just returned from abroad—and your father is celebrating this happy occasion by a most splendid and elegant entertainment. **28** This account of his father's conduct highly incensed and exasperated him—and he obstinately refused to go into the hall to his brother, and to the other company–His behaviour being told the father, he came out to him–and even entreated him to come in, and share their felicity. **29** To these affectionate persuasions he sullenly replied, I have done all your drudgery for a great number of years past, and never once disobeyed any of your orders–yet you never made me a present even of such a trifle as a kid, and bad me go and entertain my friends. **30** But no sooner doth this libertine return to you, after having dissipated all the fortune you gave him in the vilest sensuality and debauchery–but you embrace him in an ecstacy of joy–bathe him in a flood of tears–and solemnize the day by a sumptuous and magnificent feast. **31** His father said to him, My dear son! the paternal inheritance you know, is yours—You have been always with me: I have never regretted your absence– **32** You too ought therefore to indulge the warmest joy, and mutually to share in our transports, upon receiving a brother, whose death we have so often lamented, and recovering one, whose loss we have so bitterly deplored. ●

Scots 11 He said, forby, "A particular man had twa sons; **12** "And the young son said to his faither, 'Faither! gie me my portion that wad fa' till me o' a' the gear!' And he portioned oot till them his leevin. **13** "And, a wheen days eftir, the young son gather't a' his gear thegither, and gaed awa frae hame till a far-awa lan'; and thar sperfl't his gear in riotousness. **14** "But mair: whan a' was gane thar cam up an awesome famine oot-throwe yon lan'; and he begude to be wantin. **15** "And he gaed awa, and was sornin on ane o' the men o' that lan'; and he sent him oot-by to herd swine. **16** "And he fain wad fill't his sel wi' the hools the swine war eatin; and nae ane gied them till him. **17** "But, comin' till his richt min', quo' he, 'Hoo mony o' the fee'd servants o' my faither, wha hae rowth o' breid, and an ower-come; while I, here, dee o' hung'er! **18** "'I will rise and gang till my faither, and wull say till him, My faither! I hae dune wrang, again Heeven, and afore you; **19** "'Nae mair am I fit to be ca'd yere son; mak me like till ane o' the fee'd servants!' And, sae risin, he cam awa till his faither. **20** "But, while he was yet haudin far-awa, his faither spy't him, and was fu' o' compassion; and rinnin, he fell on his neck, and begude kissin him. **21** "And the son said till him, 'My faither! I did wrang again Heeven, and afore you: I am nae mair wordie to be ca'd yere son!' **22** "But the faither said till the servants, 'Waste nae time! bring oot a robe—the first and best ane—and pit it on him; and gie a ring for his fing'er, and shoon for his feet; **23** "'And bring oot the stall'd cauf, and kill it; that we may eat and be joyfu'! **24** "'For he, my son, was deid, and cam to life again; he had been tint, and is fund again!' And they begude to be joyfu'. **25** "But his auld brither was i' the field: and, as he cam in, he drew nar the hoose, and heard music and dancin. **26** "And, beckonin till him ane o' the fee'd folk, he speir't what aiblins a' this micht mean? **27** "And he said till him, 'Yere brither has come back again; and yere faither has kill't the stall'd cauf, for that he gat him hame again a' safe and soun'.' **28** "But he was fu' o' ang'er, and wadna gang in. His faither, tho', cam oot, and was entreatin him. **29** "But he, answerin him, said till his faither, 'See! a' thir years hae I ser't ye; and never did I gang ayont yere commauns; and at nae time did ye gie me e'en a kid, that I micht mak a feast for my freends; **30** "'But whane'er this yere son, wha has devoor't yere leavin wi' harlots, cam, ye killed the stall'd cauf!' **31** "But he said till him, 'Bairn! thou art aye wi' me! and a' that is mine is thine! **32** "'But it was richt we soud mak merry and rejoice; for he, thy brither, was deid, and cam back to life again; he had been tint, and was fund!'" ●

RSV 11 And he said, "There was a man who had two sons; 12 and the younger of them said to his father, 'Father, give me the share of property that falls to me.' And he divided his living between them. 13 Not many days later, the younger son gathered all he had and took his journey into a far country, and there he squandered his property in loose living. 14 And when he had spent everything, a great famine arose in that country, and he began to be in want. 15 So he went and joined himself to one of the citizens of that country, who sent him into his fields to feed swine. 16 And he would gladly have fed on the pods that the swine ate; and no one gave him anything. 17 But when he came to himself he said, 'How many of my father's hired servants have bread enough and to spare, but I perish here with hunger! 18 I will arise and go to my father, and I will say to him, "Father, I have sinned against heaven and before you; 19 I am no longer worthy to be called your son; treat me as one of your hired servants."' 20 And he arose and came to his father. But while he was yet at a distance, his father saw him and had compassion, and ran and embraced him and kissed him. 21 And the son said to him, 'Father, I have sinned against heaven and before you; I am no longer worthy to be called your son.' 22 But the father said to his servants, 'Bring quickly the best robe, and put it on him; and put a ring on his hand, and shoes on his feet; 23 and bring the fatted calf and kill it, and let us eat and make merry; 24 for this my son was dead, and is alive again; he was lost, and is found.' And they began to make merry. 25 "Now his elder son was in the field; and as he came and drew near to the house, he heard music and dancing. 26 And he called one of the servants and asked what this meant. 27 And he said to him, 'Your brother has come, and your father has killed the fatted calf, because he has received him safe and sound.' 28 But he was angry and refused to go in. His father came out and entreated him, 29 but he answered his father, 'Lo, these many years I have served you, and I never disobeyed your command; yet you never gave me a kid, that I might make merry with my friends. 30 But when this son of yours came, who has devoured your living with harlots, you killed for him the fatted calf!' 31 And he said to him, 'Son, you are always with me, and all that is mine is yours. 32 It was fitting to make merry and be glad, for this your brother was dead, and is alive; he was lost, and is found.'" ●

NEB 11 Again he said: 'There was once a man who had two sons; **12** and the younger said to his father, "Father, give me my share of the property." So he divided his estate between them. **13** A few days later the younger son turned the whole of his share into cash and left home for a distant country, where he squandered it in reckless living. **14** He had spent it all, when a severe famine fell upon that country and he began to feel the pinch. **15** So he went and attached himself to one of the local landowners, who sent him on to his farm to mind the pigs. **16** He would have been glad to fill his belly with the pods that the pigs were eating; and no one gave him anything. **17** Then he came to his senses and said, "How many of my father's paid servants have more food than they can eat, and here am I, starving to death! **18** I will set off and go to my father, and say to him, 'Father, I have sinned, against God and against you; **19** I am no longer fit to be called your son; treat me as one of your paid servants.'" **20** So he set out for his father's house. But while he was still a long way off his father saw him, and his heart went out to him. He ran to meet him, flung his arms round him, and kissed him. **21** The son said, "Father, I have sinned, against God and against you; I am no longer fit to be called your son." **22** But the father said to his servants, "Quick! fetch a robe, my best one, and put it on him; put a ring on his finger and shoes on his feet. **23** Bring the fatted calf and kill it, and let us have a feast to celebrate the day. **24** For this son of mine was dead and has come back to life; he was lost and is found." And the festivities began. **25** 'Now the elder son was out on the farm; and on his way back, as he approached the house, he heard music and dancing. **26** He called one of the servants and asked what it meant. **27** The servant told him, "Your brother has come home, and your father has killed the fatted calf because he has him back safe and sound." **28** But he was angry and refused to go in. **29** His father came out and pleaded with him; but he retorted, "You know how I have slaved for you all these years; I never once disobeyed your orders; and you never gave me so much as a kid, for a feast with my friends. **30** But now that this son of yours turns up, after running through your money with his women, you kill the fatted calf for him." **31** "My boy," said the father, "you are always with me, and everything I have is yours. **32** How could we help celebrating this happy day? Your brother here was dead and has come back to life, was lost and is found."' ●

Bibliographie

Die Bibliographie enthält eine Auswahl der wichtigsten Wörterbücher und alle im Text in Kurzform zitierten Werke [mit Verweis auf die Seiten] zusammen mit einigen anderen wichtigen Titeln. Speziellere Werke, die bei der Anfertigung von Hausarbeiten herangezogen werden können, finden sich im Anschluß. Zeitschriften und Reihen sind nach *PMLA* abgekürzt. Daneben werden folgende Abkürzungen verwendet: AA Anglistische Arbeitshefte, *CTL* Current Trends in Linguistics, ed. T. Sebeok, *FS* Festschrift, GdA Grundlagen der Anglistik, IBAL Internationale Bibliothek für allgemeine Linguistik, JL Janua Linguarum (smi = series minor etc.), LLL Longman's Linguistic Library, LR Linguistische Reihe, SAA Schweizer Anglistische Arbeiten, SEP Studien zur englischen Philologie, SKGRV Sprache und Kultur der germanischen und romanischen Völker, Anglistische Reihe, SPE Society for Pure English, TBL Tübinger Beiträge zur Linguistik, UTB Uni Taschenbücher. Für einige andere Reihen werden durchsichtige Kurzformen benutzt.

Wörterbücher

ALD *The Oxford Advanced Learner's Dictionary of Current English*, ed. A. S. Hornby (Oxford, ³1974, ⁴1989).

ASD *An Anglo-Saxon Dictionary*, eds. J. Bosworth and T. N. Toller (Oxford, 1898), *Supplement* by T. N. Toller (Oxford, ²1970).

CASD *A Concise Anglo-Saxon Dictionary*, ed. J. R. C. Hall (Cambridge, ⁴1960).

CED *A Chronological English Dictionary*, ed. Th. Finkenstaedt *et al.* (Heidelberg, 1970).

Kluge *Etymologisches Wörterbuch der deutschen Sprache* (Berlin, ²²1989).

MED *Middle English Dictionary*, ed. H. Kurath *et al.* (Ann Arbor, 1952-) [bisher A-Sl (1986)].

ODEE *The Oxford Dictionary of English Etymology*, ed. C. T. Onions (Oxford, 1966).

OED *A New English Dictionary on Historical Principles*, eds. J. A. H. Murray *et al.* (Oxford, 1884–1928), reed. *The Oxford English Dictionary* (Oxford, 1933, ²1989).

Roget *Roget's Thesaurus of English Words and Phrases*, ed. R. A. Dutch (London, 1962).

SOED *The Shorter Oxford Dictionary*, ed. W. Little *et al.* (Oxford 1933, ³1944, revised 1993).

Aitchison, J., *Language Change: Progress or Decay?* (Cambridge, ²1991). [24]

Algeo, J., *Problems in the Origins and Development of the English Language* (New York, ²1972). [57]

Amos, F. R., *Early Theories of Translation* (New York, 1920). [14]

Anderson, J. M., *Structural Aspects of Language Change*, LLL 13 (London, 1973).

Baldinger, K., *Semantic Theory*. Towards a Modern Semantics (Oxford, 1980; span. Original 1970). [112–3]

Bammesberger, Alfred, „The place of English in Germanic and Indo-European", in Hogg 1992:26–66. [32]

Bauer, G., *Studien zum System und Gebrauch der`Tempora' in der Sprache Chaucers und Gowers*, Wiener Beiträge, 73 (Wien, 1970). [93–5]

Baugh, A. C. & T. Cable, *A History of the English Language* (New York & London, ³1978, ⁴1993). [9, 12, 24, 29, 72, 132, 142]

Berndt, R., *Einführung in das Studium des Mittelenglischen* (Halle, 1960). [45, 134]

–, *History of the English Language* (Leipzig, 1982).

Biese, Y. M., *Origin and Development of Conversions in English* (Helsinki, 1941). [82]

Blake, N., ed., *1066–1476*. The Cambridge History of the English Language, II (Cambridge, 1992). [46, 61, 85]

Bloomfield, L., *Language* (New York, 1933). [32]

Bloomfield, M. L., & L. Newmark, *A Linguistic Introduction to the History of English* (New York, 1963, repr. 1979).

Bolton, W. F., ed., *The English Language*, I (Cambridge, 1966). [132, 139–40]

–, *A Short History of Literary English* (London, ²1972).

Bruce, F. F., *The English Bible: A History of Translations* (London, 1961). [12]

Brunner, K., *Die englische Sprache. Ihre geschichtliche Entwicklung* (Tübingen, ²1960–2, pb 1968). [52, 62, 64, 68, 72, 88, 89, 94, 95, 99, 132]

Buchmann, E. *Der Einfluß des Schriftbildes auf die Aussprache im Neuenglischen*, SKGRV, 35 (Breslau, 1940). [41]

Bühler, K., *Sprachtheorie. Die Darstellungsfunktion der Sprache* (Stuttgart, ²1965). [113]

Burchfield, R.W., ed. *English in Britain and Overseas*. The Cambridge History of the English Language, V (Cambridge, fc.)

Bynon, T. *Historische Linguistik*. Eine Einführung (München, 1981; engl. Original: *Historical Linguistics*, Cambridge, 1977). [19, 32]

Campbell, A., *Old English Grammar* (Oxford, 1959). [39]

Carstensen, B., „Zur Systematik und Terminologie deutsch-englischer Lehnbeziehungen", *FS Marchand* (The Hague, 1968), S. 32–45. [136]

Clark, C., ed., *The Peterborough Chronicle* 1070–1154 (Oxford, ²1970). [27, 29, 61, 62, 97]

Coseriu, E., „Die lexematischen Strukturen", in ders., *Sprache, Strukturen und Funktionen*, TBL, 2 (Tübingen, ²1971), S. 191–211. [101–2]

–, *Synchronie, Diachronie und Geschichte. Das Problem des Sprachwandels*, IBAL, 3 (München, 1974). [24]

Crotch, W. J. B., ed., *The Prologues and Epilogues of William Caxton*, EETS 176 (1928). [25]

DeCamp, D., „The Genesis of the Old English Dialects: a New Hypothesis", *Language*, 34 (1958), 232–44; wieder in Scott 1968:380–93, Lass 1969: 355–68. [27, 30]

Denison, D., *English Historical Syntax* (London, 1993). [85]

Dieckmann, W., „Linguistik und Sozialgeschichtsforschung", in R. Bartsch & Th. Vennemann, eds., *Linguistik und Nachbarwissenschaften* (Kronberg, 1973), S. 141–59. [18]

Diringer, D., *The Alphabet. A Key to the History of Mankind* (London, ³1968). [38]

Dobson, E. J., „Early Modern Standard English", *TPS* (1955), 25–54, wieder in Lass 1969:419–39.

–, *English Pronunciation 1500–1700* (Oxford, ²1968). [42, 52]

Ehlich, K., „Native Speaker's Heritage. On Philology of 'Dead' Languages", in F. Coulmas, ed., *A Festschrift for Native Speaker* (The Hague, 1981), S. 153–65. [19]

Ekwall, E., *Historische neuenglische Laut- und Formenlehre*, Göschen 735 (Berlin, ⁴1965). [69]

Ellegård, A., *The Auxiliary Do: The Establishment and Regulation of Its Use in English*, Gothenburg Studies, 2 (Stockholm, 1953). [98–9]

Finkenstaedt, Th., & D. Wolff, *Ordered Profusion. Studies in Dictionaries and the English Lexicon* (Heidelberg, 1973). [100, 105]

Fischer, Olga, „Syntax", in Blake 1992:207–408. [85]

Fisher, J. H., „Chancery and the Emergence of Standard Written English in the Fifteenth Century", *Speculum* 52 (1977), 870–99. [22]

Fodor, I., *The Rate of Linguistic Change*, JL, smi 43 (The Hague, 1965). [25]

Francis, W. N., *Dialectology. An Introduction* (London, 1983).

Franz, W., *Die Sprache Shakespeares in Vers und Prosa*. 4. Auflage der *Shakespeare-grammatik* (Halle, 1939).

Fries, C. C., „On the Development of the Structural Use of Word-Order in Modern English", *Language*, 16 (1940), 199–208. [90, 97]

–, *The Structure of English* (New York, 1952, ⁷1967). [61]

Funkkolleg 12, 13, *Sprache. Eine Einführung in die moderne Linguistik*, ed. K.Baumgärtner *et al.* (Frankfurt, 1973). [19]

Geckeler, H., *Strukturelle Semantik und Wortfeldtheorie* (München, 1971). [111]

Gimson, A. C., *An Introduction to the Pronunciation of English* (London, ²1970, ⁴1989). [26, 45, 47, 50]

Gneuss, H., *Lehnbildungen und Lehnbedeutungen im Altenglischen* (Berlin, 1955). [135–8]

–, „The Origin of Standard Old English and Aethelwold's School at Winchester", *Anglo-Saxon England* 1 (1972), 63–84. [22]

Görlach, M., *Einführung ins Frühneuenglische* (Heidelberg, 1978, ²1994; engl.: *Introduction to Early Modern English*, Cambridge, 1991). [9, 15, 26, 41, 47, 48, 52, 98, 135]

–, ed., *Focus on: Scotland* (Amsterdam, 1985).

–, *Studies in the History of the English Language* (Heidelberg, 1990).

–, „The development of Standard Englishes", in Görlach 1990:9–64 (1990b). [22]

Götz, D., *Studien zu den verdunkelten Komposita im Englischen*, Erlangener Beiträge, 40 (Nürnberg, 1971). [83, 84]

Grünberg, M., *The West Saxon Gospels. A Study of the Gospel of St. Matthew with Text of the Four Gospels* (Amsterdam, 1967). [13]

Hall, R. A., *Introductory Linguistics* (Philadelphia, 1964), Part IV „Linguistic Change", S. 277–392.

–, „Pidgins and Creoles as Standard Languages", in J. B. Pride & J. Holmes, eds., *Sociolinguistics* (Harmondsworth, 1972), S. 142–53.

Halliday, M. A. K., *et al.*, *The Linguistic Sciences and Language Teaching* (London, 1964). [21]

Hargreaves, H., „From Bede to Wyclif: Medieval English Bible Translations", *Bulletin of the John Rylands Library*, 48 (1965/66), 118–40. [12]

–, „The Wycliffite Versions", in G. W. H. Lampe, ed., *The Cambridge History of the Bible*, II (Cambridge, 1969), S. 387–415. [12]

Heeschen, C., *Grundfragen der Linguistik* (Stuttgart, 1972). [19]

Heger, K., *Monem, Wort und Satz* (Tübingen, 1971, ²1976). [112]

Hockett, C. F., *A Course in Modern Linguistics* (New York, 1958).

Hoenigswald, H. M., *Language Change and Linguistic Reconstruction* (Chicago, 1960).

Hogg, R. M., ed., *The Beginnings to 1066*. The Cambridge History of the English Language, I (Cambridge, 1992). [27, 46, 59, 85]

–, „Phonology and morphology", in Hogg 1992:67–167. [46]

Holm, J., *Pidgins and Creoles*, I-II (Cambridge, 1988–89). [130]

Holthausen, F., *Altenglisches Etymologisches Wörterbuch* (Heidelberg, ²1963). [36]

Jacobsson, U., *Phonological Dialect Constituents in the Vocabulary of Standard English*, Lund Studies, 31 (Lund, 1962).

Jaeschke, K., *Zum Problem des Wortschwundes im Englischen*, SKGRV, 6 (Breslau, 1930). [107]

Jespersen, O., *A Modern English Grammar on Historical Principles*, I-VII (Heidelberg, 1909–31, Kopenhagen, 1940–49). [97]

–, *Growth and Structure of the English Language* (Oxford, ¹⁰1967). [142]

Jones, C., „The Functional Motivation of Linguistic Change", *ES*, 48 (1967), 97–111. [61]

Jones, D., *Everyman's English Pronouncing Dictionary*, rev. A. C. Gimson (London, ¹⁴1977 [1988]). [43]

Jones, R.F., *The Triumph of the English Language* (Stamford, 1953, ²1966). [24]

Käsmann, H., *Studien zum kirchlichen Wortschatz des Mittelenglischen 1100–1350. Ein Beitrag zum Problem der Sprachmischung*, Anglia Buchreihe, 9 (Tübingen, 1961). [79, 140–2]

Kastovsky, D., *Wortbildung und Semantik* (Düsseldorf & Bern, 1982).

–, „Semantics and Vocabulary", in Hogg 1992:290–408. [73, 111]

Ker, N. R., *A Catalogue of Manuscripts Containing Anglo–Saxon* (Oxford, 1957). [26]

Kibbee, D. A., *For to Speke Frenche Trewely. The French Language in England, 1000–1600: Its Status, Description and Instruction* (Amsterdam, 1991).

King, R. D., *Historical Linguistics and Generative Grammar* (Englewood Cliffs, 1969).

Kiparski, P., „Linguistic Universals and Linguistic Change", in E. Bach & R. T. Harms, eds., *Universals in Linguistic Theory* (New York, 1968), S. 71– 202.

–, „Historical Linguistics", in J. Lyons, ed., *New Horizons in Linguistics* (Harmondsworth, 1970), S. 302–15.

Koziol, H., *Grundzüge der Geschichte der englischen Sprache*, Grundzüge, 9 (Darmstadt, 1967). [50]

–, *Handbuch der englischen Wortbildungslehre* (Heidelberg, ²1972).

Kurath, H., „The Loss of Long Consonants and the Rise of Voiced Fricatives in Middle English", *Language*, 32 (1956), 435–45; wieder in Lass 1969:142–53. [49]

Labov, W., „The Social Setting of Linguistic Change", *CTL*, 11 (1973), 195–251. [24]

Langacker, R. W., *Language and Its Structure* (New York, 1967, ²1973; dt.: *Sprache und ihre Struktur*, Tübingen, 1971). [32, 34]

Lass, R., ed., *Approaches to English Historical Linguistics* (New York, 1969).

–, *The Shape of English* (London, 1987).

–, „Phonology and Morphology", in Blake 1992:23–155. [46, 61]

–, ed., *1476–1776*. The Cambridge History of the English Language, III (Cambridge, 1999). [52]

Leech, G. N., *Meaning and the English Verb* (London, 1971). [93]

Lehmann, W. P., *Historical Linguistics: An Introduction* (New York, 1962, ³1992; dt.: *Einführung in die historische Linguistik*, Heidelberg, 1969). [29, 32, 38, 44]

Leisi, E., *Das heutige Englisch. Wesenszüge und Probleme* (Heidelberg, ⁵1969). [55, 100, 103, 105, 124]

Leith, D., *A Social History of English* (London, 1983).

Lewandowski, Th., *Linguistisches Wörterbuch* (Heidelberg, 1973–75, ⁴1984–85).

Lewis, C. S., *Studies in Words* (Cambridge, ²1967).

Luick, K., *Historische Grammatik der englischen Sprache*, I (Leipzig, 1921–40).

Lyons, J., *Introduction to Theoretical Linguistics* (Cambridge, 1968; dt.: *Einführung in die moderne Linguistik*, München, ³1973). [56, 58, 111, 114, 116]

McElderry, B. R., „Archaism and Innovation in Spenser's Poetic Diction", *PMLA*, 47 (1932), 144–70. [110]

McLaughlin, J., *Aspects of the History of English* (New York, 1970). [128]

Malkiel, Y., „Etymology and General Linguistics", *Word*, 18 (1962), 198–219. [104]

Marchand, H., „The Syntactical Change from Inflexional to Word Order System", *Anglia*, 70 (1951), 70–89. [97]

–, *The Categories and Types of Present-Day English Word-Formation* (München, ²1969). [73, 77, 82]

Martinet, A., *Grundzüge der allgemeinen Sprachwissenschaft* (Stuttgart, 1963, ⁵1971). [19, 58]

Mayer, E., *Sekundäre Motivation. Untersuchungen zur Volksetymologie und verwandten Erscheinungen im Englischen* (Diss. Köln, 1962). [83–4]

Mencken, H. L., *The American Language*, One-Volume Edition by R. I. McDavid, Jr. (London, 1963). [84]

Menner, R. J., „Multiple Meaning and Change of Meaning in English", *Language*, 21 (1945), 59–76. [119, 121–3]

Mitchell, B., *A Guide to Old English* (Oxford, 1965). [66, 96, 99]

Mossé, F., *Mittelenglische Kurzgrammatik*, hueber hochschulreihe, 11 (München, 1973). [27, 40, 61]

Mustanoja, T. F., *A Middle English Syntax*, I (Helsinki, 1960). [61, 91–6]

Nehls, D., *Synchron-diachrone Untersuchungen zur Expanded Form im Englischen*, LR, 19 (München, 1974). [95]

Neuhaus, H. J., „Towards a Diachronic Analysis of Vocabulary", *CdL*, 9 (1971), 113–26. [106]

Nida, E. A., *A Synopsis of English Syntax* (The Hague, ²1966).

O'Donnell, W. R. & L. Todd, *Variety in Contemporary English* (London, 1980). [21]

Osselton, N. E., *Branded Words in English Dictionaries before Johnson* (Groningen, 1958). [101]

Partridge, A. C., *English Biblical Translation* (London, 1973).

Penzl, H., „The Phonemic Split of Germanic k in Old English", *Language*, 23 (1947), 34–42; wieder in Scott 1968:173–83, Lass 1969:97–107. [49]

–, *Lautsystem und Lautwandel in den althochdeutschen Dialekten* (München, 1971). [44, 48]

–, *Methoden der germanischen Linguistik* (Tübingen, 1972).

Peters, R. A., „Linguistic Differences between Early and Late Modern English", *SN*, 37 (1965a), 134–8. [29]

–, „Case Number Morphs of Old English Nouns", *Linguistics*, 14 (1965b), 41–51. [59]

Pilch, H., *Altenglische Grammatik* (München, 1970). [46, 59, 77, 78, 85]

Polenz, P. von, *Geschichte der deutschen Sprache*, Göschen 915 (Berlin, ⁹1978). [18]

–, „Neue Ziele und Methoden der Wortbildungslehre", *PBB*, 94 (1972), 204–25, 398–428. [73]

Potter, S., *Changing English* (London, 1969).

Prins, A. A., *A History of English Phonemes: From Indo-European to Present-Day English* (Leiden, 1972, ²1974).

Quirk, R., *The Use of English* (London, 1968). [135]

–, „Aspect and Variant Inflection in English Verbs", *Language*, 46 (1970), 300–11. [70]

–, *The English Language and Images of Matter* (Oxford, 1972). [26]

–, *et al.*, *A Grammar of Contemporary English* (London, 1972). [21]

Rigg, A. G., *The English Language. A Historical Reader* (New York, 1968). [11, 16, 107]

Robinson, H. W., ed., *The Bible in Its Ancient and English Versions* (London, 1940). [12, 13]

Samuels, M. L., „Some Applications of Middle English Dialectology", *ES*, 44 (1963), 81–94. [22]

–, *Linguistic Evolution. With Special Reference to English*, Cambridge Studies in Linguistics, 5 (Cambridge, 1972). [70]

Saussure, F. de, *Grundfragen der allgemeinen Sprachwissenschaft* (Berlin, ²1967). [19]

Scheler, M., „Zur Struktur und Terminologie des sprachlichen Lehnguts", *Die neueren Sprachen*, NF 22 (1973), 19–26. [135]

–, *Der englische Wortschatz* (Berlin, 1977). [100, 105]

Scherer, G. & A. Wollmann, *Englische Phonetik und Phonologie*, GdA, 6 (Berlin, ²1977, ³1986). [41–2]

Schlauch, M., *The English Language in Modern Times (since 1400)* (Warszawa, 1959). [110]

Scott, C. T. & J. L. Erickson, *Readings for the History of the English Language* (Boston, 1968).

Scragg, D. G., *A History of English Spelling* (Manchester, 1974). [39]

Serjeantson, M. S., *A History of Foreign Words in English* (London, 1935).

Starnes, de W. T. & G. E. Noyes, *The English Dictionary from Cawdrey to Johnson 1604–1755* (Chapel Hill, 1946, Amsterdam, ²1992). [105]

Störig, H.-J., *Das Problem des Übersetzens* (Darmstadt, ²1969). [14]

Strang, B. M. H., „Swift's Agent-Noun Formations in -ER", *FS Marchand* (The Hague, 1968), S. 217–29. [79]

–, *A History of English* (London, 1970). [64, 96, 132]

Stubbs, M., *Language and Literacy*. The Sociolinguistics of Reading and Writing (London, 1980). [21]

Sweet, H., *Anglo-Saxon Primer*, rev. N. Davis (Oxford, ⁹1953). [70]

Traugott, E. C., „Syntax", in Hogg 1992:168–289. [85]

Tschirch, F., *1200 Jahre deutsche Sprache in synoptischen Bibeltexten* (Berlin, ²1969). [11]

Ullmann, S., *The Principles of Semantics* (Oxford, ³1963; dt.: *Grundzüge der Semantik*, Berlin, 1967). [111, 113, 115, 119]

Vachek, J., *Written Language. General Problems and Problems of English*, JL, sc 14 (The Hague, 1973). [21]

Venezky, R. L., *The Structure of English Orthography*, JL, smi 82 (The Hague, 1970). [41–2]

Visser, F. T., *An Historical Syntax of the English Language*, I-III (Leiden, 1963–73).

Wakelin, M. F., *English Dialects. An Introduction* (London, 1972, ²1978).

Waldron, R. A., *Sense and Sense Development* (London, ²1979). [102, 116, 119, 128]

Weimann, K., *Einführung ins Altenglische* (Heidelberg 1982, ²1990). [9, 39, 46, 59, 111]

Weinreich, U., *Languages in Contact* (New York, 1953, The Hague, ²1963). [129–30]

–, W. Labov & M. I. Herzog, „Empirical Foundations for a Theory of Language Change", in W. P. Lehmann & Y. Malkiel, eds., *Directions for Historical Linguistics* (Austin, 1968), S. 95–188. [17]

Weinstock, H., *Mittelenglisches Elementarbuch*, Göschen 1226 (Berlin, 1968). [23, 45]

Wellek, R. & A. Warren, *Theory of Literature* (London, ⁴1961). [140]

Werner, O., „Das deutsche Pluralsystem: strukturelle Diachronie", in *Sprache. Gegenwart und Geschichte*, Schriften des Instituts für deutsche Sprache, Jahrbuch 1968 (Düsseldorf, 1969), S. 92–128. [62]

West, M., *A General Service List of English Words* (London, ²1953). [105]

Williams, E. R., *The Conflict of Homonyms in English*, Yale Studies, 100 (1944). [107, 109, 121]

Wrenn, C. L., „'Standard' Old English", *TPS* (1933), 65–88; wieder in *Word and Symbol* (London, 1967), S. 57–77.

Zimmermann, R., *Untersuchungen zum frühmittelenglischen Tempussystem* (Heidelberg, 1968). [94, 95]

Hinweise zu Hausarbeiten

Im Seminar nicht oder nur kurz behandelte Themenbereiche können von Teilnehmern in einer Hausarbeit ausführlicher untersucht werden. Auf diese Weise ergibt sich eine Verbindung von Methoden- und Problemüberblick (im Seminar) und vertiefter Kenntnis eines Spezialgebiets. Als Themen empfehlen sich die unten aufgeführten, die selbstverständlich durch weitere ergänzt werden können, je nach den Interessen der Teilnehmer und evtl. ausgehend von der Diskussion in den Einzelkapiteln dieses Buches. Den Vorschlägen folgt ausgewählte Literatur; die Titel sollten vom Seminarleiter ggf. erläutert und reduziert werden. Auch wo nicht erwähnt, sollten die entsprechenden Kapitel in den Sprachgeschichten (bes. Brunner 1960–62, Baugh & Cable [4]1993, Strang 1970) und die Wörterbücher herangezogen werden, von Fall zu Fall auch die Grammatiken einzelner Epochen des Englischen. Mit 'x' versehene Themen müssen eine Untersuchung des Korpus enthalten.
Hier in Kurzform zitierte Werke sind in der Bibliographie S. 211–7 voll aufgeführt.

1 Zur Theorie des Sprachwandels
Aitchison [2]1991; Anderson 1973; Bynon 1981; Coseriu 1974; Hoenigswald 1960; Labov 1973; Lass 1987; Lehmann [3]1992; Samuels 1972; Weinreich 1968.
Cherubim, D., ed., *Sprachwandel.* Reader zur diachronischen Sprachwissenschaft (Berlin, 1975).
Dinser, G., ed., *Zur Theorie der Sprachveränderung.* Ein Reader (Kronberg, 1974).

2 Sprachwandel im Englisch der Gegenwart
Labov 1973; Potter 1969; Quirk 1972:68–76; Strang 1970:23–72.
Barber, C., *Linguistic Change in Present-Day English* (Edinburgh, 1964).
Barnhart, R. K. *et al.*, *Third Barnhart Dictionary of New English* (New York, 1990).
Foster, B., *The Changing English Language* (London, 1968).

3 Sprachwandel und 'Sprachverfall'
Aitchison [2]1991; Bolton 1966.
Barber, C., *Early Modern English* (London, 1976).
Moore, J. L., *Tudor-Stuart Views on the Growth, Status and Destiny of the English Language*, SEP, 41 (Halle, 1910).
Rusch, J., *Die Vorstellung vom Goldenen Zeitalter der englischen Sprache im 16., 17. und 18. Jahrhundert*, SAA, 69 (Bern, 1972).

4 Entwicklung und Funktion der engl. Standardsprache
Dobson 1955; Fisher 1977; Gneuss 1972; Samuels 1963; Görlach 1990b.
Holmberg, B., *On the Concept of Standard English and the History of Modern English Pronunciation* (Lund, 1964).
Leonard, S. A., *The Doctrine of Correctness in English Usage 1700–1800* (New York, 1929).
Wyld, H. C., *A History of Modern Colloquial English* (Oxford, [3]1936).

5 Englische Dialekte
De Camp 1958; Jacobsson 1962; Samuels 1963; Wächtler 1977; Wakelin ²1978; Francis 1983.
Blake, N. F., *Non-standard Language in English Literature* (London, 1981).
Brook, G. L., *English Dialects* (London, 1963).
Chambers, J. K. & P. Trudgill, *Dialectology* (Cambridge, 1980).
Görlach, M., „Regional and social variation in Early Modern English", in Lass fc.
Petyt, K. M., *The Study of Dialect* (London, 1980).
Weinreich, U., „Is a Structural Dialectology Possible?", *Word,* 10 (1954), 268– 80; wieder in H. Hungerford *et al.,* ed., *English Linguistics* (Glenview, 1970), S. 228– 43.

6 Schottisch
Wakelin ²1978; Görlach 1985.
Aitken, A. J. & T. McArthur, eds., *Languages of Scotland* (Edinburgh, 1979).
Bähr, D., *Standard English und seine geographischen Varianten,* UTB 160 (München, 1974), S. 127–74.
Catford, J. C., „The Linguistic Survey of Scotland", *Orbis,* 6 (1957), 105–21.
McClure, J. D. *et al., The Scots Language.* Planning for Modern Usage (Edinburgh, 1980).
–, „English in Scotland". In Burchfield fc.
McIntosh, A., *An Introduction to a Survey of Scottish Dialects* (Edinburgh, 1952).
Murison, D., *The Guid Scots Tongue* (Edinburgh, 1977).
Romaine, S., „Scotland", in R. W. Bailey & M. Görlach, eds., *English as a World Language* (Ann Arbor, 1982), S. 56–83.

7 AmE und BrE: Divergenz und Konvergenz
Mencken 1963; Quirk 1972:1–31.
Craigie, W. A., *The Growth of American English,* I, II, SPE Tracts, 56, 57(1940).
- & J. R. Hulbert, *A Dictionary of American English on Historical Principles* (Chicago, 1938).
Ferguson, C. A. & S. B. Heath, eds., *Language in the USA* (Cambridge, 1981).
Foster, B., „Recent American Influence on Standard English", *Anglia,* 73 (1955), 328–60.
Kirchner, G., *Die syntaktischen Eigentümlichkeiten des amerikanischen Englisch,* I (München, 1970).
McDavid, R. I., Jr., „The English Language in the United States", *CTL,* 10 (1973), 5–39.
Marckwardt, A. H., *American English* (Oxford, 1958).
Matthews, M. M., *Dictionary of Americanisms on Historical Principles* (Chica go, 1951).
Viereck, W., *Regionale und soziale Erscheinungsformen des britischen und ame rikanischen Englisch* (Tübingen, 1977).
Webster, N., *Dissertations on the English Language* (1789).

8 Rekonstruktion
Anderson 1973:65–85; Bynon 1981:40–70; Gimson ⁴1989:74–9; Hall 1964:292–4; Langacker 1971:204–10; Penzl 1971.

9 Geschriebene und gesprochene Sprache
Buchmann 1940; Campbell 1959:19–29; Diringer ³1968; Leisi ⁵1969:18–45; Mos-sé 1973:27–33; Vachek 1973; Stubbs 1980.

Brengelman, F. H., „English Spelling as a Marker of Register and Style", *ES*, 52 (1971), 201–9.

Kavanagh, J. F. & I. G. Mattingly, eds., *Language by Ear and by Eye. The Relationship between Speech and Reading* (Cambridge/Mass., 1972), bes. S. 57–80, 117 ff.

Lehnert, M., *Schreibung und Aussprache im Englischen* (Berlin, 1963).

10 Orthographiereform der Renaissance: Hart, Bullokar und Gil.

Dobson ²1968, Scragg 1974; Görlach 1978.

Danielsson, B., *John Hart's Works...*, Stockholm Studies, 5, 11 (Stockholm, 1958–68) und Rezension von M. Hallé und S. J. Keyser, *Language*, 43 (1967), 773–87.

The Works of William Bullokar, Leeds Texts and Monographs, NS, 1 (Leeds, 1966–69) und Nachdrucke der Scolar Press etc.

11 Orthographiereform: neuere Versuche

Scherer & Wollmann ³1986:69–73.

Craigie, W. A., „Problems of Spelling Reform", SPE Tract, 63 (1940), S. 47–75.

Haas, W., ed., *Alphabets for English* (Manchester, 1969).

Scherer, G., „Das *Shaw Alphabet* und das *Initial Teaching Alphabet*", *FS Hübner* (Berlin, 1964), S. 51–60.

Wijk, A., *Rules for the Pronunciation of the English Language* (Oxford, 1966).

Zachrisson, R. E., „Four Hundred Years of English Spelling Reform", *SN*, 4 (1931), 1–69.

12 Der 'Great Vowel Shift'

Ekwall ⁴1965; Dobson ²1968; Prins ²1974:122–43; Luick 1921–40.

Chomsky, N. & M. Hallé, *The Sound Pattern of English* (New York, 1968).

Lass, R., „Phonology and morphology", in Lass fc.

Wolfe, P. M., *Linguistic Change and the Great Vowel Shift in English* (Berkeley, 1972).

x13 Flexion, Präposition und Wortstellung

Clark ²1970; Denison 1993; Fries 1940; Marchand 1951; Mitchell 1965; Mossé 1973.

Harris, D. P., „The Development of Word-Order Patterns in Twelfth Century English", *FS Fries* (1964), S. 187–98.

Mitchell, B., „Syntax and Word Order in *The Peterborough Chronicle*, 1122– 1154", *NM*, 65 (1964), 113–44.

Shores, D. L., „Morphosyntactic Relations in *The Peterborough Chronicle*, 1122–54", *ES*, 52 (1971), 1–13.

x14 Die schwachen Verben

Brunner ²1962:252–66; Ekwall ⁴1965; Quirk 1970; Samuels 1972:162–5.

Kastovsky, D., *Studies in Morphology: Aspects of English and German Verb Inflection*, TBL, 18 (Tübingen, 1971).

x15 Die starken Verben

Brunner ²1962:196–252; Ekwall ⁴1965; Franz 1939:163–73.

Long, M. M., *The English Strong Verb from Chaucer to Caxton* (Menasha/ Wisc., 1944).

Price, H. T., *A History of Ablaut in the Strong Verbs from Caxton to the End of the Elizabethan Period* (Bonn, 1910).

16 The Worker: zur Geschichte der Nomina agentis
Franz 1939:114–8; Jespersen 1909–31, VI:224–39; Käsmann 1961:46–52; Marchand ²1969:273–81; Strang 1968.
Kastovsky, D., „The Old English Suffix -er(e)“, *Anglia,* 89 (1971), 285–325.
Strang, B. M. H., „Aspects of the History of the -er Formative in English,“ *TPS,* 1969 (1970), 1–25.

17 Präfixverben und die Verb-Adverbkombination
Marchand ²1969; Samuels 1972:163–5.
Bolinger, D., *The Phrasal Verb in English* (Cambridge/Mass., 1971).
Brose, B., *Die englischen Passivkonstruktionen vom Typ „I Am Told a Story“ und „I Am Sent For“* (Würzburg, 1939).
Cruz, J. M. de la, „A Late 13th Century Change in English Structure“, *Orbis,* 22 (1973), 161–76.
Lipka, L., *Semantic Structure and Word-Formation,* IBAL, 17 (München, 1972).

18 Produktivität und Analysierbarkeit (anhand konkurrierender Muster in der Substantiv- und Adjektivableitung)
Kastovsky 1982; Marchand ²1969.

19 Nullableitung und Konversion
Biese 1941; Marchand ²1969:359–90.

x20 Zum Gebrauch der Präpositionen (bes. *by, of)*
Mustanoja 1960:345–427.
Altenberg, B., *The Genitive vs. the of-Construction, A Study of Syntactic Variation in 17th Century English* (Lund, 1982).
Breejen, B. den, *The Genitive and Its Of-Equivalent in the Latter Half of the Sixteenth Century* (Amsterdam, 1937).
Brorström, S., *Studies on the Use of the Preposition Of in the 15th Century,* Stockholm Studies, 14 (1965).
Partridge, A. C., *Tudor to Augustan English* (London, 1969), S. 98–110.

x21 Der Gebrauch der Tempora
Bauer 1970; Denison 1993; Mustanoja 1960:481–509; Zimmermann 1968.
Fridén, G., *Studies on the Tenses of the English Verb from Chaucer to Shakespeare* (Uppsala, 1948).
Partridge, A. C., *Tudor to Augustan English* (London, 1969), S.111–37.

22 Homonymie und 23 Polysemie
Baldinger 1980; Geckeler 1971; Ullmann 1967:114–38; Williams 1944.
Bridges, R., *On English Homophones,* SPE Tract (1919).
Geckeler, H., ed., *Strukturelle Bedeutungslehre* (Darmstadt, 1978).
Heger, K., „Homographie, Homonymie und Polysemie“, *ZRP,* 79 (1963), 471–91.
Koch, W. A. „Zur Homonymie und Synonymie: Eine kritische Zusammenfassung“, *ALH,* 13 (1963), 65–91.
Menner, R. J., „The Conflict of Homonyms in English“, *Language,* 12 (1936), 229–44; wieder in Scott & Erickson 1968:248–61.
Stern, G., *Meaning and Change of Meaning* (Göteborg, 1931).

x24 Bedeutungserweiterung und -verengung
Koziol 1967; Ullmann 1967; Waldron ²1979.

x25 Archaismen
McElderry 1932; Osselton 1958.
Bridges, R. & L. A. Weigle, *The Bible Word Book Concerning Obsolete or Archaic Words in the King James Version of the Bible* (New York, 1960).
Crystal, D. & D. Davy, *Investigating English Style* (London, 1969), S. 147–53.
Dike, E. B., „Obsolete Words: Some Recent Views", *JEGP*, 34 (1935), 351–65.
Leech, G. N., *A Linguistic Guide to English Poetry* (London, 1969), S. 13–15.
Ullmann, S., *Sprache und Stil* (Tübingen, 1972), S. 188–94.

x26 Zum Aussterben von Wörtern
Jaeschke 1930; Williams 1944.
Holthausen, F., „Vom Aussterben der Wörter", *GRM*, 7 (1915–19), 184–96.
Prins, A. A., „On the Loss and Substitution of Words in Middle English", *Neophilologus*, 26 (1941), 280–91; 27 (1942), 49–59.
Visser, F. T., *Some Causes of Verbal Obsolescence* (Nijmegen, 1946).

27 Systematik des Lehnguts
Gneuss 1955; Käsmann 1961; Scheler 1973, Weinreich 1953.
Haugen, E., „The Analysis of Linguistic Borrowing", *Language*, 26 (1950), 210– 31; wieder in Scott & Erickson 1968:319–44, Lass 1969:58–81.

28 Purismus
Craigie, W. A., *The Critique of Pure English from Caxton to Smollett*, SPE Tract, 65 (1946).
Davies, H. S., „Sir John Cheke and the Translation of the Bible", *E & S*, 5 (1952), 1–12.
Johnson, F. R., „Latin versus English: The Sixteenth Century Debate over Scientific Terminology", *SP*, 41 (1944), 109–35.
Merritt, H. S,. „The Vocabulary of Sir John Cheke's Partial Version of the Gospels", *JEGP*, 39 (1940), 450–5.
Moore, J. L., *Tudor-Stuart Views on the Growth, Status and Destiny of the English Language*, SEP, 41 (Halle, 1910).
Prein, W., *Puristische Strömungen im 16. Jahrhundert* (Wanne-Eickel, 1909).
Schäfer, J., *Shakespeares Stil* (Frankfurt, 1973), S. 55–60.

x29 Lateinisches Lehngut im Ae.
Baugh & Cable ⁴1993:75–90; Brunner ²1960:29–36; Campbell 1959:199–219; Gneuss 1955; Serjeantson 1935:11–50; Weimann ²1990.
Kastovsky, D., „Semantics and Vocabulary", in Hogg 1992:290–408.
MacGillivray, H. S., *The Influence of Christianity on the Vocabulary of Old English*, SEP, 8 (Halle, 1902).
Scheler, M., *Altenglische Lehnsyntax* (Diss. Berlin, 1961).
Wollmann, A., *Untersuchungen zu den frühen lateinischen Lehnwörtern im Altenglischen*. (München, 1990).

x30 Lateinische Lehnwörter der Renaissance (Korpusuntersuchung im Vergleich mit Harwood)
Baugh & Cable ⁴1993:209–24; Brunner ²1960:150–3; Görlach 1978; Jones ²1966; Scheler 1977; Serjeantson 1935:259–65.

Barber, C., *Early Modern English* (London, 1976).
Mendenhall, J. C., *Aureate Terms* (Lancaster/Pa., 1919).
Reuter, O., *Verb Doublets of Latin Origin in English* (Helsinki, 1936).

x31 Französisches Lehngut im Me.
Baugh & Cable [4]1993; Berndt 1960:213–24; Brunner [2]1960:112–41; Käsmann 1961; Kibbee 1991.
Berndt, R., „The Linguistic Situation in England from the Norman Conquest to the Loss of Normandy (1066–1204)" [1965]; wieder in Lass 1969:369–91.
–, „The Period of the Final Decline of French in Medieval England", *ZAA*, 20 (1972), 341–69.
Prins, A. A., *French Influence in English Phrasing* (Leiden, 1952).

x32 Altnordisch-englische Lehnbeziehungen
Baugh & Cable [4]1993:90–103; Brunner [2]1960:85–112; Jespersen [10]1967:55–77; Serjeantson 1935:61–103.
Björkman, E., *Scandinavian Loan-Words in Middle English*, SEP, 7, 11 (Halle, 1900–02).
Geipel, J., *The Viking Legacy* (Newton Abbot, 1971).
Kolb, E., „Skandinavisches in den nordenglischen Dialekten", *Anglia*, 83 (1965), 127–53.
Rynell, A., *The Rivalry of Scandinavian and Native Synonyms in ME, Especially 'taken' and 'nimen'*, Lund Studies, 13 (Lund, 1948).

Terminologischer Index

Der Index enthält keine Definitionen, da die meisten Termini im Text erklärt sind; für weitere Erklärungen siehe terminologische Nachschlagewerke wie Lewandowski 1973. Der Index dient gleichzeitig als Sachindex allgemein geläufiger Ausdrücke (Hauptstellen halbfett).

Summary

This book is intended as a manual for university (undergraduate) courses on problems connected with the great structural changes during the development of the English language, and as a diachronic complement to an introduction to modern, theoretical linguistics. It attempts to apply to the development of English the methods and principles formulated by American and various European structuralist schools, and gives special emphasis to the rôle of functional selection.

It contains a corpus of carefully selected passages of parallel renderings of the New Testament (Latin, West Saxon, Wyclif, Tyndale, Authorized Version, Revised Standard Version, New English Bible, etc.), synoptically arranged on facing pages; the first texts are accompanied by a broad phonetic transcription. This should enable the beginner (who need not have any previous knowledge of OE or ME) to recognize and describe the structure of older stages of the

English language and its development on different levels, and in particular to discover the graphemic and phonological systems and their changing interrelationships. A morphological analysis is facilitated by diacritic marks distinguishing the inflections and other morphs in the OE passages.

The manual proper is arranged according to the levels of grammatical description, preceded by more general discussion of the choice of the parallel texts, and their significance and comparability; of language and language change – synchronic vs. diachronic description, the principles of structuralism, linguistic variation, attitudes to change, rate of linguistic change, periods, divergence and genetic relationship of languages; and of the feasibility and aims of reconstruction. There follow:

(4) graphemic systems, including a short history of the alphabet and the successive OE, ME, EModE systems, with their historical origins, deficiencies, and attempted reforms, and the influence of written on spoken English;

(5) phonology: its reconstructibility from written records, the problem of variation, and successive English systems; then a survey of types of phonemic change, and a selective discussion of quantitative and qualitative changes in English vowels, and a chapter on homophony and homonymy;

(6) inflection, with discussion of the word as a linguistic unit and types of morphemes (including an excursus on the typological classification of languages); difficulties of analysis in inflectional languages, and illustrations of inflectional systems and their development in the course of the English language taken from the declension of nouns, pronouns, and the formation of tenses with weak and strong verbs;

(7) word-formation: types and their productiveness, illustrated from nomina agentis and derived verbs; and the processes of demotivation and remotivation;

(8) syntax: the sentence and its constituents; changes in the noun phrase and in the verb phrase (including case, use of prepositions and concord); the expression and development of tense and aspect in English; the origin and spread of functional word-order; questions, negative and complex sentences;

(9) lexicology: typology and history of dictionaries; stratification and semantic structure of vocabulary; etymology; variation, growth and obsolescence of vocabulary;

(10) semantics: how to define and describe 'meaning', and the classification of its change; homonymy and polysemy; change of speakers'

attitude; the semasiological and onomasiological approach in a given semantic field;

(11) foreign influences: types of language contact, and the varying contexts in the course of English history; classification of borrowing; purism; reasons for the adoption of loan words and the process of their adaptation.

A bibliography, selected from a wide range of works written mainly in the last fifteen years and giving full bibliographical details of works cited in short form in the manual, is followed by 32 suggested topics for longer term papers with additional references, and a terminological index.

Diachronic linguistics and the history of the English language should be studied through texts; in this book the close translation of easy narrative Bible passages allows the student to start from a more modern rendering and work backwards to the OE. For this approach structuralist methods are very useful; the beginner can quickly learn to use such methods and procedures (starting from the first section of each chapter, which explains the theoretical/terminological essentials) and to recognize and describe linguistic change as a change of rules and systems. Although the book is meant for use in class, it can also serve as an introduction to a particular problem, or as a survey of the subject as a whole, for the student working on his own. For this purpose, 101 questions are inserted in the text: these either request the reader to think over and reformulate the preceding discussion, and learn how to use dictionaries and grammars, or ask him to analyse passages from the corpus with the tools to which he has been introduced. Particular importance is attached to vocabulary and change of meaning. Although the restriction to Bible passages allows only limited scope for considering the interrelationships between language and political and economic history (and biblical language, at least after the 16th century, tends to be archaic), this drawback is offset by the advantages given by parallel texts.

UTB
FÜR WISSEN
SCHAFT

Uni-Taschenbücher GmbH
Stuttgart

Band 1210
Einführung ins Altenglische
Von Dr. Klaus Weimann
ISBN 3-8252-1210-6 (Quelle & Meyer)

Altenglisch wird in dieser Einführung als Vorstufe des heutigen Englisch und als sprachhistorische Brücke zum Deutschen dargestellt. Exemplarisch werden Probleme, Methoden und Begriffe historischer Sprachwissenschaft erschlossen. Behandelte Aspekte sind u. a. Varietäten, Sprachmischung, Phonologie, Morphologie, Wortbildung, Syntax und Semantik. Ausgewählte altenglische Texte, die den historischen Hintergrund illustrieren, sind für sprachwissenschaftliche Übungen geeignet. Das Buch ist vor allem als Arbeitsgrundlage für Proseminare bestimmt.

Band 494
English Poetry. Eine Anthologie für das Studium
Hrsg.: Prof. Dr. Arno Löffler und Prof. Dr. Eberhard Späth
ISBN 3-8252-0494-4 (Quelle & Meyer)

Die Gedichtsammlung enthält bedeutende und repräsentative Texte aus dem 16. Jahrhundert bis zur Gegenwart. Das Arbeitsbuch ist benutzerfreundlich angelegt und ermöglicht dem Leser das selbständige Erschließen der Gedichte. Den sorgfältig edierten Texten folgen jeweils Verständnishinweise; ausführliche Wort- und Sacherklärungen sowie Hinweise zu weiterführender Literatur schließen sich an.

Liebe Leserin, lieber Leser,

wir hoffen, daß Sie dieses Buch für Ihre Zwecke mit Gewinn benutzen konnten. Wir würden Sie gerne über unser weiteres Programm informieren und über Neuerscheinungen auf dem laufenden halten. Bitte kreuzen Sie die für Sie interessanten Fachgebiete an und reichen diese Karte an uns zurück.

Ihre Verlagsgemeinschaft

Aula · Limpert · Quelle & Meyer

Bitte informieren Sie mich über Ihr Buchangebot aus folgenden Fachgebieten:

☐ Zoologie 210
   ☐ Ornithologie 211
   ☐ Herpetologie 212
☐ Botanik 220
☐ Limnologie 250
☐ Ökologie/Naturschutz 219
☐ Biologie, allgemein 200
☐ Chemie 140
☐ Physik 120
☐ Mathematik 110
☐ Technik/Elektrotechnik 130
☐ Sport 500
☐ Gerontologie 350

☐ Pädagogik 810
☐ Psychologie 820
☐ Soziologie 830
☐ Germanistik 630
☐ Anglistik 640
☐ Romanistik 620
☐ Linguistik 650
☐ Theologie 700

☐ Besondere Interessen:

_____

_____

- Bitte den Absender auf der Vorderseite nicht vergessen! -

Name..

Anschrift..

....

....

....

....

Beruf...

Dienststellung..

Bitte senden Sie mir kostenlos und unverbindlich das monatlich erscheinende "Bücher-Spektrum" mit Sonderangeboten aus verschiedenen Wissensgebieten aus dem **Humanitas Buchversand.**

Antwort

Verlagsgemeinschaft
c/o **AULA-Verlag GmbH**
Postfach 1366

D-65003 Wiesbaden